교사 365

내 마음이 편안해지는 초등교사 업무노트

교사 365

내 마음이 편안해지는
초등교사 업무노트

강대일, 김서하, 서지나, 송수연,
송창규, 이성환, 이영재 지음

에듀니티

극한직업의 탈출을 돕는 지침서

EBS 다큐멘터리 「극한직업」에 초등학교 1학년 교사가 소개된 적이 있다. 나의 새내기교사 시절을 천천히 돌이켜보니 초등교사에게 '극한직업'이라는 말은 더없이 적절하게 느껴졌다.

아직 풋풋했던 첫 발령 당시의 3월, 처음으로 아이들을 맞이하던 날. 다양한 자료와 최신 교수법으로 아이들을 잘 가르치기만 하면 좋은 교사가 되는 줄 알았던 그날, 현실은 각종 제출 자료와 산더미 같은 안내 메시지들로 초토화되었다. 첫날만 그런 게 아니었다. 수업 이외에도 교사에게 요구되는 업무는 너무도 많았다. 왜 아무도 이런 것들은 알려주지 않을까 하는 원망도 잠시, 업무처리를 위해 함께 발령 난 신규교사끼리 머리를 모았다. 그러나 정작 우리끼리 머리를 모아서 해결되는 것은 많지 않았다. 그러니 극한직업이란 말이 어찌 떠오르지 않을 수 있을까.

가수 이승철이 서바이벌 오디션 프로그램에서 한 말을 패러디해

"어서 와, ○○은 처음이지?"라는 문구가 한참 유행처럼 번져갈 때, 이 문구에서 시작하는 설렘보다 처음이라 겪어야만 하는 시행착오와 고생이 먼저 연상된 이가 나뿐만은 아니었을 것이다.

그렇다. 처음은, 그러니까 시작은 누구에게나 두렵고, 여러 시행착오로 좌절하는 어려운 일의 연속이다. 그래서 학교라는 곳을 먼저 겪어본 선배선생님으로서 '초등교사는 처음인' 선생님을 위하여 팔 걷어붙이고 쓴 결과가 이 책이다.

이 책에는 '신규를 비롯한 저경력선생님들을 어떻게 도울 수 있을까', '어떤 부분을 알려주면 좋을까', '우리는 뭘 힘들어했었나'를 수없이 고민하고 머리를 맞댄 결과가 꾹꾹 눌러 담겨 있다. 또 이런저런 시행착오로 고통의 시간을 겪고 있을 신규선생님들을 위해, 또는 함께 고생하는 동료선생님들을 위해, 그리고 큰 포부를 품고 공부하고 있을 예비선생님들에게 선물하기 그만인 책이기도 하다.

연구회의 일원으로서 저자들이 이 책에 얼마만큼 공들였는지 알기에 감히 모든 신규교사가 읽어야 할 필독서라고 자신한다. 차마 계속 물어보기는 민망하고, 혼자 해결하기는 어려워 전전긍긍하는 선생님들께 주저 없이 이 책을 권한다. 이 책이 모든 문제를 해결해줄 수는 없겠지만, 적어도 문제해결을 위한 실마리는 분명히 제시해줄 것이다.

교사 변하예

프롤로그

　교육대학교 출신이라면 모두가 아는 '교대의 신'이 있다. 팔이 여럿인 인도의 시바 신을 닮아 한 손에는 배구공, 한 손에는 피아노, 한 손에는 팔레트를 들었다. 온갖 분야에 능통한, 교대생이라면 누구나 꿈꾸는 모습이다. 얼핏 보면 웃기지만 교대생의 고충이 담긴 캐릭터이기도 하다. 교대를 졸업하려면 기본적인 교과 지식은 물론 음악, 미술, 체육, 실과, 컴퓨터 등 모든 과목에서 요구하는 다양한 기능까지도 두루 섭렵해야 하기 때문이다.

　교대 졸업 직전까지만 해도 '교대의 신'만 되면 학교에서 완벽한 교사가 될 거라 생각했다. 교대생의 관점에서 '교대의 신'은 교사에게 필요한 모든 역량을 갖춘 캐릭터였으니까. 이 믿음은 발령 첫날 산산조각 났다. 교대생 모두가 꿈꾸는 '교대의 신'은 교실 속의 교사에게 필요한 기본적인 소양 수준이었다. 교사에겐 수업 이외에도 수많은 역량이 필요했다.

NEIS에 교육과정 입력하기, 전학생의 행정처리, 학급 세우기, 다친 학생의 학생안전공제회 신청, 다양한 사유의 출결처리 등 새롭고 낯선 업무들을 맞닥뜨릴 때마다 자신감이 한풀 한풀 꺾이고 위축됐다. 혹시 모자란 신규담임 때문에 '우리 반 아이들이 피해 보진 않을까' 하는 걱정까지 들었다. 대학생 때 생각하던 학교와 교사가 된 이후의 학교는 너무나 달랐다.

그때마다 교직생활 및 업무처리에 필요한 정보를 동학년 선배선생님에게 도움받아 해결했지만, 모르는 것이 너무 많아서 선배교사들에게 물어보는 것도 한계가 있었다. 좌충우돌하는 신규교사 시절을 빨리 지나 하루라도 빨리 선배들처럼 모든 것을 척척 해결해내는 교직의 달인이 되고 싶었다.

새내기교사 시절이 왜 그렇게 버거웠는지 돌아보니 답은 간단했다. 나에게 교직생활의 면면을 제대로 이야기해준 사람이 많지 않았다. 교육대학교 교수님들은 현장 이야기를 거의 하지 않았다. 일평생 이론에 매진하느라 학교현장 경험이 부족한 탓이었을 것이다. 3, 4학년 때의 교생실습에서도 예쁘게 잘 가꿔진 정원 같은 교실만 잠시 구경하고 왔을 뿐이다. 현장의 그늘은 담임선생님의 미소 뒤에 가려져 있었을 것이다.

선배들은 "나도 신규교사 때 어려움이 많았다. 부담 갖지 말고 언제든지 물어보라" 말하지만, 선배들에게도 저마다의 교실과 업무가 있기에 실제로 모든 걸 물어볼 수는 없다. 나 역시 경력이 쌓여 후배선생님들의 질문을 이리저리 답하다 보니 후배선생님들의 말 못할 고충이 눈에 보였다. 현장에 발령 나자마자 혼자서 많은 문제를 감내해야만 하는 신규교사들에게 도움 줄 방법이 없을까 고민했다.

함께 공부하는 배움 친구들에게 고민을 토로하니 책으로 엮어보면 어떻겠느냐는 의견이 나왔다. 혼자서라면 엄두도 내기 어려웠겠지만 배움 친구들과 함께 집단지성을 모으니 길이 보였다. 혼자서 살피기 어려운 부분도 서로 메워줄 수 있었다. 그렇게 조금씩 내용의 윤곽이 짜였다. 최종적으로 학교의 교육과정 운영 준비기인 2월부터 이듬해 1월까지 학급 운영과 담당 업무 처리에 교사가 알아야 하는 내용을 월별로 정리하여 구성하기로 했다.

2월은 한 해 살이의 준비기다. 새로운 학교 또는 학년에 배정받아 준비할 것이 많다. 학년와 학급 교육과정뿐만 아니라 평가계획 및 학급 세우기, 교실환경 구성 등에 관한 내용을 담았다.

3월은 아이들과 처음 마주해 분주한 달이다. 학급규칙 정하기, NEIS 입력방법, 학부모총회와 곧바로 이어지는 상담 시즌 준비, 학급임원 선거, 기초학력 관리에 더해 학급운영비와 학습 준비물 알차게 사용하는 방법 등을 제시했다.

4월은 미리 준비하고 대처하는 달이다. 학교폭력 대처방법과 아무도 가르쳐주지 않는 구체적인 공문서 작성법, 전문적학습공동체, 장학에 대비하는 교사의 자세 등을 망라했다.

5월과 6월은 어디론가 떠나는 달이다. 현장체험학습 쉽게 따라잡기, 학교안전공제회 관련 사안 발생 시의 처리법 등 교사에게 유용한 정보를 제공했다.

7월은 고대하던 방학의 달이다. 방학 전에 치러야 하는 통과의례,

NEIS 처리방법과 관련된 교사의 개인 복무에 대한 사항, 교사연수 소개, 통지표 작성에 대한 전반적인 내용을 담았다.

8월과 9월은 행사나 여타 모임이 활성화되는 달이다. 온작품읽기 운영법, 다양한 사례를 중심으로 아이들과 하나 되는 운동회 꾸리는 방법을 소개하고 각종 동아리활동, 스포츠클럽 운영, 교사 월급에 관한 사소하지만 궁금할 법한 내용으로 구성했다.

10월은 조금씩 마무리를 준비하는 달이다. 한 해 농사를 마무리하는 학예회 관련 고민과 운영 제안을 담았으며, 최근 이슈인 학생의 장기 결석과 미인정 유학 등의 처리방법도 꼼꼼하게 정리했다.

11월과 12월은 실질적으로 한 해의 학급살이를 마무리하는 달이다. 한 해 농사를 마무리하는 프로젝트 공개수업 및 콘퍼런스 운영의 사례에 더해 학급앨범과 학급문집 등 학생들에게 추억으로 남을 특별한 선물에 대해 다루었다.

1월은 지난해를 갈무리하고 새로운 시작을 준비하는 달이다. 반 편성방법 등 학생들과 아름다운 이별을 맞이하고 성장을 응원하는 자리를 준비하는 교사의 노력을 이야기했다.

마지막으로, 〈더 궁금한 것들〉에는 교사가 개인적으로 궁금해할 법한 질문들이 있다. '대학원 꼭 가야 하나요'같이 교직선배가 아니면 이야기하기 어려운 고민을 마주해 진솔한 답을 담아보았다. 극한직업 1학년 교사, 영원한 담임 6학년 교사의 일상을 담담하면서도 조밀하게 풀어낸 선배교사의 노하우가 전해지길 바란다.

이 책이 선배교사가 신규 때부터 지금까지 하나씩 정리해온, 정성 어린 노트처럼 다가가면 좋겠다. 여러 이유로 학교에서 잠시 멀어졌다가 복직을 준비하는 교사에게도, 학교를 옮길 때마다 늘 새로운 어려움을 마주하게 되는 교사에게도 도움이 되면 좋겠다. 훗날 학교의 생태계가 바뀌어 새로운 어려움이 생긴다면, 그때 후배들을 위해 새로운 노트를 준비하는 또 다른 선배가 나오기를 기대한다.

후배교사의 어려움을 함께 고민해준 배움 친구들과, 신규교사 입장에서 이 책을 끝까지 읽고 검토해주신 변하예 선생님의 마음이 이 책을 읽는 모든 선생님에게 전해지기를 바란다.

목차

12월
좋은 추억을 남기는 방법들

1월
이젠 안녕! 그리고 새로운 시작!

더 궁금한 것들

2월

이제는
어떤 시기보다
바빠진 준비기

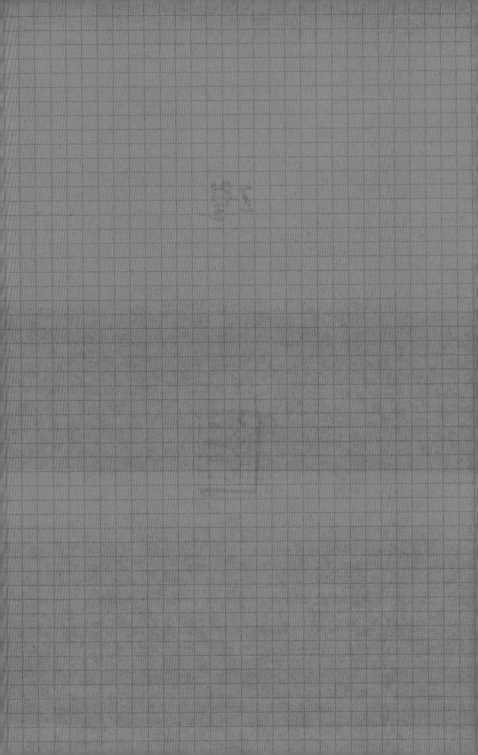

담임의 역할
처음으로 담임교사가 되다

어느 교사에게나 아이들과의 첫 만남을 준비하면서 잠 못 드는 날
이 있었을 것이다.

사람의 이미지는 메라비언의 법칙^{The Law of Mehrabian}에 따라 결정된다
고 한다. 사람의 첫인상은 표정이나 몸짓 같은 외모적 요소(55%)와 음
성이나 발음 같은 음성적 요소(38%), 그리고 사람이 전하는 메시지(7%)
가 영향을 준다는 의미이다. 아이들과의 첫 만남을 위해서 밝은 표정과
몸짓, 상냥한 음성과 따뜻한 메시지를 준비해보면 어떨까?

아이들과 처음 만나는 3월은 학생과의 관계에서도 매우 중요한 시
기이다. 학기 초를 어떻게 준비하느냐에 따라서 학급문화와 학급운영
의 방향성이 결정되기 때문이다. 그래서 과거에는 '3월에 학생들을 잘
잡아야 1년이 편하다'는 선배교사들의 조언에 따라 3월 한 달 내내 학
생들을 엄격한 규율 속에서 길들이던 시절도 있었다. 그러나 이 같은

엄격함과 지시, 강요는 교사와 학생의 관계를 멀어지게 만들고, 민주적인 학급을 세우는 데도 걸림돌로 작용한다.

학교는 새로운 학기를 미리 준비하기 위해 2월에 교내 워크숍 등을 진행한다. 3월을 안정적으로 시작할 수 있도록 교육과정 재구성 및 학급의 교육환경 정비 등을 준비하는 것이다. 따라서 학교일정에 맞추어 신규교사 역시 2월 교내 워크숍에 함께 참여해야 한다. 신규교사는 3월 1일이 정식 발령이지만, 새로운 학기와 학급을 준비하기 위한 시간이 필요하다. 담임교사로서 이러한 준비가 안 되면 학급운영에 중요한 3월의 방향성을 놓칠 수 있기 때문이다. 따라서 신규교사 역시 교육공동체와 함께 학급운영을 미리 준비하는 것이 좋다. 이 시간을 좀 더 의미 있게 채우기 위해서 다음과 같은 관점에서 학급 세우기를 준비해보길 제안한다.

담임의 역할에 대한 명확한 인식이 필요하다

초등학교에서 담임교사의 책임과 역할이란 무엇일까? 우리 사회가 담임교사에게 기대하는 역할은 단순히 수업하고 채점하는 정도가 아니다. 우리 사회는 교사들에게 학생이 등교하는 순간부터 하교하는 순간까지, 혹은 집을 나서고 다시 집으로 돌아가는 순간까지 학생에게 일어나는 모든 일에 관해 교사에게 교육적인 책임을 묻는다.

그뿐인가? 요즘은 방과 후나 주말에 학생에게 일어난 언어적, 신체적 폭력에 대한 문제, 반 모임에서 일어난 학부모 간의 갈등 문제 역시 담임교사가 어느 정도 개입해주길 기대한다. 이렇듯 담임교사는 학교에서 학생에게 일어나는 생활 전반에 교육적인 책임을 지고, 위험한 상황에서 학생을 안전하게 보호해야 한다. 또한 교사는 미성숙한 학생들에게 기본적인 질서의식, 도덕적인 판단력 등 민주시민의 자질을 길러주는 훈육자이자, 배움과 성장이라는 여행길에 함께 오른 동행자이기도 하다.

역할 범위가 광대할 뿐만 아니라 이에 대한 기대 또한 크기 때문에 준비할 일도 많다. 담임은 교과수업 준비, 평가계획, 생활지도 계획, 교육환경 정비 등을 준비해야 한다. 세심하게 준비하지 못하면 자칫 학생들 앞에서 당황하거나 실수할 수 있다. 그러나 무엇보다도 학급이라는 공동체 속에서 담임교사와 우리 반 학생 간의 관계를 어떻게 형성할 것인지에 대한 준비에 가장 큰 공을 들여야 한다.

교육철학을 세우고 학급운영의 방향성을 준비하라

최근 민주적인 학급운영이 강조되면서 비폭력 대화, 회복적 생활교육, 학급긍정훈육법PDC 등 다양한 교육적 접근이 이뤄지고 있다. 이러한 교육적 접근은 학급운영에 분명 크게 도움이 된다. 하지만 기술적 접근에 앞서, 무엇보다 우선시 되어야 하는 것은 교사의 교육철학이다. 교사의 교육철학을 바탕으로 학급운영 목표와 학급문화를 세우고 이를 통해서 학급운영의 전체적인 방향을 세워야 한다. 아이오와대학교의 허겐 교수는 자신의 교육철학을 네 가지 관점으로 설명한다.

첫째, 나는 학생들에게 어떠한 영향을 주려고 하는가? 우리 반 학생들이

1년 동안 무엇을 배우면 좋을지 목표를 정해야 한다. 『교사와 학생 사이』(양철북, 2003)의 저자 하임 G. 기너트는 "아이들은 젖은 시멘트 같아서 뭐가 떨어지든 그대로 자국이 남는다"고 했다. 1년이라는 시간은 아이들의 삶에 교사의 영향이 고스란히 스며드는 중요한 시간이다. 따라서 교사를 통해서 아이들의 삶이 어떻게 변했으면 하는지 그 목표를 정하는 것은 무엇보다 중요하다. 그럼에도 불구하고 생각보다 많은 교사가 학급운영 목표를 진지하게 고민하지 않는다.

『훌륭한 교사는 무엇이 다른가』(지식의날개, 2015)의 저자 토드 휘태커는 '학급운영에 어떤 식으로 접근하는가?'라는 물음에 "훌륭한 교사는 희망에 초점을 맞추고, 보통의 교사는 규칙에 초점을 맞추며, 무능한 교사는 규칙을 어긴 결과, 즉 벌칙에 집착한다"고 한다. 학급운영을 좀 더 잘하고 싶다면 학년 초에 희망찬 목표를 세우고 1년 내내 일관되게 추진해야 한다. 이를테면, 공동체성 함양에 초점을 두고 '더불어 살며 모두가 행복하기'와 같은 우리 반만의 학급운영 목표를 설정하고 실천하자.

둘째, 학급운영의 목적을 달성하기 위해 어떤 식으로 노력하겠는가? 학급운영의 목표에 따라서 그 목표를 이룰 수 있도록 적절한 방법을 찾아 노력해야 한다. '더불어 살며 모두가 행복하기'라는 목표를 세웠다면 우리 반 아이들과 함께 더불어 살아가며 모두가 행복할 수 있는 구체적인 방법을 찾아야 한다. 더불어 살아가려면 무엇보다 배려가 필요하다. 그런데 아직 어린 학생들에게는 배려라는 개념 자체가 낯설다. 따라서 어떠한 도덕적 가치나 덕목에 대한 구체적인 실천방법을 찾으려면 선행작업으로 그 개념의 의미부터 명확히 해야 한다. 이때 『아름다운 가치사전』(채인선 글/김은정 그림, 한울림어린이, 2005)처럼 구체적인 상황 속에서 개념을 정확하게 이해하고, 우리 반만의 특별한 가치사전을 만들 수도 있다. 이러한 가치를 정의할 때 학급에서 상호 간에 어떻게 말하고 행동할지 『학급긍정훈육법』(제인 넬슨 외, 에듀니티, 2014)의 학급 가이드라인 만들기 방법 등도 함께 활용하면 좋다.

셋째, 자신만의 학급문화가 있는가? 토론하는 교실문화, 교육연극이 있는 교실문화, 나눔 교육 교실문화, 질문이 있는 교실문화, 그림책 읽기가 있는 독서문화 등 우리 반만의 학급문화가 있어야 한다. 최근 학교에서는 전문적학습공동체로 학급의 문화를 넘어 학년의 문화를 함께 만들고 있다. 즉, 학기 초에 학년목표를 정하고, 그에 따라 학년문화도 함께 만들어가는 것이다. 이를테면 손끝 활동을 통한 감각 기르기, 그림으로 마음 들여다보기, 다모임을 통한 공동체성 함양하기, 에니어그램을 통한 진로 고민하기 등 학년마다 특색 있는 문화를 만들어갈 수 있다.

넷째, 교사로서 자신의 내면을 들여다보려고 노력하는가? 어떤 특정 교사의 방식을 맹목적으로 쫓기보다 먼저 자신의 내면을 들여다보자. 교사 자신이 좋아하고, 잘할 수 있는 분야를 찾아 나만의 강점을 개발해야 한다. 아무리 좋은 교육방법도 교사의 철학에 맞지 않다면 지속적으로 활용하기는 어렵다. 따라서 교육적 성찰로 나만의 강점을 발견하고, 적절히 활용하고 있는지 스스로 들여다보아야 한다.

교사철학
예시안

서로 더불어 살아가는 학습공동체

1. 우리는 존중과 배려를 바탕으로 더불어 살아가는 존재이다.

학생들은 타인과의 관계를 맺고 서로 더불어 살아가는 법을 배워야
한다. 이러한 관계를 맺기 위해서 서로 간에 존중과 배려가 필요하다.
즉, 친구와 함께 기쁨과 슬픔을 나누며 위로할 줄 아는 사람으로 성장
해야 한다. 학생들은 저마다 생김새가 다른 것처럼 성격과 기질, 재능
도 모두 다르다. 따라서 남과 비교하기보다는 자기 자신을 알아가며
있는 모습 그대로의 나를 사랑하고 성장하는 것이 중요하다. 때로는
교실이라는 좁은 공간속에서 각자 다른 성격과 기질의 아이들이 함께
생활하기 때문에 갈등을 겪기도 한다. 학생들은 이러한 갈등을 슬기
롭게 해결하는 과정과 조화롭게 살아가는 방법을 배워야 한다. 따라
서 학생들과 함께 존중과 배려를 바탕으로 소통하며 함께 성장하는
평화로운 공동체를 만들어가야 한다.

2. 우리는 자신의 삶을 능동적으로 살아가는 존재이다.

학생들이 살아갈 미래 사회는 평생학습 사회다. 필요한 것들을 자기주
도적으로, 스스로 학습할 수 있어야 한다. 이러한 자기주도적인 학습
능력을 신장시키기 위해서 배움 공책으로 자신의 배움을 메모하는 습
관을 길러주자. 배움 공책은 학교생활 속에서 새롭게 깨달은 점, 느낀
점 등을 스스로 정리해나갈 수 있도록 활용한다. 또한 모든 학습의 기

본이 되는 다양한 분야의 책 읽기와 주제 글쓰기로 학생들이 삶과 세상에 대한 안목을 기르도록 독려한다.

3. 우리는 앎과 삶이 연결되는 배움을 통해 성장하는 존재이다.

학생들은 배움으로써 삶을 계획하고 실행하며 개선해나가야 한다. 삶과 연결되지 않으면 배움의 참된 기쁨과 의미를 찾을 수 없을 뿐만 아니라, 학습 동기로 이어지지도 않는다. 따라서 학교생활에서 학생들의 앎과 삶이 연결되는 교육과정을 운영함으로써 학생들의 삶을 자세히 들여다보고 관찰과 기록을 통해서 성장하도록 돕는다.

우리 반 아이들의 특성을
자세히 파악하라

학년과 반이 결정되면 담임으로서 학생들의 특성을 자세히 파악해야 한다. 학생들의 특성을 미리 파악해두면 학급에서 생기는 문제의 파악이 용이해지고, 문제 발생 시 보다 쉽게 해결할 수 있다. 물론 학생들의 명렬표만으로 파악 가능한 정보에는 한계가 있지만, 그래도 다음 사항들은 미리 확인해야 한다.

첫째, 이름이 같거나 발음이 비슷한 이름의 학생들이 있는지 확인하라. 학급 명렬표는 남녀가 구분되어 배열되다 보니 같은 이름의 남학생, 여학생이 있을 가능성이 있다. 만약 이러한 경우가 있다면 3월 시작 전에 반 편성을 수정해서 학급운영의 혼선을 방지해야 한다. 조정이 어렵다면 예쁜 ○○이, 멋진 ○○이처럼 학생의 입장에서 마음 상하지 않게 적절한 형용사를 붙여서 부르는 방법도 고려할 수 있다.

둘째, 학생 중에 특수교육 대상 학생이 있다면 미리 자세한 정보를 파악하라. 즉, 학생에게 장애가 있다면 담임으로서 어떻게 배려할 수 있을지 파악해야 한다. 이때 특수교사나 이전 담임교사에게 해당 학생에 대한 정보를 얻을 수 있다. 교실 배치 시에도 학년 차원에서 의논하며 엘리베이터나 화장실, 보건실과 가능한 가까운 교실에 배정받도록 한다. 학급의 시간표를 작성할 때 역시 특수교사와 협력하에 해당 학생이 학습에서 소외되지 않도록 배려해야 한다.

셋째, 알레르기나 열성 경련 같은 건강상의 특이사항이 있는 경우 반드시 메모하고 수시로 건강 상태를 확인하라. 급식시간과 체육시간에는 교사가 방심한 사이에 돌이킬 수 없는 큰 사고가 발생할 수도 있다. 특히 유제품이나 견과류, 갑각류 등에 알레르기 반응이 심한 학생은 급식 식재료를 철저히 파악한 뒤 급식지도를 해야 한다. 식단표에 형광펜으로 알레르기 식품을 표시해 교실에 게시함으로써 학생들 역시 주의하도록 지도한다.

또한 열성 경련, 호흡 곤란, 심장 박동 이상 등 과거에 건강 문제가 있던 학생들의 경우 반드시 보건교사 및 학부모님과의 면담 때 관련 사항을 정확하게 숙지해야 한다.

넷째, 과거에 생활지도가 힘들었던 학생이나 학부모 민원이 심했던 아동들을 파악하라. 생활지도가 힘든 이유와 학부모 민원의 원인을 전 담임에게 상세하게 확인해야 한다. 또한 문제상황에서 효과적인 생활지도 방법에 대한 조언을 구할 수도 있다. 이때 학생에 대해 지나친 선입견을 가지지 않도록 주의해야 한다. 학생들의 인격은 아직 미성숙하기 때문에 생활태도는 해마다 달라질 수 있다. 그런데 선입견이 있으면 낙인 효과처럼 색안경을 끼고 학생을 바라보게 된다. 따라서 학교 부적응 문제를 가진 학생이 우리 반에 소속되더라도 지나친 걱정이나 선입견 없이, 변화 가능한 존재로 바라보아야 한다.

다섯째, NEIS 행정처리상의 문제가 없는지 확인하라. 즉, NEIS상의 명렬표와 실제 반 편성 명단의 일치 여부를 확인해야 한다. 가끔 종이로 받은 명렬표상의 이름이 NEIS 학적에는 없는 경우도 발생한다. 반 편성 시 별도의 프로그램을 활용하거나 학생들을 재배정한 경우 생길 수 있는 오류다. 이러한 상황이 발생하면 당황하지 말고 학적 담당자에게 연락해 도움을 받자. 또한 전출 학생의 경우 아직 NEIS상에 학적이 남아 있을 수 있다. 이때 전입 학교에서 자료 송부 요청이 왔는지 반드시 학적 담당자에게 확인하라. 학적이 남은 전출 학생의 신변에 문제가 생길 경우 담임교사가 곤란해질 수 있기 때문이다. 학기 초에 발생한 전출과 전입 상황 때문에 번호 수정이 필요하다면 [NEIS]-[학적]-[기본학적관리] '번호 수정' 항목에서 수정할 수 있다.

교사와 학부모 사이, 적절한 거리의 소통 창구를 준비하라

미국의 문화인류학자 에드워드 홀은 『숨겨진 차원』(한길사, 2013)에서 사람과 사람 사이에 필요한 네 가지 유형의 거리를 제시한다. 먼저 밀접한 거리(0~46cm)는 가족이나 연인처럼 친밀도가 아주 높은 관계에서 나타난다. 따라서 그다지 가깝지 않은 사람이 이 거리에 들어오면 불안하고 불편하며 때로는 위협까지 느낀다. 다음으로 개인적 거리(46cm~1.2m)는 각자의 팔 길이 정도로, 대화나 가벼운 스킨십 정도를 허용하는 친구 관계의 거리이다. 세 번째는 사회적 거리(1.2~3.6m)로, 사적인 질문이나 스킨십을 허용하지 않고 사무적이며 공식적인 성격을 띤 관계의 거리이다. 이러한 관계는 대화에서도 격식을 요구하는데, 소그룹 회의나 모임 등이 이에 속한다. 마지막으로 공적인 거리(3.6~7.5m)는 교사와 학생, 강사와 청중 관계의 거리라고 한다.

교사와 학부모 사이에는 어느 정도의 거리가 필요할까? 최근 교사와 학부모의 관계는 불가근불가원不可近不可遠이라 가까이하기도 멀리하기도 어렵다. 2019년 한국교총에서 전국 교직원 5,493명을 대상으로 실시한 설문 조사에 의하면 87퍼센트나 되는 교원의 사기가 떨어졌는데, 그 이유로 학부모 민원이 첫손가락에 꼽혔다.

학부모들과 교사의 관계가 불편해지는 까닭은 여러 가지다. 그중에 SNS에서 교사의 사생활을 평가하는 학부모와 이 같은 일이 교사의 교권 및 인권 침해로 이어진다고 괴로워하는 교사가 상황의 가장 큰 요인이다. 이러한 영향으로 업무용 휴대전화 마련이나 이중번호 서비스, 교사 개인 휴대전화 번호 비공개 등 교사의 사생활 침해 방지를 위한 대책도 쏟아지고 있다. 그러나 학부모를 단지 민원 집단으로 속단하고 기피한다면 진정한 소통은 불가능하다. 따라서 학부모와 적절한 거리를 유지하면서 소통할 수 있는 방법을 소개하고자 한다.

담임 편지로 소통하기

첫 번째 방법은 새 학년 첫날 담임 편지를 정성스럽게 준비하는 것이다. 새 학년이 시작되면 학부모도 교사처럼 여러 불안감을 느낀다. 내아이가 새 학년에 만날 담임선생님이 어떤 사람일지, 친구들은 어떨지이런저런 근심과 걱정으로 머리를 싸맨다. 교사는 학부모의 불안감과걱정을 덜어주는 첫 편지로 학부모의 마음을 두드릴 수 있다.

첫 편지에는 교사에 대한 간단한 소개말과 자신의 교육철학을 바탕으로 한 학급운영의 방향성, 학기 초 준비사항(준비물 등), 학교규칙(등교시간, 출결사항, 학교장 허가 교외체험학습 등), 연락처, 학급 밴드 주소 등을소개한다. 또한 학생에 대한 긍정적인 기대감과 따뜻한 배려의 마음을표현해 학부모가 교사를 신뢰하도록 해야 한다.

학기 초 교사 소개 편지 예시

- -

학부모님 안녕하십니까?

추운 겨울이 지나고 따뜻한 봄소식과 함께 새 학년이 시작되었습니다.

꽃보다 예쁜 아이들과 이렇게 소중한 인연으로 만나 매우 기쁩니다.

저는 올해 ○학년 ○반 아이들과 함께 1년을 행복하게 살아가고 싶은

담임교사 ○○○입니다. 이렇게 편지로 첫인사를 드립니다. 더불어 저

의 교육철학과 학급운영 방향, 1년간의 교육활동에 대해서 학부모님

께 안내하겠습니다.

교육철학 및 학급 교육활동에 대해 안내합니다.

저는 아이들이 '서로 더불어 살아가고 배려할 줄 아는 사람'으로 성장하기를 기대합니다. 배려란 서로 돕고 보살피려고 마음 쓰는 것을 의미합니다. 배려할 줄 아는 사람이란 가까이 있는 친구의 어려움을 함께 도와주고, 즐거운 일에 함께 기뻐하며 친구의 슬픔을 함께 위로할 줄 아는 사람을 말합니다. 학생들은 저마다 생김새가 다르듯 성격과 기질, 재능 또한 다릅니다. 따라서 남과 비교하기보다는 자기 자신을 알아가며 있는 모습 그대로를 사랑하고 성장하는 것이 중요합니다. 때로는 교실이라는 좁은 공간 속에서 서로 다른 성격과 기질의 아이들이 함께 생활하기 때문에 갈등도 겪습니다. 학생들은 이러한 갈등을 슬기롭게 해결해나가며 조화롭게 살아가는 방법을 배우고 평화로운 공동체생활을 경험할 것입니다. 저는 한 해 동안 학생들과 더불어 배려와 존중을 바탕으로 소통하며 함께 성장하는 따뜻한 학급으로 만들어나갈 계획입니다.

학생들이 살아갈 미래 사회는 평생학습 사회로 필요한 것들을 자기주도적으로, 스스로 학습할 수 있어야 합니다. 이러한 자기주도적인 학습 능력을 신장시키기 위해서 우리 학급에서는 배움 공책을 사용하고자 합니다. 배움 공책을 활용해 학교생활에서 새로 알게 된 점, 느낀 점 등을 스스로 정리해나갈 수 있게 도울 것입니다. 또한 모든 학습의 기본이 되는 온작품읽기, 독서토론, 다양한 독후활동과 주제 글쓰기를 진행할 계획입니다. 보다 자세한 내용은 학부모님과의 첫 만남 시간에 다시 안내하겠습니다.

학부모님께 부탁드립니다.

교사와 학부모는 아이들의 성장이라는 목표하에 함께 협력하는 교육 공동체입니다. 이와 관련해 몇 가지 부탁 말씀드립니다.

첫째, 학교의 교육활동을 긍정과 신뢰의 시선으로 바라봐주세요.

자녀가 우리 학교에 자부심을 느낄 수 있도록 긍정의 메시지를 많이 주시길 바랍니다. 학교와 선생님을 좋아하고 긍정적으로 생각하는 아이들은 학교생활에 적극적으로 참여하고, 더 많은 것을 배우고 느낄 수 있습니다.

둘째, 내 아이뿐만 아니라 우리의 아이들을 함께 지켜봐주시기 바랍니다.

한 아이를 키우기 위해서는 온 마을이 필요하다는 말이 있습니다. 우리 학급에는 나의 자녀뿐만 아니라 우리 이웃의 자녀도 함께 생활합니다. 따라서 모든 의사결정은 학급 전체의 의견을 고려해야 합니다. 학생 간의 갈등이 생겼을 때는 잘잘못을 가리기보다 학생들 스스로 생각하고 해결할 수 있도록 기다려줘야 합니다. 내 아이가 소중한 만큼 다른 아이들 또한 소중하다는 마음으로, 내 아이뿐 아니라 우리 아이들을 함께 지켜봐주시길 바랍니다.

셋째, 자녀의 학교생활에 관심을 갖고, 지지와 격려를 보내주세요.

과제는 자녀 스스로 할 수 있도록 격려해주시고, 틈틈이 알림장을 확인해주시기 바랍니다. 또한 배움 공책으로 배움의 이해 정도를 확인하시면 자녀의 학교생활 전반을 이해하는 데 큰 도움이 될 것입니다. 확인 후에는 다소 아쉬운 부분이 있더라도 지지와 격려를 듬뿍 보내주세요.

넷째, 학교폭력 등의 문제에는 단호한 지도를 부탁드립니다.

때때로 아이들은 문제의식 없이 장난삼아 친구를 놀리고, 욕하고, 때리고, 물건을 빼앗고, 험담하고, 따돌립니다. 어른들은 아이들을 배려와 존중으로 따뜻하게 지도함과 동시에 상처 주는 말과 행동을 단호하게 지도해야 합니다. 즉, 친구를 대할 때 해서는 안 되는 행동의 명확한 경계를 세워줘야 합니다. 자녀에게 학교폭력 문제와 관련된 말이나 행동이 관찰되는 즉시 저에게 연락하시고, 가정에서도 꾸준히 관심 가지고 지도해주시길 바랍니다.

다섯째, 학교에 제출해야 하는 자료는 기한에 맞춰 제출해주세요.

학교에서는 회신문이 수합되어야 차질 없이 교육일정을 진행할 수 있습니다. 필요한 서류의 수합이 지연되면 전체 일정이 지연될 수 있으니 자료는 꼭 기한에 맞추어 제출해주세요. 더불어 학교장 허가 현장체험학습 신청서 역시 ○일 전까지 제출해주시고, 결과 보고서는 체험학습 종료 후 등교하는 날 제출 가능하게끔 준비해주시길 바랍니다.

여섯째, 결석 또는 지각 시 미리 연락 주세요.

지각이나 미인정 결석 시 학생 신변에 대한 확인이 필요합니다. 결석 또는 지각 시 학급 내선 번호로 꼭 전화해주세요.

이러한 학습 준비물이 필요합니다.

학생이 학습활동에 적극 참여할 수 있도록 필요한 학습 준비물을 챙겨주시길 바랍니다. 또한 분실에 대비해 모든 학습 준비물에는 반드시 이름을 표시해주시길 바랍니다.

필요한 준비물은 다음과 같습니다.

교과서, 줄 공책, 필기구, 자, 네임펜, 양치도구,
물티슈, 클리어 파일, L자 파일 등

위 준비물을 ○일까지 준비해주시길 바랍니다.

저는 담임교사로서 새로운 학년을 시작한 아이들을 따뜻하게 격려하고 사랑하겠습니다. 아이들은 따뜻한 관심과 사랑, 신뢰 속에서 성장합니다. 가정에서도 자녀들에게 새로운 학교생활에 대해서 희망찬 기대와 격려를 보내주신다면 아이들의 학교생활에 큰 힘이 될 것입니다. 자녀의 학교생활에 궁금하신 점이나 상담이 필요하다면 언제든지 연락해주세요. 올 한 해 소통과 배움 그리고 즐거움으로 함께하는 행복한 ○학년 ○반이 되도록 노력하겠습니다.

20○○년 ○월 ○일

담임교사 ○○○ 드림

☎ 교실전화:

SNS로 소통하기

두 번째 전략으로 SNS 활용을 꼽을 수 있다. 많이 사용되는 SNS로는 클래스팅, 학급 밴드, 카페, 단체톡, e-알리미, 학교종이 앱 등이 있다. 이러한 SNS의 장점은 자동으로 설문 등에 대한 통계처리를 해주고, 가정통신문에 대한 가정의 회신 여부가 확인 가능하다는 점이다. 따라서 SNS를 활용해 교사들의 행정업무를 경감하고, 종이와 잉크의 사용량도 줄일 수 있으며, 각종 설문지의 회수율도 높일 수 있다. 또한 학교 홈페이지에 비해 접근성이 용이해 주간학습 안내나 알림장, 각종 회신이 필요한 신청서, 설문 등을 각 가정에 쉽고 빠르게 전달할 수 있다. 단, 잘못된 정보 역시 학부모 사이에 빠르게 퍼질 수 있으니 공지 내용은 신중하게 작성해야 한다.

최근에는 학부모와의 소통 창구로 학급 밴드도 많이 활용한다. 학급 밴드는 주간학습 안내와 알림장, 상담 일정 등 공지 사항을 공유할 때 특히 유용하다.

최근에 특정 시·도에 따라서 학교 컴퓨터로 메일이나 밴드 접속이 어려운 경우도 있다. 이때는 학기 초에 정보 담당자에게 신청서 제출 후 승인을 받으면 된다. SNS는 종류가 워낙 다양하니 개인에게 맞는 SNS를 잘 선택하면 학부모와 적절한 거리를 유지하면서도 지속적인 소통의 창구로 활용할 수 있다. 이러한 SNS는 단순한 소통을 넘어서 학급 운영에도 여러모로 도움이 된다.

먼저 사진이나 동영상 등으로 학급에서 진행한 교육활동의 결과물을 공유함으로써 상시적으로 수업을 공개할 수 있다. 특히 체험학습을 갔을 때는 실시간으로 도착시간, 아이들의 건강 상태, 활동내용 등 체험학습 진행 상황을 공지해 학부모들의 불안감을 어느 정도 해소할 수 있다. 초상권 등 개인정보 관련 분쟁이 생길 수 있으니 소수 학생의 인물 촬영은 가급적 지양하는 것이 좋다. 아이들 사진은 교육활동 자체를 소개하는 차원으로 활용해야 한다는 점에 유의하자. 즉, 교육활동의 안내와 결과물, 학급 전체의 단체 사진 정도만 공개한다.

이밖에도 SNS는 실시간 투표 등으로 학부모들의 의견을 묻고 교육과정에 반영하여 교육공동체인 학부모들의 교육적 참여를 높이는 수단으로 활용할 수 있다.

학생을 배려한 학급환경 구성이 필요하다

교실은 배움이 이루어지는 곳이다. 문화·예술적 경험과 함께 놀기도 하고 쉬기도 하는 공간이다. 복합적인 학습공간이자 문화공간인 셈이다. 따라서 이런 공간 특성을 잘 이해하면 교실을 더욱 효과적으로 꾸밀 수 있다. 교사와 학생의 책상, 책장 등을 어떻게 배치하느냐에 따라서 학생들의 생활 흐름이 달라지기 때문이다. 따라서 1년 동안 교실에서 주로 이루어지는 활동과 학습형태, 그리고 학년의 발달과정상의 특징, 교사와 학생들의 시선 및 이동 동선 등을 고려한 학급환경 구성이 필요하다.

책걸상 점검 및 배치하기

학생들은 하루 중 많은 시간을 의자에 앉은 채로 보낸다. 따라서 학급환경 구성 시 가장 먼저 고려할 사항은 학생들의 신체 발달에 알맞은 책걸상이다. 학년 초에 교실을 배정받으면 먼저 책걸상의 높낮이부터 확인하자. 가령 책상은 높은데 의자가 낮거나, 책상은 낮은데 의자가 높으면 학생들이 큰 불편을 겪을 수 있다. 나사가 빠졌거나 수평이 맞지 않는 책걸상, 옆 가방 고리가 없거나 서랍이 떨어진 책상 등도 모두 학기 시작 전에 확인하고, 행정실의 협조를 구해 교체하거나 수리해야 한다. 또한 모둠활동을 위해 책상의 높이도 맞춰야 한다.

책걸상 배치 시에는 학생들의 동선이나 학습활동에 쓰일 공간 등도 고려해야 한다. 특히 책상 사이 이동 통로가 너무 좁을 경우, 옆에 걸어둔 책가방 등에 발이 걸려 안전사고가 발생할 수 있다. 반드시 여유롭게 이동 통로를 확보한 뒤 책걸상을 배치하자.

요즘은 일자형뿐만 아니라 ㄷ 자형, 모둠형 등 다양하게 책상을 배치하는데, 모둠형 배치는 교실 정면을 바라보는 일자형 책상 배치보다 학생들의 주의를 더 쉽게 분산시킨다. 따라서 주의·집중시간이 매우 짧은 저학년 책상 배치에는 더욱더 고민이 필요하다. 필요한 경우 잠깐씩 책상 배치를 바꾸자고 학생들과 약속을 정해 공간을 다양하게 구성하는 것도 좋다. 이때 어떻게 배치하더라도 교실 정면의 학습공간을 등지고 앉는 학생이 생기지 않게 유의하자.

교실에서는 교사의 책상 배치 또한 매우 중요하다. 교사의 책상이 지나치게 교사 중심으로 배치되면 학생들이 교실 정면이나 TV 화면을 바라볼 때 방해받을 수 있다. 이러한 점을 염두에 두고 왼쪽 창가 측으로 교사의 책상을 배치하는 등의 구성이 필요하다. 이때 교사의 시선에 학생 전체가 한눈에 들어오는지도 고려사항이다. 교사 책상 바로 옆자리에 별도의 공간을 만들어서 학생 개별 지도 및 상담공간 등으로 활용할 수 있다.

학급 게시판 꾸미기

학급에는 대개 교실 정면과 뒷면, 옆면에 게시판이 놓여 있다. 정면 게시판은 주로 주간학습 안내나 시간표, 급식표, 학급규칙 등을 게시하는 용도로 쓰이는데, 학생들이 가장 오랫동안 바라보는 공간이기 때문에 깔끔하게 구성해야 한다.

교실의 뒷면 게시판은 학습활동 결과물을 공유하는 공간이다. 개인 작품뿐만 아니라 모둠활동의 학습 결과물을 게시해 학생들이 배운 내용을 복습하는 공간으로도 쓸 수 있다. 이러한 게시물들은 학습활동에 따라 주기적으로 쉽게 게시물을 교체할 수 있는 메모 홀더를 활용하면 좋다.

교실의 옆면에는 학년 수준과 교육활동에 맞는 지도나 연표 등을 붙이고, 책장 근처의 벽면에는 독서활용판, 우유 상자 근처에는 우유 확인판 등을 붙일 수 있다. 교실 옆면을 지나치게 활용하다 보면 학생들이 불안해하거나 산만해질 수도 있으니 학급운영이나 학습에 꼭 필요한 것만 최소 게시함으로써 학생들이 심리적으로 안정되도록 배려해야 한다.

교실 창가 관리하기

좁은 실내 공간에서 많은 학생이 온종일 생활하다 보면 먼지 등으로 공기가 쉽게 오염된다. 따라서 미세먼지가 심하지 않은 날에는 반드시 교실 창문을 자주 열어서 환기해야 한다. 보통 교실 창가는 빛이 잘 들어오므로 영상자료 등의 원활한 시청을 위해 사용할 블라인드나 커튼 등도 미리 점검하자. 볕이 잘 드는 창가에는 화분을 기르기도 한다. 식물 가꾸기는 생태교육의 중요한 부분이기도 하다. 이때 가꾸는 화분은 너무 크지 않고 생명력이 강한 식물이 좋으며, 교사 스스로 식물 가꾸기에 관심을 가지고 식물의 생장에 필요한 것들을 준비해야 한다.

사물함과 신발장 정리하기

쾌적한 교실환경 정비를 위해 사물함을 열어서 작년 학생들의 물건이 남아 있는지 확인하자. 문이나 손잡이에 이상이 없는지 점검한 뒤, 사물함 번호도 재정비한다.

기본 학습 준비물 준비하기

학생들이 평소 수업시간에 자주 활용하는 풀, 가위, 색연필, 사인펜, 네임펜 등은 기본 학습 준비물로 미리 마련해서 작은 바구니나 서랍에 넣어두고, 필요할 때 꺼내서 쓰면 편리하다. 롱 스테이플러도 준비해두면 좋다. 롱 스테이플러는 A4 용지를 반으로 접을 때 가운데 철할 수 있어서 북아트를 할 때나 미니 소책자를 만들 때 유용하다. 재단기 역시

기본 학습 준비물 예시

품명	수량 (30명 기준)	
가위	2명당 1개	15개
풀, 목공풀	모둠별로 2개	20개 내외
색연필, 사인펜	모둠별로 1개	8개
30cm 자	2명당 1개	15개
네임펜	2명당 1개	15개
연필깎이	학급용 1개	1개
스테이플러, 롱 스테이플러	학급용 각 1개	1개
재단기, 코팅기, 3공 펀치	학년당 1개	1개
글루건	학급용 1개	1개
4절지	모둠별 5장	40장 내외
8절지, 16절지, 24절지	개인당 5장	150장 내외
색 도화지	개인당 3장	100장 내외
색종이	개인당 2 세트	60세트
칠판 부착용 장구 자석	모둠별 2개	15개 내외
포스트잇	개인당 4장	120장 내외

종이류의 크기를 조절해서 자를 수 있으므로 구입해두면 유용하게 쓸 수 있다.

만들어가는 교육과정
교사에게는 교육과정이 필요하다

교육과정은 교육의 길라잡이 역할을 하고, 학생들의 의미 있는 배움을 위해 꼭 필요하다. 교육과정curriculum이란 경주로를 뜻하는 라틴어 쿠레레currere에서 유래했다. 풀어서 설명하면 학생들이 경험해야 할 내용을 바탕으로 수업의 과정에서 평가까지 모두 담은 교육적 계획이다. 따라서 교사들은 교육과정이 있어야만 무엇을 어떻게 가르쳐야 할지 명확한 방향성을 찾을 수 있다.

최근 교육계에서는 교육과정 문해력이 강조된다. 교육과정 문해력이란 교사의 전문성을 발휘해 교육과정에 제시된 성취기준을 해석하고, 교육의 내용과 방법 및 평가를 설계할 수 있는 역량이다. 이 과정에서 지역적 특성, 학교철학, 학생과 학부모의 요구 등을 반영하고 학생들의 삶과 배움을 연계해 둘이 일치하도록 교육과정을 기획해야 한다.

각각의 교사들은 저마다 다른 환경 속에서 교육활동을 전개하고,

성취기준을 이해하고 해석하는 방법 또한 다르기에 교육과정은 다양해질 수밖에 없다. 그렇다면 지역과 학생, 학부모의 요구를 어떻게 교육과정에 반영할까? 일차적으로 학년 말에 실시하는 교육과정 평가 설문 결과 분석을 반영할 수 있다. 예를 들어 설문에서 다양한 동아리활동에 대한 요구가 많다는 결과가 나왔다면, 교육과정 평가회와 교육과정 워크숍에서 무학년제 동아리 운영, 학부모 지원 동아리 개설, 지역 사회 프로그램 활용 등의 방안을 논의할 수 있다. 협의로 동아리운영 방식을 결정하고, 이를 창의적 체험활동 동아리운영에 반영하면 된다.

교사들은 교육과정에 대한 자율권이 있다. 교육의 내용과 방법을 결정할 수 있다는 이야기이다. 그러나 이러한 자율권을 지나치게 자의적으로 해석하지 않도록 경계하자. 자칫 잘못하면 교육내용이 편파적으로 치우칠 수 있다. 따라서 우리나라 교육과정에서는 초·중등교육법 제23조 제2항에 의거해 교육의 방향키 역할을 하는 초·중등학교 교육과정을 고시한다. 이는 국가 수준 교육과정에서 제시하는 성취기준과 핵심 개념에 바탕을 두어, 공교육의 질적 수준 및 방향성을 잃지 않으면서도 개인의 역량을 최대로 발휘하여 교사 스스로 살아 있는 교육과정이 되어야 한다는 의미이다.

교사에게 교육과정 편성에 대한 권한이 주어졌지만 여전히 많은 교사가 교과서나 교사용 지도서의 진도를 따라가기에 바쁘다. 국정교과서를 활용하는 수업이 잘못되었다는 이야기는 아니다. 교과서는 성취기준을 바탕으로 현장 교사들이 모여서 만든 좋은 교육자료다. 그러나 국정교과서에 각 지역의 특성, 학교 철학, 학부모와 학생들의 다양한 요구가 모두 담길 수는 없다. 성취기준에 맞지 않거나 중복되는 활동이 담겨 있기도 하다. 따라서 교과서의 한계점을 인식하고, 성취기준에 바탕을 둔 다양한 수업 준비가 필요하다.

이미 대부분의 선진국에서는 국정교과서가 없어진지 오래됐고, 성취기준을 중심으로 교육과정만을 제시한다. 교사들은 이 성취기준을 분석함으로써 필요한 학습자료를 마련하기 때문에 교과서의 의존도가 높지 않다고 한다. 우리나라 역시 약 10년 전부터 서서히 교과서 지상주의에서 벗어나려는 움직임이 시작되었고, 성취기준에 대한 개념이 자리 잡는 중이다. 학생들에게는 교과서의 내용 암기보다 각 교과에 제시된 성취기준에 도달함으로써 해당 역량을 함양하고 성장하는 과정이 필요하다. 따라서 교사들은 교과의 핵심 개념을 파악하고 학습내용을 구조화해 수업에 적용해야 한다.

결국 교사의 전문성이란 교육과정에 담긴 성취기준에 접근할 수 있는 역량인 셈이다. 교사들은 지도서와 교과서뿐만 아니라 교육과정에 담긴 성취기준에 익숙해져야 한다. 단위차시의 수업목표가 결국 어떠한 성취기준을 달성하기 위한 것인지 이해해야 하기 때문이다. 따라서 성취기준에 대한 접근성을 높이기 위해 개발된 교수평 카드나 교육과정 문서를 다양하게 활용해 교육과정에 대한 역량을 높여야 한다.

학년 교육과정 설계, 무작정 따라해보기

교과의 핵심 개념을 중심으로 학습내용을 구조화하기 위해 필요한 것이 바로 학년 교육과정이다. 학년 교육과정을 편성할 때 가장 주의할 점은 국가 수준의 교육과정과 지역 수준의 교육과정 편성·운영지침, 학교 교육과정, 그리고 교육활동과 관련된 각종 규정과 관계 법령을 적용해야 한다는 점이다. 학년 교육과정 설계에 꼭 필요한 중요 개념들을 단계별로 살펴보자.

STEP 1: 학년 교육목표 세우기

학년 교육과정을 준비하면서 가장 먼저 해야 할 일은 역시 학년 교육목표 세우기이다. 학교철학과 학생들의 실태 및 발달 특성 등을 고려해 학년의 교육목표를 설정하고 구체적으로 실현 방안을 마련해 학년 교육과정에 적용한다. 가령 학년 교육목표로 '독서를 즐겨하며 의사소통 역량 기르기'를 잡았다면 실현하기 위해 어떠한 교육활동이 필요할지 논의해야 한다.

STEP 2: 연간 수업일수와 교육과정 수업 시수 이해하기

초등학교에서 연간 수업일수는 초·중등교육법 시행령 제45조 1항 (2011.10.25. 부분 개정)에 의거해 연간 190일 이상을 확보해 학교의 장이 정해서 운영한다. 따라서 각 학교마다 190일 이상의 연간 수업일수를 편성하고, 이를 학기별로 나누어 운영한다. 보통 34주를 기준으로 3월 1일에서 8월 말을 1학기(100일)로, 8월 말~2월 말까지를 2학기(90일)로, 1학기보다는 2학기를 좀 더 짧게 편성한다. 또한 법정 교육과정 시수를 기준으로 학교특성과 학생들의 수준, 학년의 특성 등을 고려해 학교 교육과정에 편성된 총 수업 시수를 학년군별로 협의하고, 과목별 수업 시수를 학기별로 나누어 학년 교육과정에 편성한다.

총론에 따르면 학년군별 교과(군) 및 창의적 체험활동 수업 시수는 최소 시간 수로, 이를 준수해야 하기 때문에 교과 시수를 감축해 창의적 체험활동 시간에 증배할 수는 없다. 또한 교과(군)별 20퍼센트 범위 내에서 시수의 증감이 가능한데, 체육 및 음악, 미술, 즐거운 생활은 시간을 증배할 수는 있으나 감축할 수는 없다. 예를 들면 3~4학년군의 교과(군) 수업 시수인 1,768시간을 감축해서 창의적 체험활동 시간을 205시간 이상으로 증배해 편성할 수 없다는 의미이다. 또한 3~4학년군의 국어 교과의 경우 기준 수업시간 수가 408시간이므로 20퍼센트 범위인 327시간 이상 489시간 이하로 편성할 수 있다. 그러나 체육교과의 경우 기준 수업시간 수인 204시간 이상으로 편성해야 하고, 204시간 미만으로 감축해 편성할 수 없다.

학년군별 총 수업시간 수는 해당 학년군 학생들이 2년 동안 반드시 이수해야 하는 최소 수업시간 수이므로 교육과정 시수표, 연간시간표를 작성할 때 유의해야 한다. 또한 2, 4, 6학년은 해당 학년 학생들이 작년에 이수한 시간 배당을 확인해서 최소 수업시간 수를 반드시 이수할 수 있도록 학년 교육과정 시수에 반영해야 한다.

학년 교육과정에서 교과(군)별로 20퍼센트 범위 내에서 시수를 증감한다면 교육과정 자율화 운영계획을 세워야 한다. 교육과정 자율화 운영계획이란 어떤 교과의 어떤 내용에서 몇 시수를 감축하고, 어떤 교과에 어떤 내용을 추가해서 시수를 증배할지에 대한 계획을 뜻한다.

STEP 3: 기초시간표 작성하기

교육과정에 넣어야 하는 시간표는 기초시간표와 연간시간표 두 가지가 있다. 기초시간표는 연간시간표를 작성하기 위한 기본적인 시간표이다. 연간시간표는 1년을 아우르는 전체적인 시간표이다. 학생들이 과목별로 1년간 이수해야 하는 시수(연간 수업 시수)를 이수하기 위해서는 매주 조금씩 다른 34주간의 시간표가 필요하다.

기초시간표 작성 요령을 알아보자. 먼저 기초시간표를 작성하기 위해서는 우리 학년의 전담 과목과 시수, 그리고 우리 반의 교과 전담 시간표를 확인해야 한다. 전담 시간의 경우 여러 반이나 학년이 섞여 있어서 담임교사가 임의로 시간표를 조정하기는 불가능에 가깝다. 따라서 기초시간표를 작성할 때는 전담 시간표에 따른 전담 과목들을 먼저 배정해야 한다.

두 번째로 우리 반이 사용할 수 있는 특별실, 즉 컴퓨터실, 도서실, 체육관 등의 사용시간을 고려해 기초시간표를 작성해두면 학습활동에 도움이 된다. 조사학습이 필요한 국어나 사회를 컴퓨터실이나 도서실 이용시간으로 배정해두면 필요한 경우 특별실을 자유롭게 이용할 수 있기 때문이다.

세 번째로 학교 교육과정에 편성된 학년별 교과 수업 시수, 요일별 수업시간을 참고해 주당 교과별 시간 배당을 대략적으로 결정할 수 있다. 예를 들어 34주를 기준으로 할 때 연간 수업 시수가 34시간인 도덕 교과의 경우 평균적으로 주당 교육과정 시간 배당을 1시간으로 잡고, 연간 수업 시수가 68시간인 음악, 미술, 실과 등의 경우 주당 2시간을 배당한다. 그러나 연간시간표를 작성할 때에는 특정 주에 특정 과목을

요일별 수업시간 배당 예시안

학년군 \ 요일	월	화	수	목	금	계
1~2학년군	5(4)	5	4	5	5	24(23)
3~4학년군	5	6	4	6	6	27
5~6학년군	6	6	6	6	6	30

주당 교육과정 시간 배당 예시안

학년군 \ 교과	국어	도덕	사회	수학	과학	실과	체육	음악	미술	영어	창체
3~4학년군	5	1	3	4	3		3	2	2	2	2
5~6학년군	5	1	3	4	3	2	3	2	2	3	2

집중적으로 편성할 수도 있다. 즉, 한 주 동안 체육 10시간, 국어 4시간 같은 형태로 편성할 수 있다.

네 번째로 학생들의 생활 리듬을 고려해 시간표를 배정해야 한다. 학습에 잘 집중할 수 있는 오전 시간대에는 국어, 수학, 사회, 과학과 같은 교과목을 배치하고, 점심식사 후 지친 학생들을 고려해 음악, 미술, 동아리 같은 학습 부담이 적은 교과목을 배치하는 게 학생들의 생활 리듬에 도움이 된다.

다섯 번째로 교과의 성격에 따라 80분 단위 블럭 수업이나 연속 차시 수업으로 진행함으로써 학생들의 다양한 활동을 유도할 수 있다. 교사의 의도에 따라 국어, 사회, 과학, 미술, 실과 같은 과목들을 연속 차시로 배치해 수업을 원활히 진행할 수 있다.

기초시간표가 작성되었다면 NEIS에 기초시간표를 입력, 검증, 반영해야 한다.

3학년 기초시간표 예시

요일 / 교시	월	화	수	목	금
1교시	국어	수학	과학(전담) (과학실 가능)	사회	수학
2교시	국어	영어(전담)	과학(전담)	사회 (컴퓨터실 가능)	국어
3교시	영어(전담)	국어	수학	수학	과학(전담)
4교시	사회	국어 (도서실 가능)	체육	음악	음악
5교시	체육 (체육관 가능)	도덕		미술	창체
6교시		체육		미술	창체

　[교육과정]-[시간표관리]-[기초시간표관리]에서 조회를 누르면 화면 오른쪽에 우리 학교 개설교과가 뜬다. 이 개설교과를 마우스로 끌어와서 기초시간표를 입력할 수 있다. 기초시간표를 작성했다면 저장 버튼을 누르고 [기초시간표 검증 및 반영] 탭을 누른다. 학년과 반을 선택하고 검증을 누른 다음, 이상 유무를 체크하고 이상이 없다면 기초시간표 반영 시작과 끝의 날짜를 입력한다. 즉, 해당 학기 시작일과 종료일을 입력하고 반영을 누르면 반영기간 동안에 기초시간표가 자동입력된다.

STEP 4: 교육과정 재구성 이해하기

　교육과정 재구성이 정말 필요한가? 학생들에게 좀 더 의미 있는 배움을 이끌어내려면 교육과정 재구성이 꼭 필요하다. 교육과정 재구성이란 교과서의 진도 따라가기에서 벗어나 학생들이 느끼고 배운 것을 내면화하고 표현할 수 있도록 교육내용을 재조직하는 것을 의미한다. 따라서 교육과정 재구성을 하려면 단순히 '어떻게 가르칠 것인가'를 넘어서서 학생들에게 '무엇을 가르치고 왜 가르칠 것인가'에 대한 고민을 먼저 해야 하고, 재구성한 교육내용은 성취기준을 바탕으로 수업에 적용할 수 있어야 한다.

그러나 모든 성취기준에 재구성이 필요하지는 않다. 교육과정의 내용요소인 성취기준을 분석해보면 교과내용의 위계성이 있는 수학이나 과학처럼 교과서의 순서에 따라 수업할 때 학습자에게 더 효과적인 경우도 있다. 그러나 국어, 사회, 도덕은 교과서에 제시된 학습활동의 순서나 내용을 재구성해서 프로젝트 수업형태로 진행하면 더 의미 있는 배움을 유도할 수 있다. 따라서 성취기준에 따라 재구성의 필요성을 고민해야 하고, 이와 관련된 안목과 역량을 키워야 한다.

교육과정 재구성이 필요한 원인 중 하나는 사회적 요구의 변화에 따라 학생들의 요구도 달라졌기 때문이다. 과거 산업 사회에서는 3R과 같이 읽고, 쓰고, 셈하는 기초적인 학습능력이 중요했다. 따라서 교사는 교과서에 담긴 지식을 전달하고 학생들은 암기하면 됐다. 그러나 스마트폰으로 언제 어디서든지 필요한 정보를 얻을 수 있는 지금 시대에 단순한 암기력은 더 이상 핵심 역량이 아니다. 반면에 자기관리 역량, 지식정보처리 역량, 창의적 사고 역량, 심미적 감성 역량, 의사소통 역량, 공동체 역량 등이 더 부각된다. 이러한 능력을 기르기 위해서 교과와 창의적 체험활동, 그리고 학교생활 전반에 걸쳐 학생의 삶 속에서 실질적인 능력을 기를 수 있도록 교육과정도 변해야 한다. 학생들이 몸과 마음으로 느끼고 배운 것을 내면화해 삶 속에서 실천할 수 있도록 교육과정을 재구성해야 한다.

3학년 1학기 국어 교과 6단원 '일이 일어난 까닭'에서는 원인과 결과의 관계를 고려해 듣고 말하기를 배워야 한다. 교과서에서는 1차시에 쓰레기 정거장이라는 소재로 원인과 결과의 개념을 다룬다. 어두워지면 밖에 나가 쓰레기를 버리기가 무서워지는데, 이때 쓰레기를 편리하게 버리기 위해 쓰레기 정거장이 생겼다는 흐름이다. 2~3차시에서는 '행복한 쩍쩍콩콩이라는 날지 못하는 새를 교실에서 키우게 되었다'는 이야기에서 원인과 결과를 파악해보고, 원인과 결과에 따라 이야기하는 방법을 다룬다. 4~5차시에서는 기억에 남는 자신의 경험을 떠올려 원인과 결과를 생각하며 말하기로 진행된다. 이 단원에서 소재로 다룬 이야기들은 아이들의 실제 삶과 다소 거리가 멀어서 아이들이 공감하기 어렵다. 또한 매 차시마다 다루는 이야기가 매우 분절적이고 원인과 결과라는 프레임에 다소 억지스럽게 짜인 흐름이 이어지다 보니 교과서 진도 따라가기 그 이상의 의미를 찾기 어렵다.

6단원의 성취기준과 지도서 등을 분석한 후 실제 아이들의 삶과 관련된 원인과 결과를 생각하고, 말과 글로 표현할 수 있도록 교육과정을 재구성해봤다. 현재 학생의 하루생활을 관찰해보니 많은 학생이 일회용기에 든 생수를 마시고, 비닐봉지와 물티슈 등 일회용품을 사용했다. 이러한 학생들의 생활 습관이 원인이 되어 심각한 환경오염을 유발할 수 있다는 결과의 흐름으로 이 단원을 재구성해봤다.

처음 1차시는 먼저 태평양 바다 한가운데 한반도 7배 크기의 플라스틱 섬에 대한 이야기로 시작한다. 이 이야기로 환경에 대한 의식을 가지고 우리가 배울 주제(환경)에 대해서 생각해볼 수 있다. 2차시에는 실

3학년 교육과정 재구성 예시

관련교과	성취기준	세부 활동내용	총 21시간

국어6.
일이
일어난
까닭
 	
미술9.
생활 속
미술
	[4국01-03]
	원인과
	결과의
	관계를
	고려해
	듣고 말한다.
	
	[4미01-01]
	자연물과
	인공물을
	탐색하는 데
	다양한
	감각을
	활용할 수
	있다.
	
	[4미01-04]
	미술을
	자신의
	생활과 관련
	지을 수 있다.
		• 플라스틱 섬이 생긴 원인과 결과 (1~4차시)
		- 환경 관련 동영상과 동화책을 통해 환경오염의
		  심각성 알기
		- 바다 환경오염의 원인과 결과 파악하기
		- 환경오염 관련 질문 환경 사전 만들기
		
		• 자원회수시설 관람 (5~6차시)
		- 쓰레기 처리과정에 대해서 알아보기
		- 자원 재활용에 대해서 알아보기
		
		• 업 사이클 동물원 관람 (7~8차시)
		- 업 사이클링에 대해서 알아보기
		- 전 지구적인 환경파괴로 인해 지구상의 동물들
		  이 삶의 터전을 잃어가고 있으며 멸종 위기에
		  처한 동물들의 상황 인식하기
		- 동물들의 위기와 환경 문제를 다양한 업사이클
		  동물 작품들을 통해 함께 공감하기
		
		• 유리 목걸이 만들기 (9차시)
		- 바다에서 마모된 바다유리를 모아 목걸이로 만
		  들어보기
		
		• 바다 오염 사진전 (10~13차시)
		- 바다 오염과 관련된 사진을 조사해 PPT로 만
		  들기
		- 바다 오염 사진에 담긴 내용에 대해서 원인과
		  결과로 관련 지어 소개하기
		
		• 바다 환경오염 전시회 (14~19차시)
		- 바다의 환경오염으로 사라져가는 동식물을 주
		  제로 미술 작품 만들기
		- 바다 환경오염 전시회 관람하기
		
		• 되돌아보기 (20~21차시)
		- 바다 환경오염에 대해서 되돌아보기
		- 바다 오염과 관련된 원인과 결과를 생각하며
		  바다를 지키기 위해서 우리가 할 수 있는 일에
		  대한 글쓰기
			국어
			10시간
			
			미술
			9시간
			
			창체
			2시간

제 플라스틱 섬에 관한 다큐멘터리를 보면서 바다 환경오염의 심각성을 알고 그 원인과 결과를 파악해본다. 3~4차시에는 미세플라스틱, 자외선, 생태계 등의 환경오염과 관련된 질문 환경사전을 만들어봄으로써 용어에 대한 개념을 명확하게 다룬다. 5~6차시에는 지역의 자원회수시설을 직접 방문해서 현재 우리가 살아가는 고장에서 하루에 얼마만큼의 쓰레기가 나오고, 어떻게 처리되는지 확인할 수 있게 현장학습을 다녀온다. 7~8차시에는 자원 재활용과 관련해 업 사이클링에 대해서 배우고, 인간이 만든 환경오염이 원인이 되어 멸종 위기에 처한 동물들의 입장을 생각해보는 시간을 가진다. 9차시에는 오랜 세월 바다에 쌓여 있는 쓰레기 중 하나인 유리조각으로 업 사이클 공예품을 만든다. 10~13차시에는 학생들이 바다 환경오염에 대한 자료를 직접 조사하고 취합해 원인과 결과로 관련지어 발표해보는 시간을 가진다. 14~19차시에는 바다의 환경오염으로 사라져가는 동식물을 주제로 미술 작품을 만들고 전시한다. 마지막으로 20~21차시에는 바다 오염의 원인과 결과를 생각하며 앞으로 우리가 할 수 있는 일과 20년 후 결과를 상상해보고 글로 써서 발표하며 주제를 마무리한다.

STEP 5: 진도표 작성하기

진도표의 양식은 지역과 학교마다 다양하다. 진도표는 학년의 교과 지도내용을 학기별, 주별, 일별로 계획해 운영하는 것을 의미한다. 교육과정을 재구성하지 않는 경우 지도서의 차시 운영계획에 따라 진도표를 작성한다. 그러나 교육과정을 재구성하면 이러한 교과 지도내용을 수정하고, 주간 학습 안내에 반영해야 한다. 같은 작업이 다소 복잡하고 불편하게 느껴질 수도 있다. 지도서에 제시된 운영계획 역시 하나의 예시이므로 해당 성취기준에 도달하기 위해 필요한 시간과 교육내용을 수정하는 게 가능하다. 따라서 교과별 총 수업 시수에서 학생들이 각 성취기준별로 도달하기 위해서 필요한 수업 시수와 교과내용을 계획하고 이를 진도표에 반영하는 작업이야말로 학년 교육과정에서 가장 중요한 부분이라고 할 수 있다.

STEP 6: 연간시간표 NEIS 입력하기

NEIS에서는 기초시간표를 기본으로 하되 교육과정에 편성된 진도를 반영해 연간시간표를 작성한다. 연간시간표를 작성할 때 가장 주의해야 될 사항은 편차 조정이다. 즉, 학교 교육과정에서 제시된 교과별 수업 시수에 맞도록 우리 반의 연간 수업 시수를 조정해야 한다.

NEIS에 연간시간표를 입력하는 방법은 다음과 같다. [교육과정]-[시간표관리]-[반별시간표]-[반별시간표관리]에서 학년, 반, 주차를 조회하면 기초시간표를 기준으로 작성된 시간표가 보인다. 이때 수정하고자 하는 과목의 마우스 오른쪽을 클릭하면 다른 교과로 바꾸거나 삭제할 수 있다.

NEIS에서 교과별로 편제된 시간 배당과 교사가 입력한 시간의 편차를 확인할 수 있다. 이를테면 학년 교육과정에서 3학년의 수학 시수는 1학기 72시간, 2학기 64시간으로 총 136시간이 편성되어 있다고 가정해 보자.

수정 전: 교육과정 시수 내역 예시

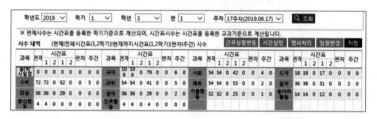

수정 후: 교육과정 시수 내역 예시

위의 NEIS 시스템에서 시수내역을 살펴보면 수학교과의 경우 1학기
편제된 시수는 72시간이다. 앞쪽에 시간표 1, 2의 경우는 현재 NEIS상
에 교사가 1학기에 69시간, 2학기에 0시간을 입력했다는 뜻이다. 뒤쪽
에 시간표 1, 2는 해당 주까지 1학기에 59시간, 2학기에 0시간이 이수되
었다는 뜻이다. 여기에서 편차 -3은 교육과정에 편제된 시간(72시간)과
NEIS에 실제 입력한 시간(69시간)의 차가 -3으로, 수학교과 1학기 이
수 시간이 3시간 부족하게 입력되어 있다는 뜻이다. 따라서 교사는 연
간시간표를 수정해서 편차가 0이 되도록 조정해야 한다. 즉, 시수가 많
이 편성된 교과를 적게 편성된 교과로 바꿔야 한다. 특히 학기 초나 학
기 말에 단축 수업이 진행되는 시기, 학교나 학년 행사로 인해서 시간

표가 조정이 된 경우 입력 오류가 발생할 수 있으므로 좀 더 꼼꼼하게 점검해야 한다.

또한 NEIS에는 전체 학기의 시수 내역을 한 번에 확인할 수 있는 탭이 있다. [교육과정]-[반별시간표]-[학기별시간표관리]를 조회해보면 이러한 편차를 한눈에 확인할 수 있다.

STEP 7: 창의적 체험활동

창의적 체험활동은 국가 수준의 교육과정에서 교과 이외의 활동을 뜻한다. 2015 개정 교육과정에 따르면 창의적 체험활동은 자율활동, 동아리활동, 봉사활동, 진로활동 등 4개 영역으로 구성된다. 따라서 학년군별 창의적 체험활동 전체 시수를 4개 영역별로 나누어 교육과정에 편성하고, 창의적 체험활동 진도표에 반영한다. 이때 창의적 체험활동을 교과 보충 수업시간으로 운영해서는 안 되며 각 영역에 맞는 활동으로 재구성 주제에 함께 편성할 수 있다. 또한 2015 개정 교육과정에서는 학생의 발달단계와 교육적 요구 등을 고려해 학교급별, 학년(군)별, 학기별로 영역 및 활동을 선택해 집중적으로 운영할 수 있다. 가령 1학년의 경우 학생의 발달단계 특성상 동아리활동을 편성하지 않고, 학교생활 적응을 돕기 위한 자율활동에 집중해서 편성할 수 있다. 이처럼 네 개 영역 중에 시수를 편성하지 않았을 경우 학기 말 NEIS 오류 점검 사항이 뜬다. 이럴 때는 '학년 교육과정에 ○○영역을 편성하지 않음' 등의 사유를 입력하면 된다.

STEP 8: 학급 평가계획 세우기

학생 평가란 성취기준을 바탕으로 학생이 배운 학습 결과를 확인하고 피드백을 거쳐 교육적인 성장을 돕기 위한 활동이다. 평가 시점에 따라서 진단평가, 형성평가, 총괄평가로 나뉜다. 또한 평가기준에 따라서는 규준참조평가(상대평가), 준거참조평가(절대평가)로 나뉘며, 평가방법에 따라서 지필평가와 수행평가로 구분된다. 2015 개정 교육과정에 따른 초등학교에서의 평가는 교과별 성취기준에 근거한 절대평가이다. 또한 '누가 더 잘했는지'를 평가하는 것이 아니라 '학생이 무엇을 어느 정도 성취했는지'를 평가하며 학습의 결과뿐만 아니라 학습의 과정 역시 중시하는 과정중심평가를 강조한다.

교육과정에 담는 학급 평가계획은 다음과 같이 진행된다. 2월에 학년 교육과정을 설계할 때 학년군별 성취기준을 분석하고, 교수 학습계획을 수립하며 평가계획도 함께 수립한다. 즉, 성취기준에서 학습요소이자 평가요소를 추출해 수업을 계획하고, 평가내용을 설정하며 평가방법과 시기를 결정한다.

예를 들어 '1분은 60초임을 알고, 초 단위까지 시각을 읽을 수 있다'라는 성취기준에서 학생들이 실제로 초 단위까지 시각을 읽을 수 있는지 확인하기 위해 수행평가로 평가 유형을 결정한다. 그리고 학습요소이자 평가요소인 '1분이 60초임을 알고, 초 단위까지 시각 읽기'라는 평가내용을 설정한 후 다양한 수행평가방법 중 실기평가방법을 선택한다. 마지막으로 진도표를 확인한 후 평가시기를 결정해 평가계획을 마무리한다. 이렇게 세운 평가계획은 학교학업성적관리위원회의 심의를 거쳐서 학교장 결재를 득한 후 시행한다.

평가계획 수립단계

단 계	내 용
성취기준을 분석해 지필/ 수행평가 결정	교과별 성취기준에 따라 평가 유형(지필평가, 수행평가)을 결정한다. 아래는 3학년 1학기 수학과 평가준거 성취기준에 따른 평가 유형을 결정한다. [4수01-03] 평가준거 성취기준① 받아 올림이 있는 (세 자리 수)+(세 자리 수)의 계산 원리를 이해하고 그 계산을 할 수 있다. ⇒ 지필평가 [4수02-02] 평가준거 성취기준① 각과 직각의 의미를 이해하고, 생활 주변에서 예를 찾을 수 있다. ⇒ 수행평가 [4수03-01] 1분은 60초임을 알고, 초 단위까지 시각을 읽을 수 있다. ⇒ 수행평가 [4수03-02] 초 단위까지의 시간의 덧셈과 뺄셈을 할 수 있다. ⇒ 지필평가

평가내용 선정

성취기준 도달도에 확인하기에 적합한 평가내용(요소)을 선정한다.

성취기준	평가내용
[4수03-01] 1분은 60초임을 알고, 초 단위 까지 시각을 읽을 수 있다.	초 단위까지 시각 읽기

평가방법 선택

선택한 평가(수행, 지필)에 적합한 평가방법을 선택한다.

평가내용	평가방법
초 단위까지 시각 읽기	실기평가

평가시기

학년 교육과정 진도에 맞춰 평가시기를 결정한다.

수학과 평가계획 일부 예시

단원명	영역	성 취 기 준	평가내용	평가 방법	평가 시기
5. 길이와 시간	측정	[4수03-01] 1분은 60초임을 알고, 초 단위까지 시각을 읽을 수 있다.	1분이 60초임을 알고, 초 단위까 지 시각 읽기	실기	6월 1주
5. 길이와 시간	측정	[4수03-02] 초 단위까지의 시간의 덧셈과 뺄셈을 할 수 있다.	초 단위까지 시 간의 덧셈과 뺄 셈하기	서술형	6월 2주

2018년까지 NEIS 시스템은 학년별로 동일한 평가내용을 입력할 수밖에 없었다. 이로 인해 교사별 평가를 실시했지만 NEIS 반영에는 한계가 있었다. 그러나 전국적으로 교사별 평가가 확대 실시됨으로써 2019년부터는 NEIS에 교사별로 평가내용을 다르게 입력하는 등 시스템이 개선되었다. 따라서 교사별 평가계획에 대해서 사전에 동학년과 협의한 후 교사별로 별도의 평가계획을 NEIS에 적용할 수 있다.

평가계획서는 4월과 9월 두 차례의 정보공시를 통해서 학부모에게 공개된다. 교실환경을 구성할 때 학급의 한쪽 벽면에 평가계획서를 붙여두거나 가정에 배부함으로써 학생과 학부모에게 안내할 수 있다.

7대 안전교육 법정시수를
확인해 반영하라

많은 학생이 함께 생활하는 학교공간은 어떤 곳보다 안전해야 한다. 그러나 최근 몇 년 사이에 학생들의 소중한 목숨을 잃은 안타까운 참사가 일어났다. 이에 따라 대형 참사를 예방하고 사회 전반의 안전 시스템

교육과정에 반영해야 할 7대 안전교육 시수

영역	시수	횟수
생활 안전교육	12	학기당 2회 이상
교육 안전교육	11	학기당 3회 이상
폭력 예방 및 신변 보호교육	8	학기당 2회 이상
약물 및 사이버 중독 예방교육	10	학기당 2회 이상
재난 안전교육	6	학기당 2회 이상
직업 안전교육	2	학기당 1회 이상
응급처지교육	2	학기당 1회 이상
총 시수	51	

을 혁신하기 위해 교육부는 지난 2014년 11월에 생명존중·안전사회 구현을 위한 교육 분야 안전 종합 대책을 발표했다. 우리 사회의 안전의식 부족, 취약한 안전 관리 시스템 등의 문제를 근본적으로 해결하기 위해서 교육부에서는 교육 분야 안전 종합 대책의 일환으로 2015년 2월 학교 안전교육 7대 표준안을 발표했다. 학교는 학생의 발달단계를 고려해 안전교육 7대 표준안을 교육과정에 반영하도록 했다. 7대 영역은 생활 안전, 교통안전, 폭력·신변안전, 약물·인터넷 중독, 재난안전, 직업안전, 응급처치 등으로, 교과 및 창의적 체험활동 시간을 활용해 체계화된 안전교육을 실시해야 한다. 따라서 관련 법령에 규정된 '학년별 학생 안전교육의 시간 및 횟수'(학년별 최소 51차시 이상)에 따라 안전교육을 실시한다. 학교안전정보센터(http://www.schoolsafe.kr) 안전교육 자료실을 활용하면 유익한 교육자료를 얻을 수 있다.

안전교육 시간은 학년별로 실시해야 하는 시간을, 횟수는 영역별 안전교육 시간을 학기당 제시된 횟수 이상으로 분산해 실시해야 함을 의미한다. 또한 재난 안전교육은 대피 훈련을 포함해 실시해야 하고, 각종 재난 유형별로 대비 훈련을 달리해 매 학년도 두 종류 이상(6개월에 1회 이상)을 포함해서 운영해야 한다. 과학시간의 '안전' 단원 수업 시 정규시간 40분 수업을 해야 1차시로 인정되고, 교과의 '안전' 단원 이외의 영역에서 교육과정을 재구성해 안전수업을 10분 이상해야 1차시로 인정한다.

정보공시란 무엇인가?

정보공시 제도는 학교교육과 관련한 전반의 주요 정보를 객관적이고 투명하게 공개해, 국민의 알 권리를 보장하고 교육기관의 실태를 정확하게 파악해 교육의 질을 높이기 위한 제도이다. 2008년부터 초·중등학교 정보공시제를 기반으로 해 교육부에서 정한 공시기준에 따라 매년 1회 이상 학교알리미(www.schoolinfo.go.kr)에 공시한다. 학생, 교원현황, 시설, 학교폭력 발생현황, 위생, 교육여건, 재정 상황, 급식 상황, 학업성취 같은 학교의 주요 정보 등이다. 정보공시의 시기는 수시, 자율공시와 정시공시로 나눌 수 있다. 수시·자율공시는 연중 사안이 발생했을 때 수시로, 정시공시는 1~4차(4, 5, 9, 11월)로 나누어 정보를 공개한다. 각 학급에서는 4월과 9월의 정보공시에 전체시수표, 연간수업시간표, 진도표, 평가계획을 준비해서 공시한다.

3월

아이들과 마주하고,
학부모와
소통하는 날들

학급 세우기
3월 첫 주를 잡아라!

생사를 가르는 시간. 이국종 교수의 '골든타임'*

정신없는 응급실로 전화 한 통이 걸려왔다. 갑자기 쓰러진 할머니를 이송한다는 내용이다. 이국종 아주대학교병원 중증외상특성화센터장은 다른 환자의 응급처치를 마친 뒤 바로 헬기에 오른다. 천둥, 번개가 하늘을 가른다. 먹구름에 시야가 좁아져 헬기가 이륙할 수 있을지조차 불확실하다. 할머니는 구급차로 이동 중이다. 혈압은 급속도로 떨어지고 숨은 가늘게 떨린다. 헬기는 할머니를 태우고 시간 내에 병원에 도착할 수 있을까?

할머니처럼 응급환자가 발생하면 시간 내에 적절한 의료조치를 취하는지

---

* http://www.segye.com/newsView/20130829004291?OutUrl=naver

골든타임!
3월 첫 주를 잡아라

3월 첫 주. 아이들과의 만남에도 골든타임이 존재한다. 첫 일주일은 1년 농사의 성패를 좌우하는 결정적인 순간일 수 있다. 교사와 학생의 첫 만남을 생각해보면 시업식을 포함한 40분 단위의 만남이 먼저 떠오른다. 대다수의 학교에서는 학생에게 (가), (나), (다) 형태의 임시 반을 부여하고, 개학 당일에 강당이나 체육관에서 학생과 담임교사와의 첫 만남을 준비한다. 교사의 경우도 역시 2월이 되어야만 (가), (나), (다)가 적힌 종이를 동학년에서 뽑거나 어떠한 규칙에 의해 나눈 뒤 시업식 당일에 학생들과 대면한다. 시업식이라는 규격화된 첫 만남 속에서 교사와 학생은 서로 어색한 시간을 보낸다.

이러한 이유로 최근 일부 학교에서는 1교시에 담임교사와 학생이 온전한 첫 만남의 시간을 갖고, 2교시에 시업식을 열기도 한다. 이러한 작은 변화가 보다 의미 있는 첫 만남의 디딤돌이 된다. 40분 동안 학생들과 담임교사는 어떤 이야기를 나눌 수 있을까? 바로 그 순간 교사의 역량을 발휘해야 한다. 학생들과 국어교과서를 펴고 1단원에서 나오는 시를 읽을 수도 있겠지만, 교사가 첫 만남에서 보일 수 있는 최적의 자세는 아닐 것이다. 대신 누군가를 처음 만나서 하는 행동을 떠올려보면 설레는 첫 만남의 해법을 쉽게 찾을 수 있다.

첫 번째 펭귄First Penguin 이야기를 들어본 적 있을 것이다. 펭귄은 물에 들어가야 먹이를 구할 수 있지만, 물속에는 바다표범 같은 사냥꾼을 비롯한 온갖 위협이 숨어 있다. 그래서 모두 입수를 주저하는 이때 한 마리가 앞장서 뛰어든다. 첫 번째 펭귄이다. 현실을 깨버리는 용감한 시작이다. 이를 본 다른 펭귄들도 따라 뛰어든다. 첫 만남에서는 교사가 첫 번째 펭귄이 되어야 한다. 그래야 아이들도 마음을 열고 자신의 이야기를 조금씩 풀어놓을 수 있다. 첫 번째 펭귄이 되고자 하는 마음으로 3월 첫 주 프로젝트에 대해 이야기해보자.

첫 주 프로젝트 꼼꼼하게 알아보기

먼저 첫 주 프로젝트를 운영하기 위한 계획서를 보자.

첫 만남 프로젝트 운영계획서

1일차	- 특별한 첫인사 나누기 - 담임선생님을 소개합니다 - 운명의 짝꿍을 찾아라 - 나를 소개합니다
2일차	- 교사가 책 읽어주는 시간 - 우리가 원하는 반의 모습은? - 공동체 놀이

3일차	- 우리 반에 필요한 약속 만들기 - 진정한 모둠 만들기 - 공동체 놀이
4일차	- 갈등 해결방법 탐구 - 공동체 놀이 - 노트 정리법 배우기, 학급임원 선거 등
5일차	- 학급명패 만들기+뮤직비디오 연출하기 - 수업 제안서 만들기

첫 주 프로젝트를 의미 있게 운영하기 위한 일차별 활동들을 구체적으로 살펴보자.

1일차 - 새로운 시작을 응원하는 날

특별한 첫인사 나누기

활동 선정 이유

첫날, 첫 만남, 첫 시작. 교사에게도 학생들에게도 1년의 인상을 좌우할 그 첫 순간을 따뜻하고 재미있는 인사로 나누면 어떨까 해 활동을 선정했다.

학습자료

교사 명찰, 학생 이름표 목걸이(저학년)

활동방법

교실의 뒷문은 개방하지 않고, 학생들이 앞문을 통해 교실로 한 명한 명 입실할 수 있도록 환경을 조성한다.

이날 교사는 조금 일찍 출근해 처음부터 모든 학생을 오롯이 맞이하도록 노력한다.

교사와 학생이 앞문에서 만나면 교사가 먼저 반갑게 인사한다.

"안녕하세요. 저는 ○학년 ○반 담임교사 ○○○입니다. 저랑 가위바위보를 해서 이기는 사람이 첫인사를 정하도록 하겠습니다. 하이파이브, 악수, 포옹 무엇이든 좋습니다."

승패에 따라 이긴 사람이 인사방식을 정한다. 인사가 끝나면 학생의 이름을 물어보고 저학년의 경우 이름표 목걸이를 걸어줄 수 있다.

*교사는 첫 만남에서 모든 학생과 눈을 마주치고 개별적인 대화를 나누며 특별한 만남을 경험할 수 있다.

담임선생님을 소개합니다

활동 선정 이유

교사가 먼저 학급의 일원으로서 자신을 소개하는 활동으로 솔선수범의 모습을 보여줄 수 있다.

학습자료

ppt자료, 교사 사진자료

활동방법

첫 만남에 대한 기대와 함께 새로운 환경에 어색해할 학생들을 위해 교사가 먼저 자신을 소개한다. 이전 해에 담임을 맡은 학급이 있다면 종업식 전에 '우리 선생님을 소개하는 자료' 또는 '우리 선생님 사용 설명서'를 만들 수도 있다.

- 우리 선생님의 장점과 단점
- 우리 선생님이 좋아하는 것 베스트 5
- 주의사항
- 이런 행동은 절대 하지 마세요

최대한 솔직하고 재미있는 내용을 담는다. 작년에 가르친 제자가 없거나 저학년 담임을 맡았다면 교사의 어린 시절 사진을 보여주며 소개하는 것도 좋다. 교사의 아기 때 모습부터 서서히 성장하는 모습에 이야기를 담아낸다. 교사의 성장 이야기를 들려주면서 사진마다 학생들이 좋아할 만한 다양한 에피소드를 이야기해주자.

운명의 짝꿍을 찾아라

활동 선정 이유

짝꿍 정하기처럼 학생들이 기대하고 설레는 순간은 별로 없다. 교사가 일방적으로 정해주기보다 우연성에 기반한 활동으로 학생들에게 서로가 소중한 친구라는 인식을 심어주기 위해 선정했다.

학습자료

학생 인원수만큼의 작은 종이

활동방법

새 학급에서 나와 함께 한 달간 같이 앉을 첫 짝꿍을 만나는 시간이
다. 다양한 짝꿍 정하기 방법이 있지만 학년 초에는 우연을 기반으로
한 짝꿍 정하기 방법을 활용하면 재미있다.

① 우연의 일치 짝 정하기

– 여학생들 먼저 두 명이 같이 앉을 수 있게 준비된 책상 하나를 선
  택한다.

– 여학생들이 자리를 선택하는 사이에 남학생들은 어떤 선택을 하
  는지 모르게 벽을 마주보고 서서 눈을 감는다.

– 여학생들의 자리 선택이 끝나면 벽을 마주보고 서서 눈을 감고, 남
  학생들이 자리를 선택한다.

– 같은 선택을 한 여학생과 남학생이 짝이 된다.

② 보물찾기 짝 정하기

– 인원수만큼 준비된 작은 종이에 다양한 단어를 쓰도록 한다. 이때
  단어는 서로 연관성 있게 정하거나, 아예 같은 단어를 쓰도록 한
  다. 예) 콩쥐–팥쥐

– 교사는 자리 정하기 시작 전에 보물쪽지를 이곳저곳에 숨겨놓는다.

– 학생들은 보물쪽지를 찾는다.

– 연관성 있는 보물을 찾은 친구끼리 짝꿍이 된다.

나를 소개합니다

활동 선정 이유

'나'를 구체적으로 꼼꼼하게 구조화된 방법으로 소개할 수 있다.

학습자료

네임택(이름표) 만들기를 위한 A4용지, 사인펜, 색연필, 풀 또는 테이프

활동방법

학생들에게 A4용지를 한 장씩 제공한다.

① A4용지는 대문 접기를 해 양쪽이 벌어
지게 접는다. (결국 4면 중 3면에 텍스트
를 적을 수 있는 공간이 생겨 공간을 꾸
밀 수 있다.)

② 4면 중 벌어진 양쪽 부분은 풀이나 테
이프로 서로 붙여 삼각 네임택(이름표)
을 만든다.

풀칠하는 곳
좋아하는 것으로 이름 꾸미기
장래희망 그리기
좋아하는 낱말 쓰기

③ 각 공간에는 다음의 내용을 적는다.

- 자신의 이름을 좋아하는 것들을 그려 표현한다. 예를 들어 축구를
좋아하는 학생의 이름이 이승준이라면 '이'에서의 동그라미, 즉 '이
응'의 모양을 축구공으로 표현할 수 있다.

- 장래희망을 다른 한 면에 그림으로 나타낸다. 만약 지금 꿈이 없다
고 하는 친구가 있다면 취미나 좋아하는 것을 대신 그릴 수 있다.

- 마지막 면에는 자신이 좋아하는 단어나 문장을 적어보게 한다. 이

유를 함께 적어도 좋다.

그 밖에 1일차에 하면 좋은 활동들

다섯 글자 말하기

오늘 하루의 느낌을 다섯 글자로 말해본다. 1일차 마지막 활동으로 집으로 가기 전 첫인사를 할 때처럼 한 명씩 교사에게 다섯 글자씩 이야기하고 피드백 받도록 한다.

예) '반.갑.습.니.다.'라고 학생이 다섯 글자로 이야기하면 교사는 '나도 반가워요' 같은 피드백을 줄 수 있다.

흑백사진처럼

학급 단체사진 찍기 활동으로 첫 만남의 어색한 모습이 고스란히 들어가는 사진이어서 나중에 좋은 수업자료가 될 수 있다. 폴라로이드나 휴대폰 카메라로 촬영할 수 있다. 이왕이면 바로 출력해 학급안내판의 소개사진으로 사용해도 좋다.

2일차 - 어색함을 조금씩 벗어나는 날

교사가 책 읽어주는 시간

활동 선정 이유

책 읽어주기의 힘. 경청이라는 키워드를 주입하기보다는 경청할 수 있는 경험을 책 읽어주기를 통해 만들어주면 좋다. 그리고 첫 만남 주간의 책은 특별히 의도를 가지고 선정한다.

학습자료

읽을 책

활동방법

교사가 책을 읽어주는 시간을 준비한다. 처음으로 아이들에게 읽어줄 책은 마키타 신지의 『틀려도 괜찮아』(토토북, 2018)를 추천한다. 학교생활을 하며 자신의 생각을 표현하는 것은 멋진 일이라고 응원하는 내용이다.

학생 전체를 대상으로 책을 읽어줄 때는 책상과 의자를 밀어 공간을 확보해 학생들은 바닥에, 교사는 의자에 앉아서 책을 읽어주면 좋다. 책장을 한 장씩 넘길 때마다 주의를 끌 수 있는 교사만의 특별한 구음을 만들어보는 것도 좋다. 예를 들어 한 페이지를 넘길 때마다 '땅동'이라는 구음을 붙이면 집중이 흐트러졌던 아이들도 다시 책에 집중한다. 그림이 풍성하고 가볍게 읽을 수 있는 수준의 책을 골라 정기적으로 읽어주는 시간을 가지면 좋다.

우리가 원하는 반의 모습은?

활동 선정 이유

교사들에게는 포스트잇을 활용한 의견나눔이 보편적이지만 학생들에게는 그렇지 않다. 학생이 원하는 교실을 모습을 떠올려보고 의견을 나누어봄으로써 학생들이 바라는 모습을 그려볼 수 있기에 활동을 선정했다.

학습자료

포스트잇, 색연필, 사인펜

활동방법

피라미드 토론법을 활용한다. 피라미드 토론이란 전체를 작은 모둠으로 나누어서 짝꿍과 시작한 토론을 점차 전체 인원으로 확대해 진행하는 토론 방식이다. 다양한 생각을 여러 사람과 공유할 수 있다는 점에서 학생들에게 의사소통과 결정의 기회를 제공하고, 학생들은 의견을 나누고 협의하는 연습을 할 수 있다.

우리가 원하는 반의 모습을 주제로 피라미드 토론활동은 다음과 같이 이루어진다.

내가 원하는 우리 반의 모습을 각자 세 가지씩 써보도록 한다. 그리고 짝과 함께 이야기를 나누어서 총 여섯 가지 의견 중에서 세 가지를 선정한다. 다음에는 두 명의 짝꿍이 다른 두 명의 짝꿍이 다른 두 명의 짝꿍과 만난다. 의견은 다시 여섯 가지가 되고 네 사람은 여섯 의견을 세 가지로 줄이기 위해 상대를 설득하는 토론을 거친다. 이런 식으로 토론 인원을 2명 ≫ 4명 ≫ 8명 ≫ 16명으로 늘려간다.

최종적으로 선정된 세 가지 키워드는 1년 동안 우리 반의 철학이나 비전과 연계해 활용할 수 있다. 키워드를 활용해 학급안내판을 꾸밀 수도 있고, 학급이름 만들기나 학급규칙 만들기에서도 기본 아이디어로 삼을 수 있다.

공동체 놀이 첫 번째 - 과일 바구니 게임

활동 선정 이유

놀이로 학생들 간의 어색함을 풀어주고 학급의 단합되는 힘을 갖게 해주기 좋은 활동이다. 과일 바구니 게임은 특별한 준비 없이 가능하기에 더욱 용이하다.

학습자료

없음

활동방법

첫 공동체 놀이는 별다른 학습자료나 준비물 없이 의자를 활용해 활동할 수 있다.

① 학급 인원수만큼 의자를 큰 원으로 만들어 자리에 앉는다.

② 학생들에게 사과, 바나나, 복숭아, 수박 등 과일 이름을 붙여준다.

③ 짧은 노래를 부르다가 교사가 '사과'라고 외치면 사과의 명칭을 부여받은 학생들은 모두 일어나서 다른 자리에 앉아야 한다. 이때 교사는 그중 한 자리에 앉는다.

④ 자리에 못 앉은 한 학생이 술래가 되어 다음 판에서 과일 이름을 외친다.

⑤ '과일 파티'라고 구호를 외치면 전체가 자리를 바꿔야 한다.

⑥ 과일 이름 대신 김밥, 샐러드 재료로 바꾸어 진행할 수도 있다.

그 밖에 2일차에 하면 좋은 활동들

개인사진, 짝꿍사진, 모둠사진 찍기

1일차에 단체사진을 찍었다면 이날은 개인사진을 꼭 찍어두도록 한다. 교과 전담시간 사진 명렬표를 제출하는 등 필요할 때가 있고, 개인 사진이나 모둠, 짝꿍 사진을 활용해 미술활동과 연계하기도 좋다. 특히 1학년은 학생 개인 사진을 NEIS에 입력해야 한다. 1학년 담임이 되었다면 개인사진 찍기를 잊지 말자.

안전교육 이야기와 교실환경 이야기 1인 1역 정하기

학기 초에 하면 좋은 안전교육에 대한 이야기를 나눌 수 있고, 1인 1역 정하기 등의 활동을 할 수 있다.

3일차 - 우리 반의 기초를 다듬어보는 날

우리 반에 필요한 약속 만들기

활동 선정 이유

민주적인 학급운영을 위한 작은 실천으로 학생들이 직접 느낀 약속의 필요성을 알아보고, 스스로 약속을 만들어 발표해보는 과정을 담아보고자 선정했다.

학습자료

마인드맵 작성이 가능한 학습지 또는 자석 칠판 등

활동방법

학생들이 자신의 경험을 토대로 교실에 필요하다고 여겨지는 약속들을 자연스럽게 풀어내고 정리하는 과정을 담고 있다.

① 마인드맵으로 활동하기 때문에 정중앙에는 '우리 반에 필요한 약속'을 쓴다.

② 다음 가지치기는 장소 구분으로 교실/화장실/복도/교과 전담실 등으로 나눌 수도 있고 또는 쉬는 시간/수업시간/점심시간/아침 시간과 같이 시간 구분으로 내용을 확장해나갈 수 있다.

③ 모든 학생이 자신의 생각을 적극적으로 개진할 수 있도록 발표의 기회를 주어야 한다. 그리고 발표할 때는 왜 이런 약속이 필요한지 이유를 들어 말한다.

④ 발표가 끝나고 나면 정리된 내용을 바탕으로 '우리 반에 꼭 필요한 약속 만들기' 활동을 진행한다.

이 과정이 끝나면 우리가 정한 약속을 다 같이 읽어보자. 혹시 부정 표현(~하지 말기, ~하지 않기)이 많다면 긍정 표현(~하기)으로 문장을 바꾸는 것이 학생들의 생활태도 개선과 실천력 향상에 도움이 된다.

진정한 모둠 만들기

활동 선정 이유

자리만 옆에 있다고 모둠원이 되는 것이 아니다. 함께 고민하고 과제를 해결하면서 서로 성장할 수 있는 활동을 선정했다.

학습자료

8절지, 색연필, 사인펜, 미술협동화 도안

활동방법

짝에서 모둠으로 사회적 관계를 확장해 협력 작품을 만드는 활동이다. 먼저 4인 이상의 모둠을 구성할 수 있도록 안내한다. 모둠 구성원은 여러 미션을 함께 해결하며 모둠 만들기를 진행한다.

① 모둠 이름 만들기: 자신들의 특징이 고스란히 드러날 수 있는 모둠의 이름을 만들어보게 한다. 모둠 이름은 나 소개하기의 네임택(이름표) 만들기 형태로 8절지를 사용한다.

② 모둠 소개 인사 만들기: 아이돌 그룹처럼 인사할 때 쓸 수 있는 짧은 구호를 만들어 모둠별로 돌아가면서 모둠을 소개한다.

③ 협력적 미술 작품 만들기: 모둠별로 여섯 개의 조각으로 나누어진 도안을 나누어준다. 모둠 구성원은 각기 다른 표현방법(물감으로 채우기, 점으로 찍어서 표현하기, 색종이를 찢어서 붙이기 등)으로 자신의 조각을 완성한다. 여섯 조각을 합치면 하나의 그림으로 완성된다. 또, 모둠별 완성 작품을 연결하면 반 그림이 된다. 퍼즐형태의 도안을 이용하면 개인 작품을 모아 학급 협동화도 만들 수 있

다. 완성 작품은 교실 뒤편에 게시한다.

공동체 놀이 두 번째 - 풍선 팡팡

활동 선정 이유

첫 번째보다 활동성이 큰 풍선 활용 놀이로, 교실에서 즐거운 경험을 할 수 있으리라는 기대감에 선정했다.

학습자료

풍선 4~5개

활동방법

풍선은 공동체 놀이에 사용하기 좋은 유용한 도구이다. 풍선이 가진 특성을 활용해 공동체성을 높일 수 있는 놀이를 소개한다.

① 짝끼리 책상을 마주보고 앉는다. 짝과 손을 마주 잡고 앉은 자세에서 풍선 오래 튕기기 게임을 한다.

② 모둠으로 확장해 책상을 4개 붙여 책상 위에서 손을 잡고 풍선을 떨어뜨리지 않고 오래 튕기기 게임을 한다.

③ 이번에는 책상을 밀고 교실 바닥에 앉아 모둠 또는 짝끼리 풍선 오래 튕기기를 한다.

④ 어느 정도 변화를 주었으면 원을 크게 만든다. 학급을 두 팀으로 나누어 시합한다.

⑤ 마지막으로 하나의 원을 만들어 모두 다 같이 마음을 모아 풍선을

바닥에 떨어뜨리지 않기 위해 고군분투한다.

이 놀이에서 중요한 규칙은 손을 놓으면 안 된다는 것이다. 손을 놓는 순간 게임에서 아웃된다. 친구의 손을 꼭 잡고 하나의 목표를 향해 열심히 몸을 움직이면서 풍부한 감정을 공유할 수 있다. 그 밖에 발을 사용해도 되는지, 한 사람이 풍선을 혼자 독점해도 되는지 등에 대해서는 미리 규칙을 정해두는 것이 좋다.

그 밖에 3일차에 하면 좋은 활동들

바깥 놀이활동

3일 차에는 교실 밖에서 아이들과 편안한 놀이활동을 하면 좋다. 공간의 변화에 따른 새로움이 아이들을 변화시키기도 하기 때문이다. 가위바위보해서 계단 오르기 게임, 술래잡기 등 별다른 준비 없이 해도 무난한 바깥 놀이들을 추천한다.

4일차 - 우리 반이라는 말이 어색하지 않아지는 날

갈등 해결방법 탐구

활동 선정 이유

교실에서 가장 해소하기 어려운 학생 간의 갈등을 어떻게 하면 슬기롭게 해결할 수 있는지에 대한 하나의 방법을 제공하고자 선정했다.

학습자료

필요 시 기록지나 상담 양식

활동방법

사람과 사람이 만나면 어디서든 갈등이 발생한다. 교사는 학생 간에 갈등을 슬기롭게 해결할 수 있도록 도와야 한다. 종종 학생 사이에서 사소한 다툼이 크게 부푸는 경우도 볼 수 있는데, 이러한 상황에서 학생들에게 나름의 갈등 해결방법을 탐구하게 한다.

갈등 해결방법의 절차

1단계-스스로 감정을 조절하기

감정은 스스로 조절하고자 노력할 때 성숙한다. 결국 감정 조절에도 연습이 필요하다. 감정이 흔들릴 때 큰 호흡으로 다스려보기와 그 자리를 피해 가볍게 걸어보면서 지금 내가 가지고 있는 감정에 대해 깊이 생각해본다.

2단계-나 전달법 사용하기

"친구야 나는 네가 ○○한 행동이나 말을 하면 기분이 ○○해"라고 명확한 원인과 결과를 표현해 자신의 감정을 전달한다. 그 후에 1단계를 실시할 수도 있다. 하지만 상대방이 놀림이나 유쾌하지 않은 행동을 계속해서 이어간다면 그 후에는 "네가 계속 그렇게 한다면 나는 선생님께 말씀드릴 수밖에 없다"고 이야기하고, 그래도 멈추지 않을 경우에는 실제로 선생님께 알린다.

3단계-아이들끼리 해결할 수 있는 기회 제공하기(또래중재)

1, 2단계까지 해도 해결이 안 되면 교사를 찾는다. 이때 교사는 잘잘못을 따지기보다는 해당 학생들의 이야기를 듣고, 3자의 입장에서 새로운 관점을 말할 수 있는 학생을 매칭해준다. 흔히 또래 중재라고 표현한다.

①나는 지금 누구와 왜 갈등이 있는지 알아보기 ②나는 지금 어떤 마음인지 생각하기 ③내가 원하는 것은 무엇인지 확인하기 ④상대방의 입장을 돌아보기 ⑤상대방이 원하는 것이 무엇인지 확인하기 ⑥모두 만족하는 결과는 무엇인지 알아보기 등의 과정을 거친다.

이 과정으로 문제가 해결되면 상황을 글쓰기로 정리하게 한다.

4단계-교사와 상담하기

1, 2, 3단계로도 해결이 어려운 사안은 담임교사와의 상담을 통해 무엇이 문제이고 갈등인지 소통하고, 학급의 약속과 어긋난 행동을 했다면 앞으로 어떻게 약속을 지킬 것이고, 어떤 노력을 할 것인지 대해 약속편지를 쓴다.

공동체 놀이 세 번째 - 가라사대 게임

활동 선정 이유

역시나 특별한 학습자료 없이 학생들과 손쉽게 할 수 있는 놀이로 남의 이야기를 잘 듣고, 그것에 맞게 행동하는 과정으로 소통에 대한 배움을 기대하며 활동을 선정했다.

학습자료

없음

활동방법

가라사대 놀이는 다른 사람의 말에 집중해야 한다. 이를 통해 경청의 중요성을 배울 수 있다.

가라사대는 '말씀하시되'의 뜻으로 게임의 규칙은 교사가 '가라사대'를 말할 때만 행동하는 놀이이다. 예를 들어 "가라사대 차렷"이라고 할 땐 선생님의 말을 따라 움직여야 하고, 그냥 "차렷"이라고만 할 땐 아무 행동도 하면 안 된다. 단순하지만 높은 집중력을 요하는 놀이로, 별다른 학습자료나 도구가 필요 없어 학생들과 교실에서 쉽게 즐길 수 있다.

학생들이 게임에 점점 익숙해지면 게임을 변형할 수 있다. 빼기 1 박수는 선생님이 제시한 숫자보다 하나 적게 박수를 쳐야 한다. 비슷한 유형으로 청기백기 게임요소를 놀이에 접목할 수도 있다.

그 밖에 4일차에 하면 좋은 활동들

학습노트 정리하는 법 알아보기

4일차에는 노트 작성법에 대한 지도도 필요하다. 학생들이 매시간 배운 내용을 자신의 언어로 간단하게 요약해 기록한다. '배움 공책'이라는 이름으로 많이 쓰인다.

학급임원 선거를 위한 사전 활동

많은 학교에서 새 학기가 시작되고 일주일 안에 학급임원 선거를 치른다. 이때 선거 전 사전활동을 함께 할 수 있다. 학급임원 선거에 출마하지 않는 학생도 우리 반에 필요한 공약집 만들기에 참여한다. 출마 여부를 떠나 학급의 모든 학생이 우리 학급에 꼭 필요한 것이 무엇인지 생각해보는 기회가 된다.

5일차 - 하나의 공동체가 되는 날

학급명패 만들기+뮤직비디오 연출하기

활동 선정 이유

3학년 1반보다는 3학년 해바라기 반이나 새싹 반 등 학생들이 직접 학급의 이름을 정하고 학급에 대한 소속감을 키우는 활동이다.

학습자료

공책 사이즈의 나무 합판 또는 우드락, 두꺼운 도화지, 색연필, 사인펜 등

활동방법

① 공동체로서 성장하고자 하는 마음을 담아 우리 반 명패를 함께 만든다. 복도에 표시된 푯말에 걸 수 있는 크기의 판을 미리 준비한다. 학급안내판 위나 교실 앞문에 명패를 부착한다.

먼저 우리 반 이름을 공모한다. 이 과정은 선출된 학급임원들이 진행하면 좋다.

이름을 공모할 때에는 우리 반 이름을 왜 이렇게 정했는지에 대한 구체적인 이유와 설명이 필요하다.

이름을 정하고 나면 모둠별로 이름을 형상화한 디자인을 만들고 선정 회의를 한다. 디자인부터 결정까지 모두 학생들이 주도한다. 시안이 정해지면 희망하는 학생을 모아 명패 제작팀을 조직해 학급명패를 완성한다. 그 후 명패를 교실에 부착하고 다 함께 기념사진을 찍는다.

꼭 네모난 명패가 아니라 새로운 모양의 명패를 디자인해도 좋다. 가랜드를 만들어 꾸밀 수도 있다.

② 명패 제작팀이 작업하는 동안 나머지 학생은 우리 반 일주일 추억 남기기 뮤직비디오를 만든다. 교사가 스마트폰의 영상편집 앱 사용법을 안내하고, 기능을 익히게 도와준 뒤 학생이 촬영부터 진행한다. 우리 반의 첫 주 프로젝트를 하면서 느낀 점과 기억에 남았던 활동을 주제로 역할극, 이야기, 뮤직비디오 등 학생의 개성을 듬뿍 담을 수 있는 형식으로 제작한다.

수업 제안서 만들기

활동 선정 이유

학생들이 교육과정 만들기에 참여할 수 있다. 학생중심 교육과정, 학생주도수업을 위한 작은 실천의 과정으로 활동을 선정했다.

학습자료

교과서, 포스트잇, 사인펜

활동방법

① 교육과정 재구성은 이제 교사만의 몫이 아니다. 학생들에게 성취
  기준을 소개한다. 성취기준을 학생들에게 나누어주고 이것이 교
  과서에서 어떻게 구체화되었는지 이야기를 나눈다.

② 학생들은 해당 성취기준에서 해보고 싶은 수업 내용에 대해 모둠
  토의를 거친 뒤 수업활동을 만들어본다.

③ 모둠에서 정해진 수업활동을 발표하고 공유한다.

④ 학생들이 직접 수업제안서를 작성해 교사에게 제출한다.

⑤ 가능한 아이디어는 프로젝트 수업과 연계해 수업으로 구현한다.

이 과정에서 교사가 학생에게 수업의 맥락을 짚어주는 질문을 할 수
있는지가 중요하다. "이 수업을 통해 성취기준에 도달할 수 있을까
요?", "이 수업에는 어떤 평가 방식이 좋을까요?" 등의 핵심 질문이 준
비되어 있어야 한다.

그 밖에 5일차에 하면 좋은 활동들

도전과제 선언서

도전과제란 스스로 1년 또는 한 학기 동안 자신이 특정 분야에서 어
떤 노력을 하겠다는 실천 공약이다. 하루에 동화책 한 권 읽기, 하루
30분 줄넘기 100번 도전 같은 다양한 내용으로 선언서를 만들어볼

수 있다.

모두에게 칭찬을
어색함 속에서도 힘차게 일주일을 달려온 서로를 격려하고 응원하는
시간을 가지면 좋다. 학급 구성원들이 함께 제작한 영상을 시청할 수
있다.

최근 의미 있는 3월 첫 주를 위한 교사들의 고민이 높아지고 있다.
모든 교사가 처음 학생들을 만나는 날과 그 주의 중요성을 잘 알고 있
기 때문이다. 이때 학교와 학급의 상황적 요소와 맥락을 충분히 고려한
일주일 계획이 무엇보다 중요하다.
　3월을 맞아 새로운 아이들을 맞이할 모든 교사를 응원한다.

학부모총회
교사와 학부모의 첫 만남

강부장 나 선생님, 학부모총회 준비는 잘되어가나요?

나신규 부장님, 담임과의 시간을 어떻게 꾸려야 할지 고민이에요.

강부장 3월 첫날에 아이들을 만나는 기분과는 또 다른 부담이 느껴질 거예요.

나신규 맞아요. 부장님, 아직 아이들을 모두 파악하지도 못했는데 학급에 대해 어떤 말을 해야 할지, 학급에서 진행되는 담임과의 시간에는 무엇을 준비해야 할지 모르겠어요.

강부장 요즘 학부모총회의 모습은 많이 다양해졌답니다. 모든 학부모가 선생님만 바라볼 것이다, 교사가 모든 것을 주도해야 한다는 부담감을 버리세요. 학부모와 소통하고 관계를 맺는 시간이라고 생각하면 한결 마음이 편안해질 거예요.

1년 중 가장 옷차림에 신경 쓰는 날이 언제냐고 교사들에게 물으면 십중팔구는 학부모총회 날이라고 대답할 것이다. 또 학부모총회 시기에 동네 미용실 예약이 많아진다는 이야기를 들으면 교사뿐만 아니라 학부모도 학부모총회를 특별하고 중요한 날로 생각함을 짐작할 수 있다. 도대체 학부모총회에서 무엇을 하기에 이토록 모두가 신경 쓰는 것일까? 지피지기면 백전백승이라고 했다. 괜히 긴장되고 부담스러운 학부모총회를 샅샅이 파헤쳐보자.

학무모총회일정

3월 중순이 되면 학부모총회 준비로 온 학교가 분주해진다. 메신저로 학부모총회 계획, 학부모 등록부, 학부모회 구성 명단 등 여러 파일이 날아오고, 학부모회 임원 선거 안내와 위임장 등 배부할 가정통신문도 많아진다.

'학부모총회 실시' 가정통신문에 안내되는 일정을 먼저 살펴보고, 혹시라도 수업과 총회가 함께 있다고 당황하지는 말자. 요즘은 학부모총회 날에 학부모 공개수업을 실시해 참석률을 높이고, 학부모가 이중으로 시간 내는 번거로움을 덜어주고자 이 두 일정을 함께 묶어 짜기도 한다.

공개수업 중에는 학부모님들과 잠깐 눈인사만 했다면, 학부모연수가 끝난 뒤 학급 교육과정 안내시간에 담임과 학부모는 정식으로 만나게 된다.

학부모총회일정 예시

추진 내용		시간 (소요시간)		비고
학부모 공개수업	수업 참여	11:30~12:10	40	• 전담교사 수업 참여
		13:00~13:40	40	• 반별 수업 참여
학부모 총회	이동 및 등록	13:40~14:00	20	• 총회 등록
	학부모연수	14:00~14:20	20	• 가정폭력 예방, 불법 찬조금 근절교육, 자살 예방교육 등
	학교장 인사말 학교 현황 및 소개	14:20~14:50	30	• 학교장 인사말 및 교직원 소개 • 학교소개 및 현황 안내
	학교 운영위원 선출	14:50~15:20	30	• 학부모회 활동 보고 • 임원 선출
	학부모회 임원 선출			
	학폭위 위원 및 규정 개정 위원 선출			
학급 교육과정 안내		15:20~16:10	50	• 학급 학부모회 조직 • 담임과의 대화
학부모 단체 및 학년 대표 선출		16:10~16:30	20	• 학년 학부모회, 녹색 및 폴리스 대표 선출

학부모총회의 의미

아이가 새 학년이 되고서 말로만 전해 듣던 새 선생님을 만나는 날. 바쁜 일상에 시간을 내어 총회에 참석해 담임선생님과 좋은 관계를 맺고 싶은 마음은 모든 학부모가 같을 것이다. 담임도 새 학년 첫날에 담임 편지로 학부모들에게 첫인사를 갈음했다면 학부모총회에서 정식으로 인사하고 자신을 소개하면서 아이를 믿고 맡길 수 있는 든든한 교육 동반자의 모습을 보여주고 싶을 것이다. 서로 환한 웃음으로 인사하지만 학부모는 처음 만나는 선생님이 조금 어색하기도 하고, 선생님도 새 학년 맞이와는 다른 긴장감을 느끼기도 한다.

이때 하나만 기억하자. 학부모총회는 서로에게 잘 보이기 위한 불편한 자리가 아니다. 혹시 어색함과 긴장감이 느껴진다면 교사와 학부모라는 관계 때문이 아니라 여느 첫 만남에서 느낄 수 있는 자연스러운 현상임을 기억하자. 그러니 이러한 분위기 때문에 학부모총회를 두려워하지 않기를 바란다.

학부모, 교사가 다 함께 모이는 학부모총회의 목적은 신뢰를 쌓기 위함이다. 학부모에게 학교와 학급 교육과정에 대해 충분히 안내하고, 1년의 학교 교육활동을 지원할 학부모 단체를 꾸려 교육공동체를 구성한다. 담임교사는 학부모와 얼굴을 익히고 한 해 살이, 교사의 철학 등을 안내해 우리 아이가 어떤 선생님과 어떤 1년을 보낼지 보여준다.

학교 교육과정 소개 및 학부모 대표 선출

강당이나 시청각실에서 이루어지는 전체 학부모 대상의 학부모총회에서는 학교의 교육과정 전반을 소개하고, 학교에서 강조해 지도하고자 하는 특색사업 등을 안내해 학교교육에 대한 학부모의 이해를 돕고, 학교의 교육철학을 공유한다. 이 과정에서 1학년 학부모는 학교 교육과정 전반을 이해할 수 있고, 그 외 학년의 학부모는 작년과 달라진 점을 파악할 수 있다. 또 이 시간에 가정폭력 예방, 불법 찬조물 근절, 자살 예방교육과 같이 중요한 연수를 진행하기도 한다.

학부모 대표 선출일정은 총회일보다 먼저 시작되는데, 총회 일주일 전쯤 학교운영위원회, 학부모회, 학교폭력대책위원회 위원 선출에 관련된 안내장이 배부된다. 각 위원으로 출마를 희망하는 학부모가 신청서를 보내면 일정 과정을 거쳐 후보로 등록되고, 총회 당일 선거를 진행한다. 학부모총회 참석 여부를 미리 가늠할 수 있는 위임장은 단순히 총회의 참석 여부를 넘어 학부모 대표 선출 등 중요한 결정권을 모두 위임한다는 함의도 있다.

담임교사와의 만남
(학급 교육과정 안내)

담임교사와의 시간은 한 시간 남짓인데, 이야기를 나누다보면 결코 넉넉한 시간이 아니다. 이 시간 안에 학급운영을 안내하고, 학급 학부모회와 학부모 단체도 조직해야 한다. 교실에서 담임과의 만남이 끝나는 대로 다른 교실에서 단체별 대표 선출이 있기 때문에 정해진 시간을 초과하면 안 된다. 그래서 어떤 주제로 이야기를 나눌 것인지 사전에 준비해두어야 한다. 교사가 준비한 만큼 학부모의 신뢰가 쌓인다. 빠듯한 시간 동안 꼭 해야 할 것을 칠판에 적어두면 학부모는 담임과의 만남이 어떻게 진행되는지 알 수 있고, 담임도 할 일을 잊지 않고 모두 챙길 수 있다. 요즘에는 학부모총회의 꽃인 담임교사와의 시간이 충분치 않다는 지적이 있어 이 시간을 두 시간으로 늘려 운영하는 학교도 많다.

반갑습니다.

3-2 학부모님, 등록부에 서명하신 뒤 유인물을 가지고 (정해진 or 자유롭게) 자리에 앉아주세요.

- 담임 및 학급 교육과정 안내
- 학급 학부모회 조직(학교 상황에 따라)

　학급 대표 1명

　녹색 학부모회 학급 대표 1명

　학부모 폴리스 학급 대표 1명

　급식 모니터링 봉사 2명

학부모 자리 배치

위임장이 수합되면 총회 참석 인원을 대략적으로 파악할 수 있다. 이를 바탕으로 자리 배치를 미리 생각해두자.

우리 아이 자리에 앉는 방법

부모님이 자녀의 자리에 앉으면 책상 정리 상태를 확인해볼 수 있어 아이의 학교생활 태도를 가늠할 수 있다. 또, 수업시간에 미리 학생들이 부모님께 드리는 편지를 써서 책상 서랍 속에 넣어두는 깜짝 이벤트를 준비하면 어색한 분위기도 녹일 수 있다. 하지만 곳곳에 빈자리가 생기기 때문에 교사의 시선이 분산될 수 있고, 참석률이 좋다면 모두가 선생님만 쳐다보는 다소 부담스러운 상황이 연출될 수도 있다. 조금 더 여유롭고 부드러운 분위기의 학부모총회를 원한다면 일정을 마치고 돌아가실 때 우리 아이의 책상 속, 사물함을 살펴볼 시간을 드리고, 예상 참석 인원과 활동내용을 고려하여 자리 배치를 새롭게 해봐도 좋다.

ㅁ 자 대형

책상을 길게 붙여 회의 대형으로 앉기도 한다. 부모님들에게는 마주한 어린이 책상에 앉는 것이 너무 가깝게 느껴질 수 있으니 책상 하나, 둘 정도의 공간을 떼고 긴 ㅁ 자 대형을 만들어도 좋다. 인원이 많지 않을 때 활용하기 수월하다.

원탁 대형

책상을 둥근 원형으로 배치한다. 인원에 상관없이 총회가 진행되는 동안 자연스럽게 학부모들이 서로 얼굴을 익힐 수 있어 돌아가며 인사하거나 이야기 나누기에 좋은 대형이다. 참석 인원이 많다면 책상 없이 의자로만 대형을 만들 수 있고, 원 가운데 환영의 장식을 둘 수도 있다. 모두가 함께 생각을 나누며 소통할 수 있어 교사의 부담은 덜고, 학부모의 만족감은 더할 수 있다.

ㄷ 자 대형

ㅁ 자 대형과 원탁 대형의 중간이라고 할 수 있다. 학급 발표회나 토

론에 자주 쓰이는 대형으로 부모님들이 서로의 얼굴을 편하게 바라볼 수 있으며, 가운데 공간을 간단히 꾸밀 수도 있다. 판서하거나 글쓰는 활동을 준비했다면 ㄷ 자 대형을 활용하는 것이 좋다.

학부모
소개 방법

1년 동안 한 배를 탄 학부모들과 첫인사를 할 때 아래의 방법을 활용해 어렵게 모인 자리를 더욱 의미 있게 만들어보자. 이때 교사가 먼저 자신을 소개하며 활동 예시를 보여줄 수 있다.

삼각 이름표 만들기
처음 얼굴을 뵙는 학부모가 여럿이면 소개를 듣고도 누구 부모님인지 헷갈릴 수 있다. 삼각 이름표를 만들어 매직펜으로 앞면에는 '김○○ 엄마'라고 쓰고, 뒷면에는 우리 아이가 1년 동안 어떻게 성장하길 바라는지 간단히 써서 자신을 소개한다.

우리 아이 더하기, 빼기
종이를 반으로 나누어 한쪽에는 자녀의 +(성장하기 위해 더할 것), 나머지 한쪽에는 -(성장하기 위해 빼야 할 것)를 써서 발표한다. 부모님이 자녀를 어떻게 바라보고 무엇을 중요하게 여기는지 알 수 있다. 티셔츠 모양의 활동지를 만들어 양팔 부분에 +, -를 쓰고 몸통에는 담임선생님이 도와주길 바라는 것을 쓰게 할 수도 있다. 활동지를 모아두면 학년 초 학생 파악에 도움이 되며 나중에 있을 학부모 상담의 참고자료로도 요긴하게 쓸 수 있다.

그림 카드 이용하기

시중에서 구할 수 있는 프리즘 카드 등의 그림 카드를 이용해 학부모 소개를 한다. 교실 바닥에 다양한 그림 카드를 펼쳐 놓고 학부모총회에 참석하는 자신의 마음과 가장 잘 어울리는 카드를 고른다. 돌아가며 카드를 보여주고 왜 이 카드를 뽑았는지, 총회에 어떤 마음으로 왔는지, 우리 아이의 1년이 어떻길 바라는지 등을 발표한다.

교사가 먼저 자신의 마음을 잘 나타낼만한 그림을 들고 부모님들과 처음 만난 소감이나 한 해의 포부를 밝히면 진행이 원활해진다. 학부모 차례가 되면 자연스럽게 부모님들이 무엇을 기대하고 걱정하는지 알 수 있다.

준비물과 활동방법은 간단하지만 교사가 한 번도 해본 적 없는 활동을 하면 생각하지 못한 변수가 생길 수 있다. 따라서 학부모총회에서 새로운 활동을 해볼 계획이라면 사전에 학급에서 학생들과 미리 수업해보기를 권한다.

학급운영
소개

자료 준비

학급운영에 대한 PPT나 유인물을 준비한다. 자료가 준비되어 있으면 학부모총회에 참석하지 못한 가정에도 자료를 배부해 교사의 학급운영계획 및 교육관에 대해 더 큰 공감대를 형성할 수 있다. 또, 담임과의 시간을 진행할 때 중요한 내용을 메모하느라 바쁜 학부모님들의 시선을 교사에게로 돌려 눈을 맞추며 소통하는 시간으로 만들 수 있다. 화면을 보고 딱딱하게 읽기보다는 눈을 맞추고 소통하자.

주요 교육과정 안내

학년에서 진행하는 교육과정 재구성, 프로젝트 수업, 체험학습, 평가 등 학부모가 꼭 알아야 할 사항을 소개한다. 학년 운영의 연간 계획, 교육과정 재구성 등을 안내해야 학부모가 학년 교육의 흐름을 이해할 수 있다.

평가는 가정에서 가장 관심 가지며 민감한 부분이기에 학부모총회 이전에 평가계획을 숙지해 언제 어떤 방식으로 평가하고 그 결과를 어떻게 통지할 것인지 알려야 한다. 학년 교육과정 설명회를 별도로 실시하는 학교라면 주요 교육과정 안내는 생략하고 학급운영에 대해 밀도 있게 다룰 수 있다.

학급운영 안내

교사의 교육관, 학급규칙, 학급특색 등 한 해 동안 이루어질 담임의 교육 방향을 안내하는 시간이다. 총회는 공식적인 자리이므로 이 자리에서 말한 것은 1년 내내 일관되게 지도해야 한다. 그렇기에 신경 써서 꾸준히 지도하고자 하는 바를 말하는 것이 좋다. 담임선생님이 무엇을 중요하게 생각하는지 알면 가정에서도 자녀의 학교생활에 더욱 힘을 실어줄 수 있다. 예를 들어 학급특색이 아침 독서라면 가정에서도 아이가 책을 꾸준히 읽는지, 학교에 어떤 책을 가져가는지 살펴보며 학생을 격려할 수 있다.

또한 학급규칙을 안내해야 한다. 규칙에 대한 설명과 안내가 있어야 혹시 생길지도 모르는 오해를 방지할 수 있다. 이때 학급규칙은 교사 혼자서 만든 것이 아니라, 학생들과 함께 만든 규칙임을 알리는 것이 중요하다. 우리 반 학생들이 스스로 만든 규칙을 잘 지키며 책임 있는 민주시민으로 자랄 수 있게 가정에서도 도와주실 것을 강조하고, 교사도 일관성 있게 지도한다면 교사의 생활지도에 대해 학부모의 지지를 얻을 수 있고 학부모와 교사 간의 신뢰도 더욱 탄탄히 쌓아갈 수 있을 것이다.

강조할 것

학부모에게는 사소할 수 있지만 교사 입장에서 꼭 지켜줬으면 하는 것들을 정중히 부탁한다. 예를 들어 지각이나 결석, 알림장 확인, 근무시간 이후의 연락에 관련된 것들을 강조할 수 있다.

<h2 align="center">상황에 따른 예시</h2>

출결	학교에 늦게 등교하거나 결석하게 되면 반드시 9시 전에 연락해주세요. 아이가 등교 시간까지 학교에 오지 않았는데 가정에 연락이 닿지 않으면 매우 걱정됩니다. 수업 진행에도 차질이 있으니 꼭 부탁드립니다.
알림장 확인	학교에서 부모님께 알려드릴 사항은 가정통신문과 알림장으로 안내합니다. 매일 보셔야 현장체험학습, 졸업앨범 구입, 준비물 등 중요한 사항을 놓치지 않고 확인할 수 있습니다. 담임이 임의로 회신기간을 조정할 수 없어 업무처리에 어려움을 겪을 수 있으니 꼭 확인해주세요.
연락 시간	근무시간 이전, 이후에는 연락을 받기 어렵습니다. 긴급한 상황이 아니라면 되도록 근무시간 중에 연락해주시길 바랍니다.
학교 방문	하교 후에는 업무, 회의, 출장 등의 일정이 있습니다. 상담을 원하시면 꼭 미리 연락해주시고 방문해주세요. 약속한 시간에 기다리고 있겠습니다.

학급 학부모회 조직

경력교사들에게도 학부모회 조직과정은 쉽지 않다. 학교에서는 학급별로 녹색 학부모회, 학부모 폴리스, 급식 모니터링, 도서 도우미 등을 몇 명씩 뽑아달라고 하지만 수월히 모집되는 경우는 드물다. 자원하는 부모님이 많아서 배정 인원이 원활히 채워지면 정말 좋겠지만 그렇지 않으면 교사가 가장 난처하다. 강제하거나 추천할 수 없기에 분위기를 살피느라 진땀이 날 때도 있다. 어쩔 수 없이 역할을 맡을까 봐 총회 참석을 주저하는 학부모도 있다고 한다. '학교공동체'를 구성하는 자리라고는 하지만 맞벌이 가정이 많은 학급에서는 학부모의 개인시간을 할애해 지속적으로 참여하고, 회원들에게 꾸준히 연락해야 하는 자리에 선뜻 지원하기 어려움을 충분히 이해할 수 있다.

그래도 학교와 학부모, 담임과 학부모 사이에 다리가 되어줄 학부모가 필요하기 때문에 당일에 뽑지 못할 것 같다면 '충분히 고려하신 뒤 봉사해주실 분께서는 개별적으로 연락을 달라'고 요청하며 총회를 마무리 지어도 좋다. 총회가 끝날 때까지 녹색 학부모 대표나 학급 대표가 뽑히지 않아 각 가정에 개별적으로 연락해야 하는 등의 어려움이 많아지자 일부 학교는 1~3학년은 녹색 학부모회, 4~6학년은 학부모 폴리스에 의무적으로 참여시키기도 한다. 반면에 이러한 합의가 이루어지지 않은 학교라면 동학년 선생님들의 상황을 물어보고 실정에 맞추어 진행한다. 학급 대표 및 학부모회 역할을 맡으면 신경 써야 하는 일이 많기에 부담으로 와닿을 수도 있다. 어려운 자리를 맡아주신 학부모님께 학년의 시작과 끝에 도움 주셔서 감사하다는 마음을 표현하자.

상담과 민원

학부모 상담 주간의 재해석

    교사의 한 해 살이 중에는 학부모와 공식적인 만남을 중심으로 하는 교육활동이 있다. 이 중 교사와 학부모가 가장 밀도 있고 개인적인 만남의 시간을 갖는 행사는 학부모 상담일 것이다. 경력의 고하를 막론하고 상담 주간이 시작되기도 전에 이미 많은 교사가 스트레스와 긴장 속에서 상담을 준비한다. 특히 상담을 받던 입장에서 벗어난 지 그리 오래되지 않은 저연령·저경력 교사들은 학부모에게 상담을 제공해야 하는 입장이 되었다는 낯섦과 부담감 속에서 무엇을 준비하고 어떻게 상담해야 할지 막막하기만 하다.

    설상가상으로 상담이 진행되면서는 상대적으로 나이가 어리며 미혼이라 자녀양육의 경험이 없는 저경력 담임교사를 못 미더워하는 몇몇 학부모들과 보이지 않는 기싸움까지 감당해야 할 때도 있다. 이런 예상치 못한 난관들을 헤쳐나가느라 활활 타올랐던 의욕보다 큰 좌절감을 안고, 지친 마음으로 1학기 상담 주간을 마치는 것이 신규교사의 '흔한 상담 주간 풍경'이 되어가는 것 같다.

학부모들이 가장 신뢰하는 상담사는 '같은 아파트 단지에 살며 비슷한 또래를 키우는 이웃집 아줌마'라는 우스갯소리를 들은 적이 있다. 학부모들의 숙명적 불안감과 그것을 상쇄할 만한 교사의 상담 전문성 사이의 간극을 정확히 꼬집고 비웃는 듯한 이 말에, 웃어야 할지 울어야 할지 모를 불편함을 느꼈다. 게다가 신학기 진급을 앞두고 학부모들 사이에서는 학교에서 계속 근무할 선생님들의 이름, 얼굴, 예상되는 새 학기 담임의 학년과 반에 관한 정보가 정교하게 정리된 파일로 공유되기도 한다.

이런 자료를 보면서 자녀의 교육에 관계된 것이라면 무엇이든 관심과 궁금증을 갖는 학부모들의 모습에, 그것을 충족시킬 만큼의 정보력과 열정에 혀를 내두를 수밖에 없었다. 상황이 이쯤 되니 자녀교육에 대한 고민과 불안함을 정보력과 열정 넘치는 이웃집 엄마에게서 해소하려는 학부모들의 발걸음을 교사에게로 되돌릴 만한 상담이 가능한지 진지하게 고민해보지 않을 수 없다. 이 고민을 함께 해결하기 위해 우선 학부모 상담목적, 사전 준비, 상담의 실제, 주의점 등을 살펴보고 상담에 대해 선생님들이 지닌 막연한 오해와 그것을 풀기 위한 방법을 함께 찾아보도록 하자.

상담 준비
- 기대하며 준비하기

대부분의 초등학교에서는 교육과정에 연간 2회의 학부모 상담 주간이 계획되어 있다. 학교별로 상이하지만 1학기 상담은 3~4월에, 2학기 상담은 10~11월에 주로 이루어진다. 전체 학부모를 대상으로 하므로 상담시간은 15~30분 내외로 비교적 짧게 계획된다. 그러나 각 학기별 상담은 시기에 따라 그 목적이 조금 다르다고 볼 수 있다.

1학기 상담은 학부모에게 얻은 다양한 정보를 통해 개별 학생을 더 깊이 이해하고, 1년간 학생의 성장을 돕기 위해 담임으로서 어떠한 도움을 줄 수 있을지 탐구하는 데 중점을 둔다. 반면 2학기 상담은 교사가 한 학기 이상의 지도과정을 통해 파악한 다양한 정보 가운데 학생 개개인의 지속적인 성장에 동력이 될 수 있는 유의미한 정보나 조언을 학부모에게 제공하려는 목적이 크다.

상담 주간이 다가오면 가장 먼저 할 일은 상담 주간을 알리는 가정통신문을 작성해서 배부하고, 회신내용을 바탕으로 상담일정을 계획, 안내하는 것이다. 가정통신문은 상담의 목적, 기간, 협조 사항, 희망 상담 날짜, 전화 상담 및 면담 등 희망 상담 방법과 더불어 학부모들이 관심 있게 상담하고자 하는 부분(교우 관계, 학업성적, 생활태도 등)을 모두 포함해 작성한다. 상담 희망일시를 회신받은 후에는 중복되는 날짜나 시간을 조정하고 최종 상담시간을 알림장이나 문자 등으로 개별 공지한다. 상담 주간에 학교에 올 수 없는 분들을 위해 상담 안내장에 사전에 요청하면 수시 상담이 가능하다는 문구를 포함해주면 좋다.

상담주간 상담 희망 신청서

( )번 이름: _____

안녕하십니까?
학기 초 상담의 목적은 학생들에 대한 이해를 돕고 학교와 가정 간의 효율적인 연계 교육을 위함입니다. 아래의 표를 작성하여 18일(월)요일까지 보내주시기 바랍니다.

1) 원하시는 상담 방법을 아래 1~3중에서 한 가지 선택해주세요.

선택 1 :	선택 2 :	선택 3 :
직접 방문상담 원합니다.	전화상담 원합니다.	추후에 상담하길 원합니다.

2) 【선택1】과 【선택2】를 체크하신 분들은 원활한 일정 조정을 위해서 아래 표에서 상담이 가능한 날을 세 곳 이상 체크해 주세요.

시간\날짜	3.22(금)	3.25(월)	3.26(화)	3.27(수)	3.28(목)
2:20-2:40					
2:40-3:00					
3:00-3:20					
3:20-3:40					
3:40-4:00					
4:00-4:20					
4:20-4:40					
4:40-5:00					
5:00-5:20					
5:20-5:40					
5:40-6:00					
6:00-6:20					
6:20-6:40					
6:40-7:00					

• 상담 희망 여부와 관계없이 모든 학부모님은 뒷면의 <학부모 상담일지>에 내용을 자세하고 솔직하게 기록해서 보내주시면 아이들 지도에 참고하도록 하겠습니다.
• 상담 신청서를 제출하신 순으로 상담 일자를 정하고, 확정된 상담 일자는 알림장을 통해 개별 안내드리겠습니다. 감사합니다.

상담일정 안내

지우 부모님께
안녕하세요. 지우 담임교사 OOO입니다.
보내주신 상담신청서를 바탕으로 일정을 조정하여 아래와 같이 시간을 확정하였습니다. 신청 시간 외에는 다른 분과의 상담일정이 잡혀있으니 정해진 상담 시간을 꼭 지켜주시고 상담시간은 20분을 기본으로 합니다. 앞선 상담을 위해 상담요청서에 상담하시고 싶은 내용을 적어 보내주세요. 상담일에 뵙겠습니다.

담임교사 OOO 드림

‖ 상담 시간 ‖

3월 △일 △요일 16:30-16:50

‖ 상담 장소 ‖ 본관 3층 3-1반 교실

‖ 이것만 부탁드려요 ‖
• 꼭 정해진 시간을 지켜주시기 바랍니다.
• 사정으로 인하여 못 오시거나 늦으실 때는 꼭 연락 부탁드립니다.
 (담임교사 OOO : 010 - △△△△ - △△△△)

상담요청서

3학년 1반 이름 (OOO)

상담하시고 싶은 내용과 고민을 적어 주시면 상담 준비에 도움이 됩니다.

실제로 평소에 문자나 전화로 학부모들과 자주 소통하면 사소한 문제에 관해서는 전적으로 담임을 믿어주기 때문에 학부모들의 협조를 얻기가 수월해진다. 맞벌이 가정은 주로 평일 6시 이후나 토요일에 상담을 희망하고, 자녀교육에 관심이 높아진 아버지들의 경향을 반영하듯 부모님 두 분이 함께 방문하는 경우도 많아진 점이 예전과는 달라진 상담 주간의 모습이다.

학부모들의 상담목적이 조금씩 상이하다 하더라도 상담할 때 기본적으로 준비하면 좋은 자료가 몇 가지 있다. 진단평가와 같이 학생의 현재 교과 발달상태를 알 수 있는 자료나 평소 활동한 학습 결과물(작품이나 학습지 등)이 모아진 개별 포트폴리오, 학생의 생활태도에 대한 담임의 평소 기록자료, 개별 학생 상담 설문지 등이 그 예이다. 이러한 자료들은 학부모에게 자녀의 학습, 생활태도에 대한 직접적인 정보를 제공하고, 상담에 임하는 담임의 전문성을 간접적으로 드러내므로 평소 학생들의 학교생활을 매일 조금씩 기록하는 습관을 갖도록 의식적으로 노력하는 것이 좋다.

그러나 이런 자료만으로는 학생에 대해 총체적으로 안다고 단언하기 어렵다. 따라서 학부모 상담시기에 학생 개별면담이나 서면 조사로 학생이 느끼는 어려움, 학생의 현재 상태 파악이 반드시 선행되어야 한다. 학생 설문의 경우에는 학부모 상담 준비를 위한 형식적인 과정이 되지 않도록 학년군에 맞는 유의미한 질문을 선정하고, 설문 결과에 따라 필요한 경우 개별 면담을 통해 학생들의 이야기를 좀 더 자세히 들어보면 좋다. 학생과의 면담은 항상 편안하고 허용적인 분위기에서 이루어질 수 있도록 하고 학생들의 개인별 특성과 상황을 고려하는 등 세심한 주의를 기울이도록 한다.

하지만 이 모든 준비에 앞서 살펴보아야 할 가장 중요한 점은 바로 학부모 상담을 바라보는 교사의 긍정적인 마음이다. '교육과정에 계획되어 있기 때문에 해야 하는 담임 업무'라는 수동적인 생각을 내려놓고 '한 해 동안 이어갈 귀한 인연을 만나 소중한 이야기를 나누는 시간'이라는 열린 마음으로 기대감을 가지고 준비하면 선생님들의 교육활동에서 상담이 갖는 의미가 새롭게 다가올 것이다.

상담 중
- 공감하기

많은 선생님이 상담에 부담감을 느끼는 이유는 다양하겠지만 근본적인 원인은 상담에 대한 오해나 왜곡된 이미지 때문이라고 생각된다. 이런 오해를 허무는 가장 효과적인 방법은 무엇일까? 결론부터 말하자면 매 순간 상대의 입장이 되어보는 것이다. 너무나 뻔하고 진부한 말이라서 실망스러울지도 모른다. 하지만 약효를 모르고 먹는 약은 그 효과를 알기 어렵듯, 학부모의 입장과 마음을 이해하지 못한 채로 하는 상담은 그 자체가 어불성설이며 상담으로 기대한 바도 이루기 매우 어렵다. 이때의 상담은 유의미한 교육활동이라기보다 교사에게는 힘들고 미루고 싶은 업무로, 부모들에게는 어쩔 수 없이 참여해야 하는 학교 행사 중 하나로 전락한다. 선생님들이 먼저 마음의 벽을 허물면 상담을 바라보는 관점이 명확해지고 상담 전에 느끼던 불필요한 부담감도 상당 부분 덜어낼 수 있다.

부모들의 마음을 들여다보라

성장기 자녀를 둔 부모는 하루가 다르게 새로운 모습으로 성장하는 자기 자녀를 알아가야 하는 어려움과 동시에, 우후죽순으로 쏟아지는 최신 교육정보의 홍수 속에서 최적의 선택을 해야 하는 문제와 마주한다. 이 때문에 학부모들은 자신의 양육 혹은 교육방법에 대해 문득문득 회의감과 책임감, 불안감을 느낄 수밖에 없는 고충을 안고 있다. 특히 자녀교육에 대해 정말 알아야 할 부분은 모르고, 몰라도 되는 부분을 너무 많이 아는 학부모들은 자녀의 미래에 대한 불안감뿐만 아니라 자신들의 교육방법 대한 회의, 공교육에 대한 불신도 더욱 크다.

부모들과 진심으로 공감하고 소통하려면 먼저 부모들이 처해 있는 상황과 그들의 심리 상태를 이해하려는 노력이 필요하다. 상담 중에 학부모들이 잘하는 부분에 대해서는 "그러셨군요. 어머님이 지금 잘 지도하고 계신 겁니다" 같은 응원의 말로 공감해주면 좋다. 처음에는 너무 사소해서 불필요하게 느껴질 수도 있겠지만, 공감에는 우리가 상상하는 것 이상을 이룰 수 있는 힘이 있다. 학부모에게 공감해주면 소통이 잘되고, 학부모들과 소통이 원활하면 아이들 지도가 즐겁고 수월해지며, 그것이 다시 교사에게 보람과 힘으로 되돌아오는 선순환의 기적을 경험하게 될 것이다.

부모들의 욕구를 파악하라

1학기 상담은 거의 예외 없이 대부분 학부모가 신청한다. 그러나 부모의 상담목적은 저마다 조금씩 다르다. 이해를 돕기 위해 학부모의 유형을 상담 신청목적에 따라 세 그룹으로 분류해보았다.

첫 번째는 인사형 부모이다. 새로운 담임교사가 어떤 분위기를 풍기는 사람인지 파악하고 아이를 잘 부탁한다고 인사하기 위해 오는 유형이다. 두 번째는 정보제공형 부모이다. 선생님께 많은 정보를 주고 싶어 하는 분들이 이 유형에 속한다. 유치원, 초등 1학년 때부터 고학년이 된 현재까지 아이의 성장과정 중 중요한 에피소드들을 최대한 자세히 알려주려 한다. 세 번째 유형은 질문형 부모이다. 새 학년에 진급해서 우리 아이의 학교생활은 어떤지, 쉬는 시간에는 누구와 무엇을 하고 노는지, 밥은 잘 먹는지, 새 담임선생님은 우리 아이를 어떻게 생각하는지, 우리 아이의 특성에 맞는 교육방법은 무엇일지 등 다양한 궁금증의 해결이 상담의 주요 목적인 유형이다.

간혹 학부모 중에 자신의 양육방식에 대한 회의감, 불안감으로 자기 교육방식의 옳고 그름을 확인받고자 하는 분들이 있다. 이럴 때에도 단호하게 "맞다" 혹은 "틀리다"라고 말하기보다는 "잘하고 계신 것이 맞지만 다른 조언도 구하신다면"이라고 격려와 조언을 동시에 해주면 좋다. 사실 아이들을 위한 교육, 양육방식 중에 모든 아이에게 적용하기 좋은 만병통치약 같은 방법은 존재하지 않는다. 아이들은 각자 다르고 또 매일 성장하기 때문에 매년 조금씩 변하기 마련이다. 따라서 교사와 부모는 변화하는 아이들과 그보다 더 빠른 사회의 변화에 발맞추며 아이들에게 최선의 교육을 제공하기 위한 협력적 관계여야만 한다.

상담 전에 받는 설문지 회신만으로는 학부모의 상담목적을 뚜렷하게 파악하기 어렵지만 몇 가지 질문으로 상담목적을 가늠할 수 있다. 학부모의 유형을 위와 같이 나누어본 이유는 재미를 위해서가 아니라, 증상에 따라 처방이 다르듯 부모의 유형에 따라 적절한 상담을 제공하기 위함이다. 예를 들면 인사형 부모들은 스스로 자녀에 대해 그 누구보다 정확하게 안다고 믿는 경우가 많다. 자신들의 자녀교육방법론에도 비교적 확신이 있다. 그래서인지 이분들에게는 자녀의 학교생활 모습을 자세히 안내해도 이미 잘 알고 있다며 시큰둥하게 반응할 때가 유독 많고, 선생님에게 자녀의 학교생활에 대한 질문도 별로 하지 않는다.

그래서 상담 경험이 부족한 초임 교사에게는 이 유형 학부모와의 상담이 가장 어렵고 막막할 수 있다. 이런 유형의 학부모에게는 아이에 대해 지금까지 파악한 정보를 제공하기보다 부모가 바라보는 아이의 모습, 부모의 교육관, 교육방법에 대한 다양한 질문을 중심으로 학부모의 말을 경청하면 좋다.

이미 언급했듯 특히 1학기 상담은 개별 학생을 위한 최적의 지원 방법과 지도방향 등을 위해 유의미한 정보를 얻고, 학부모의 불안 덜어주기에 집중하는 것이 좋다. 언제든 많은 이야기를 들을 자세가 되었다면 이미 성공이다. 교사의 말은 최소화하고 경청하는 시간을 극대화하여 제한된 상담시간을 최대한 활용하자. 이를 위해 공통적 질문 외에 각 학생에 대한 개별 질문도 사전에 꼼꼼하게 메모해둬야 한다.

진심으로 궁금해하라

어떤 질문으로 학부모에게 다가가면 좋을까? 우선 학생의 긍정적인 부분을 언급하며 가볍게 대화를 시작하고, 이어서 다음의 질문을 통해 듣게 되는 학부모의 답변이나 설명을 중심으로 이야기를 풀어나가면 자연스럽게 상담을 이어나갈 수 있다.

대화를 풀어가는 학부모 상담 질문의 예시

1. 어떤 것을 잘하나요?
2. 가정에서는 어떻게 생활하나요?
3. 작년에 눈에 띄게 성장한 부분, 변화한 부분, 칭찬해주고 싶은 부

분은 무엇인가요?

4. 올해는 어떤 부분이 좀 더 성장하기를 기대하나요?

5. 아이의 성장을 돕기 위해 저와 부모님이 어떻게 격려하고 지원하면 좋을까요?

6. 부모님께서 염려하거나 걱정하는 점이 있나요?

7. 친구 관계는 어떤가요?

8. 아이가 어떤 부분에서 힘들어하거나 어려움을 느끼나요?

9. 가정환경, 건강 문제 등 담임으로서 알아야 할 부분이 있나요?

10. 아이가 개선하기를 바라는 점이 있나요?

11. 아이의 학교생활에 관해 궁금한 점이나 당부 말씀이 있다면 해주세요.

아이의 고칠 점, 개선해야 할 태도 등에 관해 학부모에게 당부할 점이 있다면 상담 맨 마지막에 하는 것이 좋다. 단, 이때에는 교사의 사견보다 일어난 사건의 사실 관계만 간단히 설명하는 게 좋다. 만일 가정에서의 협력 지도가 필요한 부분이 있다면 구체적인 방법으로 제시하며 학부모에게 협력 지도를 요청하는 형태를 취하는 것이 좀 더 효과적이다.

관심군 아이의 부모에게는 더 따뜻한 관심을!

간혹 심각한 문제행동을 보이는 학생의 부모님 상담시간을 아이의 문제행동에 대한 폭로 기회로 생각하는 경우를 보게 된다. 결코 이렇게 생각하면 안 된다. 관심군 아이의 부모는 아이의 문제행동에 대해 누구보다 잘 알고 있고, 이전 담임선생님이나 이웃 엄마들에게 그와 유사한 이야기나 당부를 매년 들어왔을 가능성이 매우 높다. 아이의 문제행동 이야기는 더 이상 새로운 정보가 아니라 더는 듣고 싶지 않은, 피하고 싶은 이야기일 것이다. 그래서 상담 주간임에도 일부러 상담에 오지 않는 관심군 학생들의 부모 심정이 충분히 이해된다. 이런 부모에게 아이의 문제행동을 이야기하면 동의는커녕 그나마 남아있던 희망이나 좋은 관계를 유지하고자 냈던 용기나 의지를 꺾는 결과만 초래한다.

이런 부모는 결코 아이의 문제에 대해 듣거나 알고자 상담을 오는 것이 아니다. 오히려 올해 담임은 우리 아이에 대해 좀 더 긍정적인 관점을 가진 사람이기를 기대하며 희망을 품고 남들보다 더 무거운 발걸음을 떼고 교실 문을 두드리는 것이다. 이때 우리가 기억해야 할 것은 상담이 진단과 치료처럼 일정 매뉴얼에 바탕을 둔 행위가 아니라, 학생의 성장을 돕기 위해 교사와 학부모가 진솔하게 나누는 귀한 '인간적 대화'의 시간이라는 점이다. 그래서 '학부모 상담은 상담이 아니다'라고 말해주고 싶다. 이런 부모에게는 아이의 여러 문제행동 중 정말 심각한 한 꼭지 정도만 이야기해도 충분하다. 이때도 문제점 지적보다는 담임으로서 아이의 문제행동을 진심으로 걱정하고 안타까워하며 이 점이 개선되도록 격려와 지원을 아끼지 않겠다는 교사의 마음이 학부모에게가 닿도록 대화하는 것이 중요하다.

'문제아는 없고 문제 부모만 있다'는 어느 책 제목처럼 아이들 문제행동의 원인은 부모에게서 비롯된 것이 많다. 그렇다고 해서 부모의 무지함이나 어긋난 양육태도를 무조건적으로 비난만 할 수도 없다. 학생에게도 격려가 필요하듯 불안하고 지친 학부모에게도 격려가 필요하다. 이런 학부모에게 담임교사가 건네는 격려의 말 한마디는 가뭄의 단비 같고, 무엇보다 우리 아이를 믿고 보낼 곳이 있다는 생각에 큰 힘이 된다. "어머니가 지치지 않으면 좋겠습니다. 저도 학교에서 늘 최선을 다해 노력하겠습니다. 너무 염려 마세요" 같은 진심 어린 위로가 학부모에게도 전달될 수 있기를 바란다.

강산이 두어 번 바뀔 만큼 많은 학부모를 만나고 상담해왔지만 학부모 상담이 가장 어려운 교육활동 중 하나라는 생각은 여전히 변함이 없다. 특히 저학년 담임으로서는 더욱 그러하다. 하지만 기대감을 품고 만남을 준비해, 진심이 담긴 대화와 격려로 공감 어린 소통의 시간으로 만들어가면 학부모 상담은 어느새 교사의 일 년 살이에 가장 도움이 되는 활동으로 자리매김한다.

한 해 한 해 나만의 상담 노하우를 꼼꼼히 쌓아 상담 주간에 보석 같은 진가를 발휘하는 선생님으로 성장하길 진심으로 응원한다.

학생자치
민주적인 학교문화의 첫 단추 끼우기

영화 「우리들의 일그러진 영웅」은 1987년에 발표된 이문열의 중편 소설을 바탕으로 만들어졌다. 시골 초등학교에서 반장을 중심으로 벌어지는 사건 속에서 권력의 형성과 부패, 몰락의 과정을 풍자한 이야기이다. 반장 '엄석대'가 수년간 만장일치의 투표 결과로 반장에 당선되고, 학급 아이들을 대상으로 여러 권력형 비행을 저지르면서도 오랫동안 절대 권력을 유지할 수 있었던 이유 중 하나는 담임교사의 무관심과 올바른 리더십 교육의 부재라고 할 수 있다. 물론 요즘 아이들이 학급임원의 부조리와 횡포를 참을 리 만무하지만, 바른 리더십 함양교육의 필요성이 예전보다 요즘이 더 절실한 것은 분명해보인다.

사실 모든 학교가 학급임원을 선출하지는 않고, 혁신학교에서는 학급임원 선거(이하 '임원 선거') 제도를 실시하지 않는 곳도 꽤 있다. 1년 동안 기껏해야 몇 손가락에 꼽히는 소수의 학생에게만 학급임원의 기회가 주어진다는 점과 임원이 학급에서 해야 할 의미 있는 역할에 대한 시각의 차이 등 학교의 비전과 임원 선거 제도 간에 상충하는 측면이 있기 때문이다. 물론 성장 배려 학년제를 실시하는 1~2학년군, 특히 1학년은 학교라는 새로운 환경에 적응하고 다양한 교내활동을 경험해 보는 것이 중요한 시기이므로 임원 선거를 실시하지 않는다. 하지만 고학년 아이들과 학부모 가운데는 임원활동이 리더십과 책임감, 자신감 등을 키우는 데 도움이 된다는 점에서 임원 선거를 긍정적으로 바라보고 그 필요성을 강조하는 경우도 많다.

뛰어난 리더십을 발휘하기 위해서는 직접 리더가 되어보는 것뿐만 아니라 다른 리더의 리더십에 협력해보는 경험도 반드시 필요하기 때문에, 임원 선거와 학급자치회(이하 '자치회') 운영은 임원뿐만 아니라 학급의 모든 구성원 각자에게 나름의 의미를 갖는 교육활동임에 틀림없다.

임원 선거 제도를 경험하는 아이들은 보통 2~6학년까지 5년간 약열 번의 임원 선거를 치른다. 결코 적은 횟수가 아니다. 2학년은 생애 첫선거인 1학기 회장 선거에 대한 기대감이 상상 이상이다. 그래서 선거에서 떨어진 아이들은 주변 시선에 아랑곳하지 않고 교실을 눈물바다로 만들기도 한다. 그 외에도 임원 선거과정에서 발생하는 사소한 부주의로 인해 학부모 민원을 받기도 하고, 사전교육 없이 실시된 임원 선거로 여러 부작용을 겪는 등 학급 임원 선거에 얽힌 에피소드도 다양하다. 학급임원 선거과정을 짚어보면서 쉽다면 쉽고 어렵다면 어려운 임원 선거와 자치회활동이 아이들의 삶과 연계된, 유의미한 교육활동으로 거듭나도록 방향을 설정하는 아이디어를 공유한다.

학급임원
선거 사전교육활동

1학기 임원 선거는 보통 3월 2~3주에 실시된다. 학교 사정에 따라 다르겠지만 아이들은 학급 친구들의 이름을 채 다 외우지 못하고, 담임 교사는 학년 초 담임, 담당 업무로 정신없이 바쁜 가운데 임원 선거 날짜만 겨우 공지한 후 임원 선거를 실시하게 되는 경우가 많다. 부끄럽지만 나도 초임 시절에 그랬다. 촉박한 시간 때문이기도 했지만 사실 임원 선거 전 사전교육이 그다지 중요하게 느껴지지 않았기 때문이었다. 그러나 다년간의 시행착오는 임원 선거 전에 아이들에게 선거에 출마하고 투표하는 의미와, 그것에 임하는 바른 태도를 갖도록 안내하는 사전교육의 중요성을 인식시켜주었다. 어쩌면 선거 당일의 본 투표보다 더 뜻깊은 교육활동이 선거 사전교육일 수 있다.

멀리 내다보자면 이러한 교육활동은 결국 자신의 권리를 잘 행사할 수 있는 현명한 미래의 유권자를 길러내는 시간이기도 하다. 따라서 아무리 바쁘더라도 1학기 임원 선거 실시 전에는 1~2시간의 사전교육 활동시간을 미리 계획하고 교육과정 시수를 확보해 실시해볼 것을 제안한다. 그렇다면 임원 선거를 준비하는 사전교육은 어떤 활동으로 구성하면 좋을까? 우선 임원 선거 날짜는 학교교육계획에 의해 미리 정해져 있다. 그러므로 3월 시업식을 하면서 임원 선거 날짜를 공지해주고 학급규칙 세우기 등의 활동과 연계해서 사전교육을 실시해볼 수 있다.

D-5 생각 나눔

임원 선거 사전교육으로 가장 먼저 할 것은 생각 나누기이다. 학급 임원에 대한 각자의 생각을 바탕으로 우리 반 친구들이 원하는 임원의 상을 구체적으로 공유하는 것이 이 활동의 주된 목적이다. 생각 나눔을 위한 자리는 학생들이 서로에게 집중하면서도 자유롭고 편안한 분위기에서 의견을 나눌 수 있도록 원형으로 배치하자. 활동에 앞서 리더십이나 팀워크에 관한 짧은 영상을 보여주면 학생들이 대화내용을 떠올리는 데 도움을 줄 수 있다. 또한 시청 후 자연스럽게 대화주제를 이어갈 수 있어서 좋다. 한 사람씩 돌아가면서 임원으로서 지양, 지향해야 할 행동, 바라는 점, 임원의 자질 및 역할 등에 대한 자기 생각이나 경험담을 공유한다. 이러한 과정을 통해 우리 반 아이들이 기대하는 학급임원의 이미지와 역할을 좀 더 뚜렷하게 확인하고 공감할 수 있으며 후보로 출마할 학생들은 공약 포인트를 가늠할 수 있다. 학급 아이들의 성향에 따라 자기 생각을 정리할 시간을 주고 포스트잇에 키워드를 써두었다가 붙이면서 발표하는 액션 러닝으로 진행하면 끝난 후 결과를 정리하고 확인하기가 수월하다.

생각 나눔활동의 마무리는 리더십이나 팀워크에 관한 멋진 문구나 문장 만들기활동으로 해볼 수 있다. 리더의 자질에 관해서는 청렴, 정직, 성실 등 여러 가지가 언급되지만 4차 산업혁명 시대에는 공동체 구성원들과의 상생을 위해 협력하고 배려하며 소통할 수 있는 리더의 역량이 그 어느 때보다도 절실히 요구된다. 학교에서의 학생자치 활동이 우리 아이들의 리더십과 팀워크 역량을 성장시켜줄 마중물이 되길 기대한다.

D-4 후보 공약서 발표

'생각 나눔'이 끝나면 바로 이어서 전체 학생을 대상으로 후보 공약서 양식을 배부하고 공약서를 쓰는 이유와 의미를 설명해준다. 사전에 공약서를 받으면 선거 당일 날 즉흥적으로 출마를 선언하는 기분파 아이들의 숫자가 확연하게 줄어든다. 그렇지만 공약서 제출이 학교 전체의 방침이나 약속이 아니라면 뒤늦게 제출된 경우라도 학급 아이들에게 동의를 구한 후 받아준다.

후보자가 공약서를 제출하면 공약의 실천 가능성, 우리 삶과의 연계성, 공리성 등의 기준에 맞는지, 실천계획이 현실적인지 검토한 후 아침활동 시간이나 토막시간에 공약을 발표할 기회를 준다. 공약서 발표는 내용의 정확한 전달보다는 선언적이고 상징적인 의미가 더 큰 활동이므로 발표 후에는 공약서를 학급 아이들이 잘 볼 수 있는 교실 앞뒤에 게시해두고 자세한 내용을 읽어볼 수 있게 한다. 공약서 제출이 완료되면 그날부터 자신을 홍보하는 공식적인 선거 캠페인 활동을 허락한다. 그런데 무작정 선거운동을 허락할 경우 여러 문제가 발생한다. 실제로 선거 캠페인 활동에 대한 사전교육을 실시하지 않으면 아이들 사이에서, 특히 저학년에서 금권선거를 비롯한 다양한 문제가 발생한다. 친구들에게 선거 전에 간식이나 문구를 사주는 등 의식적인 친절을 베풀면서 표를 얻으려는 부정은 예방해야 한다.

예전에 한 학급에서 임원 선거 전 금권선거를 뒤늦게 알아차린 선생님이 부랴부랴 예방교육을 실시했고, 선거에서 해당 아이는 임원에 당선되지 못했다. 사실 탈락의 원인이 분명하지도 않고 당선된 학생과 많은 표 차이로 떨어졌음에도 불구하고 당사자인 아이보다 더 아쉬워

했던 학부모는 학교에 민원을 제기했다. 담임교사의 사전교육과 안내의 부재로 아이가 크게 상처받았다는 것이 그 이유였다. 임원 선거를 위한 사전교육이 법령으로 정해진 사항이 아니기 때문에 교사에게 법적 책임을 물을 수는 없으나, 교사가 선거교육에 대해서 좀 더 책임감을 갖고 지도할 필요는 있다.

D-3 서약서 만들기

후보들의 공약서 발표가 끝난 날 아이들은 임원 선거 준비 기간이나 투표 시 지켜야 할 것들에 대해 생각 나눔을 한다. 공정하고 투명한 선거를 위해서 후보자와 투표자가 해서는 안 될 일, 반드시 할 일에 대해 의견을 모아본다. 반영할 의견을 정하는 방법은 학급규칙 세우기의 방법과 동일하다. 교사는 사전에 미리 서약서의 초안을 작성해놓고, 생각 나눔활동 의견 중에 서약서에 첨부하면 좋을 내용이 있다면 바로 수정한 후 사용할 수 있도록 준비한다. 후보로 출마하는 아이들은 후보자의 약속을, 투표하는 아이들은 투표자의 약속을 큰소리로 읽고, 후보자 서약서와 투표자 서약서 양식을 한 부씩 출력해 공약서와 함께 임원 선거 날까지 교실 뒤에 게시한다. 이런 경험은 임원 선거에 임하는 아이들의 눈빛을 어느 때보다 진지하게 만든다.

사전활동은 임원 선거에 대한 경험치를 한 단계 높인다. 그 덕에 친구들 간에 서로의 장점, 단점, 성향 등을 더 잘 파악한 후 실시하는 2학기 임원 선거는 1학기보다 조금 더 여유롭다. 2학기 임원 선거 사전교육은 후보 공약서 발표 등 꼭 필요한 활동만 압축해서 실시하고, 『기호

3번 안석뿡』(글 진형민, 그림 한지선, 창비, 2013)같이 임원 선거에 관한 책을 함께 읽는 시간으로 계획해도 좋다. 2학기 임원 선거 역시 그 시기가 개학 후 7~10일 안에 실시되는 경우가 많으므로, 완독보다는 온작품읽기나 슬로리딩을 시작하는 계기로 삼아볼 수도 있다.

D-1 후보자 소견 발표 준비

후보자 유형

떠밀려 나온형 저는 반장을 별로 하고 싶지 않지만, 반장이 된다면…

음식 공세형 일주일에 한 번씩 맛있는 것을 제공하겠습니다.

웅변형 우리 반을 깨끗한 교실로 만들 것을 약속합니다!

허언형 흰 우유 대신 초코우유로, 숙제는 일주일에 한 번만 하는 것으로 바꾸겠습니다!

일진형 저는 1짱 친구 2짱인데요, 제가 반장이 되면 우리 반 친구들을 아무도 괴롭히지 못하게 하겠습니다.

경력형 저는 1학년 때 밥 잘 먹는 남남이상, 2학년 때 동요 부르기 대회 동상, 3학년 때 녹색환경 그리기 대회 은상을 받았습니다.

임원 선거 당일 후보자 소견 발표를 할 때 꼭 등장하는 유형의 특징을 잘 살린 유투브 영상 『반장 선거 유형』*을 참고해 몇 가지 내용을 바꿔보았다. 이러한 영상은 임원 선거 전날 자투리 시간에 후보자 소견 발표 시 주의할 점을 간단히 환기하기에 좋다.

임원 선거 전날 담임교사는 선거에 사용할 투표용지와 투표함을 준비한다. 동점자 처리규칙에 따라 투표를 여러 번 하는 상황이 발생하기도 하므로 투표용지는 충분히 준비해두는 것이 좋다. 그리고 학생자치업무 담당자가 보내준 임원 선거계획서의 내용을 꼼꼼히 읽고 동점자처리방법 및 임원 선출에 관한 세부사항을 철저히 숙지해야 한다.

D-day 학급임원 선거 실시

소견 발표와 Q&A 타임

사전에 입후보 공약서를 받아두어서 이미 후보자 확정이 되었어도, 선거 당일 후보자 자천과 타천 의사를 최종적으로 재확인하는 절차는 반드시 거쳐야 한다. 후보자가 확정되면 후보자 이름을 칠판에 게시하고 한 사람씩 소견을 발표한다. 소견 발표 순서는 희망자순, 무작위 뽑기 등 다양한 방법이 있지만 후보자들이 공정하다고 느끼는 방법을 따라주는 것이 좋다. 소견 발표가 끝나면 질의응답 시간을 통해 투표자와 후보자가 소견이나 공약에 대해 궁금한 것을 묻고 답하는 과정을 거친 후 이어서 투표를 실시한다. 투표용지는 한 후보의 이름만 쓰도록 할 수도 있고, 이름 외에 선출하는 이유를 쓰도록 하는 등 다양한 양식을 활용해볼 수 있다.

＊ 딩고스토리, https://www.youtube.com/watch?v=AduTgcl3v6U

숫자가 싫어요!

지난 번 우리 학교에서 열린 대토론회 주제는 임원 선거에 관한 것이었다. 토론 중 어느 학부모가 "후보자의 이름을 게시할 때에 이름 앞에 번호를 붙이지 않았으면 한다"는 의견을 냈다. 그 이유는 후보자에 대해 잘 모르거나 선거에 관심이 없는 친구들은 무심히 1번을 써서 내는 경우가 많기 때문이라고 하셨다. 대선이나 총선에서도 무조건 1번을 찍는 어르신들이 많다고 들은 적이 있는데, 아이들도 그렇다고 하니 1번이 가진 친근함이 노소를 불문한다는 게 신기하다. 투표용지에 후보자의 숫자 쓰기를 허용하면 숫자와 친구 이름을 헷갈려서 다른 번호를 썼다고 뒤늦게 고백하는 아이들이 생각보다 많다. 따라서 투표용지에는 이름만 쓰도록 지도하는 방법도 좋다.

내 이름이 아니야!

개표하다 보면 투표용지에 후보자의 이름이나 성을 틀리게 쓰는 경우가 상당히 많다. 예를 들면 '김혜수'를 '김해수'로 쓴다거나 '강지원'을 '김지원'으로 쓰는 것이다. 심지어 '김JY'처럼 친구 이름의 이니셜만 쓴 투표용지도 있다. 안타까운 마음에 개표 중에 아이들에게 의견을 묻게 되면 갈등과 오해를 낳기 쉽다. 그래서 틀리게 쓴 이름은 모두 무효로 처리하되, 반드시 투표 전에 충분히 공지해야 한다.

성별 차이 극복하기

어느 해인가 우리 반은 남녀 학생의 인원수 차이가 5명 이상이었고, 동학년의 다른 반도 사정이 마찬가지였다. 성별에 따른 학생 수 차이를 그냥 넘길 수 없는 이유는 2~3명이라는 작은 숫자로도 임원 선거 결과가 뒤바뀔 수 있기 때문이다. 부회장의 경우에는 보통 남자 부회장, 여자 부회장을 한 명씩 따로 뽑기 때문에 성별 인원수의 차이가 결과에 큰 영향을 주지 않지만, 회장의 경우에는 여학생과 남학생이 동시에 후보로 출마하고 1명만 당선되기 때문에 이야기가 다르다.

특히 남녀를 구분지어 생각하는 특성이 강한 저학년의 경우 남자 반장 후보 1명에 여자 반장 후보 2명이 출마하면 결과는 볼 것도 없이 남자 후보가 압승한다. 담당자가 보낸 학급 임원 선출계획서에는 이런 세세한 내용까지 언급되어 있지 않아서 우리 학년은 반장 선거 투표용지에 남자 후보 1명, 여자 후보 1명, 즉 성별이 다른 후보 한 명씩을 쓰고, 이 중 가장 많은 표를 얻은 사람이 당선되는 방법을 대안으로 마련해 반장 선거를 치렀다. 학급 임원 선출계획서에 없는 내용을 대안으로 마련할 때에는 아무리 좋은 내용이라 하더라도 우리 학급만 단독으로 실시하지 말고 동학년과 사전에 충분히 협의를 거친 후 함께 실시해야 한다.

당선자에게는 축하를, 낙선자에게는 위로를

당선자가 결정되면 담임교사는 당선자를 축하하기에 앞서 최선을 다했지만 당선되지 않은 친구들에게 위로의 말을 전한다. 그럼에도 불구하고 매 선거 후 학급에 승자와 패자만 남은 것 같아 씁쓸한 마음을 떨치기 어려웠다. 사실 임원 선거는 한 학기 동안 꾸려나갈 학급자치회 운영의 시작점과도 같은데, 승자와 패자로 이분화된 듯한 임원 선거의 뒷맛이 영 개운하지 않았다. 그래서 당선자의 소감 발표 후에 마음 나

놀이시간을 가져보았다.

이때 당선되지 못한 친구에게는 따뜻한 위로의 말을, 공정하고 바른 선거를 위해 노력한 친구에게는 칭찬을, 당선된 친구에게는 축하의 메시지를 나눈다. 더불어 모두 수고했고 결과에 관계없이 앞으로도 계속 협력하고 동반 성장할 수 있는 공동체임을 확인할 수 있도록 담임교사도 적절한 피드백과 함께 반 아이들을 격려한다.

학급자치회의 운영

일반적으로 회의는 공통의 문제나 관심거리를 주제로 여러 사람이 의견을 나누고 결정하는 자치활동으로, '개회 → 국민의례 → 주제 선정 → 주제 토의 → 표결 → 결과 발표 → 폐회'의 절차에 따라 이루어지고, 사회자, 기록자, 회의 참여자 등 각자 주어진 역할을 갖고 참여한다. 사실 학생들 입장에서는 회의에 사용하는 용어가 낯설고 회의 절차도 지루하게 느껴질 수 있으나, 회의에 참여하는 태도와 예절, 문제 해결 절차 등은 반드시 배워야 한다. 그래서 4학년 1학기 국어과 교육과정에서 이와 관련된 지식과 태도를 습득할 수 있도록 관련 내용을 다루고 있다.

하지만 요즘 교실에서 실제로 이루어지는 학급자치회의의 모습은 정형화된 모습과는 많이 다르다. 학교폭력에 대한 예방법으로 널리 알려진 회복적 생활교육이나 학급긍정훈육법[PDC]에서 아이디어를 얻어 평화회의, 성장회의 등의 방식으로 진행하는 학급이 늘고 있다. 이러한 회의 운영의 구체적인 방법은 회복적 생활교육이나 PDC에 관한 책에서 좀 더 자세히 배워볼 수 있다. 그런 목적 외에도 회복적 생활교육이나 학급긍정훈육법에 관한 책 한 권쯤은 읽고 공부해두면 학급운영 및 학생 생활지도에 여러모로 큰 도움이 된다.

학급 아이들의 특성과 요구, 교육과정에 대한 충분한 고려가 바탕이 되어 학생이 주도하고 학급 구성원 모두가 주인이 되는 학급자치회 운영의 답은 우리 학급 아이들 속에서, 아이들과 함께할 때 찾을 수 있다. 아이들의 앎과 삶이 하나가 되는, 빛깔 있는 학급자치회 운영을 위해 고민을 멈추지 않는 선생님들의 다양한 시도가 기대된다.

기초학력

한 명의 학생도 포기하지 않는 기초교육

중고생 학력저하 쇼크··· 10% 이상이 수학 낙제*

작년 학업성취도 결과 발표··· 영어는 중3 5%·고2 6% 미달

학력 저하 2년째 심각해지자 교육부, 초1~고2 학력 진단 의무화

학력 미달 학생이 급증하는 것으로 조사됐다. 특히 수학은 기초학력 미달 중·고교생이 10%를 넘었다. 중학생의 경우 2009년 이후 처음, 고교생의 경우 2006년 이후 처음이다. 교육부는 28일 이 같은 내용의 '2018년 국가수준 학업성취도 평가 결과'를 발표했다.

* http://news.chosun.com/site/data/html_dir/2019/03/28/2019032803461.html

지난해 6월 교육부는 전국의 중3, 고2 학생 가운데 3% (2만6,255명)를 대상으로 학력 평가를 실시했다. 그 결과 중3은 학력 미달 학생 비율이 국어 4.4%, 수학 11.1%, 영어 5.3%였다. 고2는 국어 3.4%, 수학 10.4%, 영어 6.2%로 나타났다. 고등학교 국어를 제외한 모든 과목에서 기초학력 미달자 비율은 전년보다 늘어났다.

(하략)

2019년 3월, 중고등학생 중 10퍼센트가 수학교과에서 기본적인 교육과정조차 따라가지 못한다는 정부 조사 결과가 나왔다. 교육부는 전반적인 기초학력 미달 비율이 계속 증가한다며 이를 바탕으로 학교별로 모든 학생의 기초학력을 주기적으로 진단하면서 보충학습을 시키도록 했다. 무너진 기초학력에 대한 결과로 인해 교육계는 물론 전국이 술렁거렸다. 학력저하의 원인 파악에 나선 각 교육 관련 단체는 저마다 다른 해석을 쏟아냈고, 교육부 및 각 시·도교육청도 대책 마련에 나섰다. 비록 중·고등학교 학생들의 학력 실태에 대한 기사이지만 초등학교에서는 국가 수준의 학력평가를 치루지 않아서 데이터가 없을 뿐, 초등학교 역시 학력저하 및 학력의 양극화 현상이 심화되었음은 분명하다.

3Rs,
기초학력 알아보기

기초학력과 관련해 가장 먼저 언급되는 것 중 하나가 3Rs이다. 3Rs
는 읽기, 쓰기, 셈하기(Reading, wRiting, aRithmetic)를 뜻하는 것으로, 모
든 학습과 생활의 기초가 된다. 기초학력이란 3Rs와 기본 교과학습 능
력을 뜻하는 것으로, 보통 이상의 지능을 지녔음에도 일정 수준의 기
초학력에 도달하지 못하는 경우에 학습부진이라고 한다. 즉, 특수교육
대상 학생은 기초학력에 도달하지 못하더라도 학습부진으로 판단하지
않는다.

3월 초가 되면 매년 고정 행사로 학급 임원 구성과 함께 진단평가
를 본다. 진단평가는 현행 학년 이전의 학습 범위에서 출제한다. 예를
들어 4학년 학생들을 대상으로 하는 진단평가의 경우 3학년 교과내용
을 바탕으로 진단평가 문항을 출제하는 것이다. 시험과목은 지역마다
조금씩 다르지만 보통 국어과목과 수학과목의 내용을 기준으로 하며
사회, 과학, 영어 같은 과목을 추가해서 출제하기도 한다. 시험 문제는
이전 학년도 선생님들이 12~2월 사이에 미리 출제하거나 시·도교육청
에서 일괄적으로 배부하는 시험지를 활용한다.

기초학력 진단활동 예시

- 3학년 3Rs 진단활동

- 1~2학년 입문기 진단활동

- 4~6학년 교과학습 진단활동

학습부진
관리

진단 결과 학습부진으로 판별된 학생들은 크게 두 가지 방법으로 관리한다. 첫째, 담임교사가 전적으로 관리하는 방법이다. 이렇게 할 경우 담임교사가 책임감을 가지고 지속적으로 학생을 관찰한 뒤 방과 후에 지도하기 때문에 평소 학습과도 유기적으로 연결할 수 있는 장점이 있다. 반면, 담임교사의 업무가 증가하고 학교 내 통일성 있는 관리가 어렵다는 단점이 있다.

둘째, 기초학력 강사를 채용해 방과 후 일괄 관리하는 방법이다. 각 반의 학습부진 학생들을 방과 후 정해진 시간과 장소에서 기초학력 강사가 학생들을 가르친다. 이 방법은 담임교사의 업무가 경감되고 전문 강사가 지도함으로써 학습 효율을 높일 수 있는 장점이 있다. 기초학력 강사가 학습부진 아동의 보충 학습을 할 때 담임교사는 책무성을 가지고 기초학력 강사와 협의해 학습부진 아동의 원인을 진단하고 그 원인에 따라 함께 지도하겠다는 생각을 가져야 한다.

예전에는 담임교사가 학습이 부진한 학생들을 방과 후에 남겨서 지도하는 것이 당연하면서도 사명감 있는 모습으로 생각되었고 학부모들도 협조적인 모습을 보였다. 하지만 지금은 방과 후 학생을 남겨서 따로 지도하는 것을 부정적으로 생각하는 학부모도 많아졌다. 따라서 방과 후에 학생을 남겨서 지도할 때에는 사전에 학생과 학부모의 동의를 반드시 받아야 한다.

기초학력 향상
도움자료

기초학력 향상 지원 사이트 꾸꾸(www.basics.re.kr)

기초학력을 향상시키기 위한 학습자료가 필요하다면 꾸꾸를 활용할 수 있다. 이 사이트에는 학습부진 학생들을 지도할 자료들이 탑재되어 있다. 회원가입 없이도 진단평가 자료, 3Rs 기초학습뿐만 아니라 교과 학습자료도 찾을 수 있다.

학습자료뿐만 아니라 학생의 학습습관, 학습동기, 학교생활 적응도 등을 확인할 수 있는 검사도구도 탑재되어 있다. 검사도구를 활용하기 위해서는 별도의 회원가입은 거치지 않지만 교사인증이 필요하고, 그룹을 생성하면 원하는 만큼 학생 아이디를 받을 수 있다.

e학습터(cls.edunet.net)

e학습터는 17개 시·도교육청과 교육부가 통합운영하고 한국교육학술정보원이 지원하는 교수학습 지원 서비스이다. 에듀넷 통합 아이디로 접속이 가능하므로 기존에 디지털교과서, 위두랑 등 에듀넷 아이디가 있다면 바로 사용할 수 있다.

교사가 학급을 개설해 학생들을 가입시키고, 교사가 등록한 강좌로 집, 학교 컴퓨터실, 스마트패드 등으로 자기주도적 학습이 가능하다. 풍부한 문제은행이 갖추어져 있어 온라인에서 평가지를 만들고 학생들이 시험을 볼 수도 있다.

지역교육청 기초학력 진단-보정 시스템

각 시·도교육청이 통합적으로 학교의 학습부진 학생들을 분석적이고 효율적으로 관리하기 위해 '기초학력 진단-보정 시스템' 사이트를 운영한다. 기초학력 진단검사, 분기별 기초학력 향상도 검사 문제 등을 제공하고 학생들이 온라인이나 오프라인으로 문제를 풀면 그 결과를 업로드해 관리한다. 학교별 기초학력 담당교사가 주로 운영하고 담임교사도 학교 관리자의 승인을 받아 회원가입한 후 활용할 수 있다.

지역 단위
학습클리닉 센터

학교에서 학습부진 학생 관리에 어려움이 있다면 학교 의무 기관의 도움을 받을 수도 있다. 학습종합클리닉센터는 특수경계선 학생, ADHD 등 정서행동문제 학생, 돌봄결여 학생 등 교사 홀로 지도, 지원이 어려운 학생들을 체계적으로 지원하기 위한 기관으로, 각 시·도교육청별로 운영한다. 상황에 따라 학교를 직접 방문하기도 하고, 개별 맞춤형 상담 지원, 학습 관련 표준화 검사 지원, 기초학력 보장 담당교사 연수, 난독학생 진단 및 치료 지원, 한글 해독 프로그램 운영 등 다양한 방식으로 학습부진 학생을 맞춤형으로 지원한다.

교사연수

학습부진 학생들을 지도하다 보면 어떻게 지도해야 효과적일지, 내 방법이 맞는 것인지 여러 생각이 든다. 학습부진 학생 지도는 일반 수업과 방법적 측면이나 마음가짐이 달라야 하기 때문이다.

이런 문제로 고민하는 교사들을 위해 온·오프라인에서 다양한 연수가 열린다. 초·중등교육법 제28조 5항에 따르면 '교원은 대통령령으로 정하는 바에 따라 제1항에 따른 학습부진아 등의 학습능력 향상을 위한 관련 연수를 이수해야 하고, 교육감은 이를 지도·감독해야 한다.'라고 명시되어 있다. 중앙교육연수원이나 각 시·도 교육연수원 등 각종 연수원에서는 이미 기초학력 향상 관련 원격 직무연수가 많이 개설되어 있고 4년에 15시간 이상 의무적으로 기초학력 향상 관련 연수를 이수하도록 하는 지역도 있다. 어떻게 보면 학습부진 학생 지도연수 참여는 선택이 아니라 의무다.

관련 규정

초·중등교육법 시행령
국가법령정보센터

하루일과

교사의 하루생활

교사의 하루 일과

시각	일정	시각	일정
출근 ~ 09:00	아침 맞이 및 출석 확인	11:30 ~ 12:10	4교시
09:00 ~ 09:40	1교시	12:10 ~ 13:00	점심시간
09:40 ~ 09:50	쉬는 시간, 우유 급식	13:00 ~ 13:40	5교시
09:50 ~ 10:30	2교시	13:40 ~ 13:50	쉬는 시간
10:30 ~ 10:40	회의 참석	13:50 ~ 14:30	6교시
10:40 ~ 11:20	3교시 교과 전담 수업/ 과제 및 평가 확인	14:30 ~ 15:30	종례, 교실 정리 및 상담, 업무, 회의
11:20 ~ 11:30	쉬는 시간	15:30 ~ 퇴근	교재연구

일반 직장인들이 학교를 꿈의 직장이라고 부르고, 교사를 부러워한
다지만 성대결절, 하지정맥류, 방광염 같은 직업병을 하나쯤은 달고 사

는 교사들에게 교직의 무게는 외부의 시선과 달리 결코 만만하지 않다. 교사들은 쉬는 시간에 쉬지 못하고, 화장실을 다녀올 틈도 없을 때가 많다. 학습지도, 생활지도, 우유급식, 1인 1역 등 학급에서 일어나는 모든 일을 일일이 챙기고, 점검하는 바쁜 하루하루가 쌓여 학급체계를 만들기 때문이다. 교사의 하루를 따라 가보자.

아침맞이

몇 년 전까지만 해도 교사가 출근해서 제일 먼저 하는 일은 메신저와 업무 확인이었지만 요즘은 각 교실에서 아침맞이를 한다. 교문 앞에서 교장, 교감 선생님이 학생들을 맞이하는 학교도 많아졌다. 반가운 변화이다. 이렇게 교사의 하루는 등교하는 아이들과 눈을 맞추고 아침 인사를 나누며 시작된다.

학교에 가면 우리 반 선생님이 나를 반겨줄 것이라 기대하며 등교하는 학생은 학교생활에 안정적으로 적응할 수 있다. 아침 구호로 인사하기, 선생님과 악수하기, 짧은 대화하기 등 학급의 개성을 살릴 수 있는 아침맞이는 아이들과 교사의 유대감을 쌓고 유쾌한 마음으로 하루를 시작할 수 있게 돕는다.

학생 출결 확인 후
조치하기(전담유의)

아침맞이가 끝나면 빈자리가 있는지 확인한다. 수업시간이 다 되었는데 아직 등교하지 않은 학생이 있다면 가정에 연락해서 등교 여부를 확인한다. 늦잠 탓에 조금 늦게 출발했다거나 아파서 병원 진료 후 등교할 예정이라고 하면 마음을 놓아도 좋다. 하지만 가정에서 전화를 받지 않으면 빠르게 대처해야 한다.

학급에는 잠시 독서나 과제활동을 제시하고, 가장 쉽게 연락할 수 있는 보호자에게 전화한다. 연결되지 않는다면 우리 학교에 재학 중인 형제의 학급에 연락해 학생이 등교했는지, 왜 우리 반 학생은 아직 등교하지 않았는지를 확인한다. 학생의 소재가 파악되고 부모님이 미처 학교에 연락하지 못한 것이라면 "○○ 부모님, ○○이가 아직 등교하지 않아 연락을 드렸습니다. ○○이 언니로부터 ○○이가 아프다는 이야기를 들었습니다. 메시지 확인하시면 바로 연락주세요"라고 문자를 남기면 된다.

하지만 여전히 학생의 소재 파악이 어렵다면 학년 초 받아둔 학생 비상연락망의 다른 보호자에게 연락한다. 담임이 학생의 출결 상황을 정확하게 파악하고, 만일의 상황에 빠르게 대처해 가정에 알리는 것은 아침시간에 해야 할 가장 중요한 일이다. 1교시가 교과 전담 시간이라면 등교하자마자 전담 교실로 이동하는 과정에서 학생의 부재를 파악하지 못하는 경우가 있으니 꼭 주의해야 한다.

수업시간

수업이 시작하자마자 바로 집중하는 학생은 드물다. 그래서 교사는 학생이 자연스럽게 선생님을 바라보고 집중할 수 있도록 여러 방법을 사용한다. 학급 구호나 손 신호, 간단한 집중활동으로 분위기를 전환할 수 있다. 단, 활동이 놀이로 변질되지 않도록 짧은 시간 동안 가볍게 주의를 환기하고 수업으로 돌아가야 한다.

- **손가락 박수** - "하나, 둘, 셋" 신호에 맞추어 선생님이 손가락을 펴면 그 수만큼 박수를 친다.
- **더하기, 빼기 박수** - 손가락 박수에서 1을 빼서 치거나 1을 더해서 친다.

  예) 빼기 박수 - 교사가 손가락 2개를 펴 보이면 박수는 1번 쳐야 한다.
- **텔레파시 박수** - 선생님의 몸짓을 잘 관찰하여 선생님과 동시에 박수를 친다. 교사가 박수를 칠 듯하다 중간에 멈추기도 한다. 교사에게만 집중해야 하므로 효과가 좋다.
- **손 머리** - 선생님의 구호에 맞추어 손을 머리에 올리는 것을 변형한 활동으로 저학년에게 적합하다. 선생님의 구호에 학생은 손을 얹으며 대답한다. 손 머리 - "나는 지혜롭습니다" 손 어깨 - "나는 자랑스럽습니다" 손 배꼽 - "나는 튼튼합니다" 손 무릎 - "나는 겸손합니다"

우유 급식

우유 급식 신청자를 대상으로 아침시간이나 오전 쉬는 시간 중 우유 급식을 실시한다. 보통 1인 1역할 우유 담당 학생이 가지고 온다. 우유를 좋아하는 학생들에게는 이 시간이 즐겁겠지만, 그렇지 않은 학생도 분명히 있다. 그래서 웃지 못할 일이 생기기도 한다. 우유를 숨기기도 하고, 가방에 넣어둔 우유가 터져 가방을 버리는 일도 생긴다. 며칠 동안 서랍에 방치되었던 상한 우유를 마시고 크게 탈이 난 사례도 있다.

이런 경우를 예방하기 위해서 매일 제시간에 우유를 마셨는지 확인한다. 그래서 우유갑에 학생의 이름 혹은 번호를 쓰게 하거나 우유 급식 검사 1인 1역할을 지정하기도 하고, 모둠별로 한꺼번에 모아서 정리하기도 한다. 매일매일 교실로 배달된 우유 개수만큼 빈 갑이 모였는지 확인하는 것은 사소하지만 잊으면 안 된다. 우유는 상하기 쉬우므로 오전 중에 마시고, 배가 아파 우유를 못 마시는 학생이 있다면 가정으로 보내지 말고 학교에서 처리하자. 학교에서라도 우유를 마셨으면 하는 부모의 마음 때문에 아이의 의사와 무관하게 우유 급식을 신청한 학생이 있다면 우유 마시기를 지도해야 하는 교사와의 관계가 나빠질 수 있다. 그래서 지도가 어려울 때는 부모님과 상담 후 집에서 마시도록 권유하는 것이 좋다.

쉬는 시간

아이들이 신나게 노는 쉬는 시간에도 교사는 바쁘다. 이전 수업에서 활동을 끝내지 못한 학생을 불러 개별 지도를 하거나, 학생 사이의 갈등을 중재하느라 수업시간보다 더 바빠지기도 한다. 때로는 급한 회의에 호출되어 편치 않은 마음으로 아이들을 두고 교실을 떠나야 할 때도 있다. 쉬는 시간에 안전사고가 많이 발생하기 때문이다. 평소에 교사가 꾸준히 안전지도를 하더라도 복도와 운동장으로 쏟아져 나오는 아이들에게 어떤 일이 생길지 예측하기 어렵다. 그래서 쉬는 시간에도 복도에서 뛰거나 위험한 장난을 하는 학생이 있다면 지도해야 한다. 담임교사의 수고가 학교를 더 안전하고 즐거운 공간으로 만든다.

교과 전담시간

교과 전담시간은 담임교사가 바쁜 하루 중 잠시 숨을 고르며 교재를 연구하거나 업무에 집중할 수 있는 시간이다. 하지만 방심해서는 안 된다. 아이들은 늘 역동적이고 변화무쌍하기 때문에 전담 수업 중 문제행동을 보이거나 친구와 심한 갈등을 일으키기도 한다. 그래서 반 아이들에게 교과 전담시간에도 담임선생님이 우리 반의 학습태도에 관심 갖고 있음을 일깨워주어야 한다.

교과 전담수업 시작 5분 전에는 학급을 정리하고 전담교실로 갈 준비를 한다. 학급 전체가 이동할 때마다 질서 있게 이동할 수 있도록 학년 초에 남녀 한 줄씩 정해진 순서(출석 번호, 키 번호 등)로 줄 서기 연습을 해두면 좋다. 전담교실에 도착하면 학생들이 착석하고 수업태도를 갖추도록 기다리며 교실 밖에서 자리를 지키고, 수업이 시작되면 교실로 돌아온다. 수업이 끝나면 전담교사가 인솔하거나, 수업 종료시간에 맞추어 담임교사가 데리러 간다. 3~4월 학년 초에 꾸준히 학급을 인솔하고, 교과 전담시간의 수업태도를 지도하면 간혹 교사가 함께 이동하지 못해도 "수업 5분 전에는 줄 서서 이동하자. 선생님이 조금 있다가 우리 반이 수업 잘하고 있는지 보러 갈게"라는 한마디로도 아이들이 차분히 이동할 것이다.

급식지도, 점심시간

여유로운 점심시간과 식사 후 커피 한 잔은 초등교사에게 그림의 떡이다. 식사 중에도 학생을 지도해야 하기 때문이다. 못 먹는 아이와 안 먹는 아이를 구별해야 하고, 식생활교육을 하며 시간 안에 급식을 끝낼 수 있도록 지도해야 한다. 오죽하면 급식지도가 생활지도의 시작이자 전부라고 이야기하는 선생님도 있다. 우스갯소리 같은 이 말의 속뜻은 아이들이 골고루 먹으려고 노력한다면, 다른 학급규칙도 잘 지킬 수 있다는 뜻이다. 하지만 급식도 우유 급식처럼 교사와 학생(또는 학부모) 간의 갈등을 유발할 수 있는 민감한 사항이기 때문에 융통성 있게 지도해야 한다.

많은 학교에 급식실이 있지만 불가피한 이유로 교실에서 점심을 먹는 학교도 있다. 두 경우는 서로 장단이 있다. 급식실은 배식과 청소 걱정이 없지만 학급을 인솔해 이동해야 하고, 급하게 다른 학년에 자리를 비켜주어야 할 때도 있다. 교실 급식은 매일 급식차를 옮겨야 하고, 배식 방법과 양, 뒷정리까지 교사가 일일이 신경 써야 하지만 비교적 여유롭게 식사할 수 있다.

배식 중에 다른 친구와 부딪히면 화상을 입을 수 있으므로 차례 기다리기, 뜨거운 국물에 데지 않도록 식판 조심히 들기를 강조한다. 배식 후에는 건강한 식생활을 지도하면서 골고루 식사했는지 확인한다. 급식은 건강한 식습관을 기르는 교육이자 다양한 맛을 알아가는 입맛 교육이고, 식사에 감사한 마음을 갖게끔 하는 인성 교육이기도 하다. 그러니 교사는 자신의 식사와 동시에 학생의 급식지도를 할 수 있는 요령이 필요하다.

급식을 끝내면 아이들이 제일 좋아하는 시간이 찾아온다. 바로 점심 쉬는 시간이다. 아이들이 신나게 뛰어노는 동안 교사는 점심시간 전까지 있던 크고 작은 사건 사고를 해결할 수 있다. 이 시간을 잘 활용해야 한다.

1인 1역

구역별 청소, 우유 급식, 배식, 칠판 정리, 준비물 도우미, 체육 반장 등 1인 1역 시스템이 없다면 우리 학급은 어떻게 될까? 학급 일은 식구가 많은 집의 살림과 같다. 가정에서 현관 신발 정리부터 식사, 설거지,

빨래까지 한 사람이 도맡아 하기란 여간 힘든 일이 아니다. 학급도 마찬가지다. 그래서 아이들의 손이 필요하다. 어른만큼 야무지지 못하고 교사의 눈에 차지 않을지라도 아이들은 학급 일에 참여하면서 책임감을 기르고 보람을 느낀다. 이로써 의미 있는 사회 구성원이 되는 방법을 배우기도 한다. 그러므로 담임교사는 1인 1역에 관심을 가지고 학급 구성원 모두 자신이 맡은 일을 꾸준히 할 수 있도록 독려해야 한다.

학급 회의에서 1인 1역을 정하고, 짝 바꾸기처럼 일정 기간마다 역할을 바꿀 수 있다. 간단히 제비뽑기로 역할을 결정할 수도 있지만, 창체(자치)시간에 자신이 맡고 싶은 역할과 그 이유, 역할에 임하는 나의 다짐 등을 발표하고 적임자를 선정하면 학급 전체가 1인 1역에 더욱 관심을 갖고 책임을 다할 수 있다.

알림장

요즘은 알림장 앱을 사용하는 학급이 많다. 편리해졌지만 마냥 좋다고 할 일은 아니다. 숙제와 준비물을 묻는 엄마에게 도리어 "몰라, 엄마가 보고 알려줘"라고 했다는 사례가 기사화될 정도이니, 편리함에 의지하는 것이 과연 교육적으로 바람직한지는 생각해볼 문제이다.

알림장은 학생의 자기관리능력을 길러준다. 학교에서 하루도 빠짐없이, 꾸준히 알림장을 쓰다 보면 오늘 할 일과 준비물을 스스로 점검하고, 꼼꼼하게 챙기는 습관을 다질 수 있다. 또, 가정에서 알림장에 관심을 가질수록 학생이 알림장 관리에 중요성을 느끼므로 많은 선생님이 부모님의 알림장 확인을 강조한다. 가정에서는 알림장을 확인하며 요즘 중점적인 지도사항을 알 수 있고, 학교에서 자녀의 마음가짐을 짐작할 수 있다.

알림장은 담임과 가정 사이에 소통의 창구가 되기도 한다. 가정에서는 아이의 알림장을 확인하면서 담임교사에게 필요한 것을 요청할 수 있고, 반대로 담임교사가 가정에서 꼭 챙겨야 할 것이나 부모님이 인지해야 하는 사항도 알릴 수 있다.

알림장의 역할은 여기서 그치지 않는다. 알림장은 안전교육, 학교폭력 예방교육 등의 다양한 생활지도를 꾸준히 하고 있다는 기록장이기도 하다. 마지막 수업시간에 알림장 쓰는 시간이 부족하다면 점심시간이나 쉬는 시간마다 알림장을 게시하고 틈틈이 쓰게 해 알림장 쓰기의 부담을 조금이나마 덜 수 있다. 단순히 과제와 준비물을 적는 형식적인 알림장을 벗어나 학생의 학교생활을 돌아볼 수 있는 알림장으로 만들어보면 어떨까?

하교지도

종례시간은 날씨, 시기적 특징, 학급의 이슈 등에 따라 달라진다.

하교지도 내용
교통안전 지도 횡단보도에서 초록불이 되더라도 차가 완전히 멈추었는지 확인하고 건너기. 주차장에서 놀지 않기.

비 오는 날 우산 끝이 뾰족하니 휘두르지 않기. 앞이 잘 보이게 우산 쓰기. 밝은색 옷 입기.

어린이 유괴 예방 어른은 어린이에게 도움을 요청하지 않으니 모르는 어른이 도와달라고 하면 도움 줄 어른을 불러드리겠다고 말한 뒤 자리 피하기. 처음 보는 사람 따라가지 않기.

언어폭력 예방 하교한 뒤에도 친구와의 예절을 잘 지키기. 온라인, SNS 에서도 고운 말 쓰기.

아이들에게는 종례시간이 선생님의 잔소리 시간처럼 느껴질 수도 있다. 하지만 아이들이 안전하게 하교하고 내일도 건강한 몸과 마음으로 등교할 수 있게 지도하는 것이 담임선생님의 역할이니 학생들이 지루해하지 않게끔 그날의 중요한 몇 가지만 골라 강조하는 것이 좋다.

하교 후 업무시간

수업이 끝났다고 교사의 일과가 모두 끝난 것은 아니다. 해결하지 못한 학생 간 갈등을 중재하거나, 방과 후에 학생 상담을 하기도 한다. 때로는 학교 밖에서 일어난 일을 수습해야 할 때도 있다. 하교 후 개별 상담이 없다면 꽤 성공적인 하루였다고 할 수 있다.

남은 아이들을 모두 보내고 수업을 준비하려 컴퓨터 앞에 앉으면 오늘까지 회신해달라는 메시지가 몇 개씩 와 있고, 담당 업무 공문도 결재를 기다리고 있다. 현황을 파악해서 메시지를 보내고, 자료를 확인한 뒤 공문을 작성한다. 급한 작업을 몇 개 해놓고 학년 회의를 잠시 다녀왔을 뿐인데 시간이 후딱 지나가고, 내일 수업내용을 들여다보려니 벌써 퇴근 시간이다. 수업이 끝나면 차분하게 교재연구를 하고 싶었는데 오늘도 지도서를 집으로 가져가야 한다.

행정업무에 매여 수업 준비 시간이 부족하다는 현장의 지적이 이어지자, 학교에 따라 업무 TF^{Task Force}팀을 꾸리거나 교육공무직에게 교육활동과 직접 연관이 없는 업무를 배정하는 등의 노력이 꾸준히 이어지고 있다. 그럼에도 불구하고 교사 개인이 수업 준비와 담당 업무를 모두 해결하기에는 시간이 충분치 않아 함께 수업을 연구, 공유하는 전문적 학습공동체가 더욱 활성화되고 있다.

이렇게 돌아보니 담임교사는 슈퍼맨, 슈퍼우먼이 되어야 하나 보다. 학급운영, 수업, 업무에 치여 자신이 꿈에 그리던 교직생활이 아니라고 속상해하는 날이 하루쯤은 찾아올지도 모르겠다. 하지만 아이들 눈에 교사는 글씨 잘 쓰고, 공부도 잘하고, 마음까지 어루만져주는 '슈퍼 담임선생님'이다. 고된 하루일수록 퇴근 후에는 학교 일은 잠시 내려두고 몸 건강, 마음 건강을 챙기며 내일 나를 만나러 학교에 올 아이들에게 나누어줄 슈퍼 에너지를 재충전하자.

수고했어, 오늘도.

학급운영비

학급운영비 똑똑하게 사용하기

서울시교육청, 학급운영비 등 집행 간소화*

서울시교육청(교육감 조희연)은 각급 학교에서 예산을 집행하면서 불편을 호소해온 학급운영비 등 사업에 대해 집행 절차를 간소화하는 방안을 지난 4월부터 시행했다고 2일 밝혔다. 간소화 대상 사업은 학급운영비(학급별 연 20만 원)와 학생회·학부모회 운영비(연 200만 원)로, 기존에 예산을 집행할 때는 소액이라도 사용할 때마다 결재해야 해 불편하다는 지적이 많았다. 학급운영비는 연초에 20만 원을 한 번에 일괄 품의한 후 필요할 때마다 기관 카드로 사용하거나, 개산급으로 담임교사 통장에 20만 원을

---

* http://www.womennews.co.kr/news/articleView.html?idxno=189071

지급하고, 집행 후 정산서를 제출하는 방법 중 학교에서 하나를 선택하도록 했다. 학생회 및 학부모회운영비는 소모품 구입, 유인물 제작 등 운영비성 경비에 한해 1년간 사용할 경비 총액을 학년 초 한 번만 품의하고 필요할 때마다 기관카드로 사용하도록 했다. 조희연 교육감은 "학교 구성원들의 어려움에 응답해 공약사업이기도 했던 '학교회계 집행절차 간소화 방안'을 빠르게 시행하는 것은 큰 의미가 있다"며 "학교자치의 시대에 부응해 학급운영이 좀 더 활발해지고 학생, 교사, 학부모들의 참여가 더욱 활성화되길 기대한다"고 밝혔다.

학급운영비 똘똘하게 사용하기

학급운영비를 알차게 써보자는 말을 재미있게 '학급운영비 탕진하기'라고 표현하기도 한다. 그런데 이렇듯 학급운영비를 꼼꼼하게 사용하기 위해 정보를 얻다 보면 학교마다 학급운영비의 금액 차이가 있다는 것도 알게 된다. 왜 그럴까? 학급당 5만 원이라고 하는 학교도 있고, 50만 원에 육박한다는 곳도 있다. 이러한 차이는 학교 예산집행의 우선순위와 학교 규모에 따라 발생한다. 하지만 금액을 떠나 담임에게 지출권한을 위임하는 추세이니 학교자치의 단초인 교실자치의 시작에도 큰 도움이 되리라 보인다.

서울시교육청 관련 기사를 보면 서울시교육청 소속의 담임교사는 1년에 일괄적으로 최소 20만 원의 학급운영비를 사용할 수 있다. 여기에 학교별로 추가 금액이 더 책정될 수 있을 것이다. 그렇다면 20만 원이 넘는 학급운영비를 어떻게 사용해야 좋을까? 학급운영비 사용 내역

활동 관련 물품 추천 리스트	VS	기본 공용 물품 추천 리스트

무지 티셔츠+전사지
흰색 무지 티셔츠에 전사지를 이용해 프린팅의 효과를 볼 수 있으며 학생들과 여러 아이디어를 공유하며 티셔츠 디자인하기 수업을 만들어갈 수 있다

에코백+패브릭용 펜
그리기 활동으로 페브릭용 펜을 활용해 다양한 작품을 만들 수 있다. 완성 후 준비물 가방으로 사용할 수 있다.

보드게임류
중간 놀이, 점심시간, 창체시간 등 다양하게 활용할 수 있다. 요즘 주목받는 코딩과 자연스럽게 접목시킬 수 있다.

간식류
학습 준비물비로는 살 수 없지만 가끔은 꼭 필요한 순간이 있다. 그래서 학급운영비로 간식을 구입할 수 있다.

공책류
배움 공책이라고 불리는 학습장으로 사용하는 경우도 많으며, DIY공책 만들기를 통해 다양한 독후활동이나 글쓰기활동을 지도할 수 있다

포스트잇
별, 하트, 사과 등 다양한 모양 포스트잇이 있다. 다양한 교과에서 아이들의 의견을 물을 때 유용하게 쓸 수 있다.

A4용 재단기
학습자료 개발 시 가위질하는 수고로움을 덜어주는 도구이다. 힘 있게 잘리는 작두형, 이동과 보관이 간편한 트리머형이 있다.

물레방아 테이프
모든 학급의 필수 아이템이자 교사의 일손을 덜어주는 기본 아이템이다.

도장
날짜를 변경할 수 있는 만년도장이나 다양한 피드백이 가능한 도장으로 풍성한 교실 만들기가 가능하다.

발표수업이나 자석보드류
마인드맵 활용수업에서 유용하게 사용할 수 있다.

기타 기능성 문구류
심 없이 쓰는 스테이플러, 한 번에 박히는 스테이플러, 휴대용 파쇄기 등도 교육활동을 편하게 해주는 아이템이다.

은 크게 두 가지로 나눌 수 있다. 위의 표처럼 학생들의 활동과 관련된 물품이나 학급에서 많이 쓸 기본 공용 물품을 구매하는 데 주로 사용된다.

다양한 학급운영비를 사용하는 노하우가 있지만 경험상 학급운영비는 결국 우리 학급 학생들과의 관계 맺기에 더 필요하다고 여겨지는

물품을 적절한 시기에 사는 게 좋다. 때로는 사용 권한이 있는 교사의 과감한 선택도 중요하다.

다음으로는 최근 전라남도교육청과 광주광역시교육청에서 적극적으로 실시하고 앞으로의 확대가 예상되는 뜨거운 감자, 바로 개산급 관련 이야기이다. 개산급이란 '지출금액이 미확정인 채무에 대해 지급 의무가 확정되기 전에 개산^{概算}(어림셈)으로 지급하는 일'을 의미한다.

이는 역동적으로 변화하는 교실 상황을 이해하고, 예산 사용의 유연성을 높이는 행정적 개선이라 할 수 있다. 따라서 교사 스스로 제도를 명확하게 이해하고, 필요할 때 당당하게 요구해야 한다.

학급운영비를 개산급으로 사용하는 예를 살펴보자. 20만 원의 학급운영비를 사용할 수 있는 A학교와 B학교가 있다. A학교에서는 학급운영비를 사용할 때마다 에듀파인 품의절차를 거치고 승인 확인 후, 학교카드로 물건을 구매하고 마지막에 구매영수증을 행정실에 제출한다. 금액과 무관히 항상 같은 과정을 거쳐야 한다. 반면에 B학교는 교사가 학급운영비 사용계획서를 간단하게 작성하고 타당성 확인이 되면 교사의 통장으로 20만 원을 일괄 입금한다. 그러면 교사는 자신의 카드로 원하는 시점에 학급운영비를 사용하고 추후에 일괄 정산서를 제출한다. 개산급은 이처럼 교사의 교육활동 편의성을 더하고, 책무성도 높이는 제도이다.

학급운영비 개산급 처리절차

단계	과정	담당	시기	비고
1단계	학급운영비 사용계획 세우기	담임교사	3월 중	학교 실정에 따라 일괄 기안 가능
2단계	학습운영비 사용 타당성 검토	행정실	3월 중	집행항목 등 적정성 검토
3단계	담임교사 계좌로 개산급 지급	행정실	3월 중	담임교사 지급확인
4단계	학급운영비 집행	담임교사	연중	사용지침 준수
5단계	사용 후 학급운영비 사용정산서 제출	담임교사	해당 시기	학교 실정에 따라 일괄 제출 가능

4월

피하고 싶었던
일이 생긴다면
이렇게!

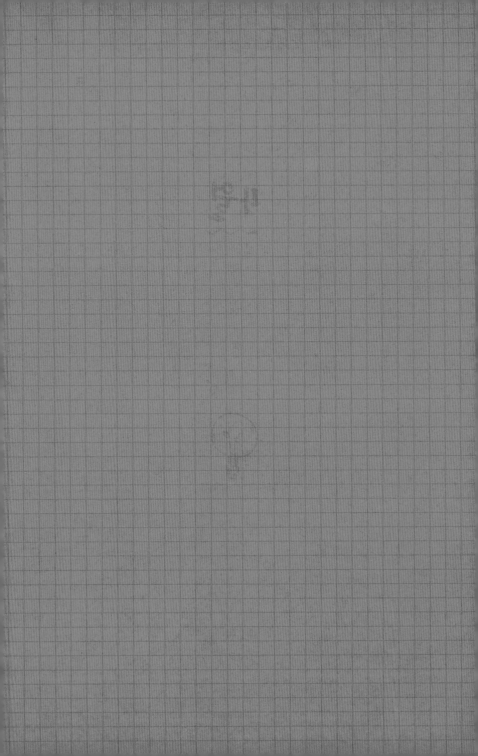

학교폭력
학폭에 대처하는 현명한 담임의 자세

신학기 생활이 정착기에 들어서는 4~5월이면 봄과 함께 미세먼지처럼 찾아드는 불청객이 있다. 이 불청객의 이름은 바로 '학교폭력 사건'이다. 학교폭력 예방 및 대책에 관한 법률 제2조(학교폭력의 정의)에 따르면 학교폭력이란 '학교 내외에서 학생을 대상으로 발생한 상해, 폭행, 감금, 협박, 약취·유인, 명예훼손·모욕, 공갈, 강요·강제적인 심부름 및 성폭력, 따돌림, 사이버 따돌림, 정보통신망을 이용한 음란·폭력 정보 등에 의하여 신체·정신 또는 재산상의 피해를 수반하는 행위'를 말한다. 법률에 명시된 것처럼, 학교폭력은 '학생'을 대상으로 발생한 거의 대부분의 폭력을 학교폭력 사안으로 처리할 수 있을 만큼 범위가 폭넓다. 따라서 학생 간의 폭력뿐 아니라 교사를 포함한 성인이 학생에게 가한 폭력도 학교폭력에 해당한다. 즉, 학교에서 교사에 의해 발생한 상해나 폭행은 아동폭력과 학교폭력에 모두 해당되어 두 사안으로 나누어

처리될 수 있다.

학교폭력이라는 용어와 개념이 처음 도입된 시기는 2000년대 초로, 이때만 해도 학생 대상 폭력의 심각성을 인정하고 예방하려는 사회적 인식이 매우 부족했다. 아이들 간의 다툼은 자라면서 겪는 성장과정의 일부라는 인식과, 시간에 따라 자연스럽게 해결될 것이라는 막연한 믿음이 존재했다. 하지만 이제는 '학생을 대상으로 발생한 폭력'의 심각성과 그 해결책에 대한 사회적 인식과 접근이 예전과 상당히 달라졌다.

미투, 빚투에 이어 소위 학투라고 불리는 연예인의 과거 학창시절의 학교폭력 행위, 모 연예인의 아들이나 재벌 총수의 손자에 의해 벌어진 학교폭력 사건을 바라보는 사회의 단호한 시선과 싸늘한 반응은 학교폭력에 대한 우리의 감수성이 얼마나 높아졌는지를 보여준다.

학교폭력
사안 처리절차

학교폭력 사안 처리절차

단계	처리내용	비고
사건 발생 인지	학생, 보호자, 교사 및 117 학교폭력 신고센터, 경찰 등의 신고 접수를 통해 학교폭력 사건 발생 인지	
신고 접수 및 보고	신고 접수된 사안을 학교폭력 신고접수대장에 기록하고 1) 학교장에게 보고 2) 담임교사에게 통보 3) 관련 학생 보호자에게 통지 4) 교육지원청에 48시간 이내에 보고	업무 담당자

즉시 조치	1) 필요시 피해학생과 가해학생 즉시 격리 2) 관련 학생 안전조치(응급처치, 119신고, 병원 진료 및 격리, 심리적 안정) 3) 성폭력의 경우 반드시 수사기관에 신고하고, 성폭력 전문 상담기관 및 병원을 지정하여 정신적·신체적 피해 치유 4) 긴급 조치가 필요한 경우 자치위원회 개최 이전 실시 및 추인 가능	학교장, 담임, 업무 담당자

▼

사안조사	1) 피해 및 가해 사실 여부 확인을 위한 구체적인 사안조사 실시 - 피·가해학생 심층면담, 주변학생 조사, 객관적 입증자료 수집 등 2) 조사 결과를 바탕으로 육하원칙에 따라 사안 조사 보고서 작성 3) 조사과정에서 피·가해학생의 학습권이나 개인정보가 노출되지 않도록 하고, 성폭력의 경우 비밀유지에 특별히 유의 4) 장애학생에 대한 사안 조사는 특수교육 전문가의 조력을 받아 실시 5) 필요시 보호자와의 면담을 통해 요구사항을 정확히 파악하고 사안 조사 내용과 과정을 보호자가 충분히 이해할 수 있도록 설명	전담기구, 담임교사

▼

학교장 자체 해결 여부 심의	1) 법률 13조의2 제1항제1호~4호에 모두 해당하는지 여부를 객관적으로 판단(심의)하여 모두 해당될 경우만 학교장 자체 해결 가능 - 2주 이상의 신체적·정신적 치료를 요하는 진단서를 제출하지 않은 경우 - 재산상 피해가 없거나 즉각 복구된 경우 - 학교폭력이 지속적이지 않은 경우 - 학교폭력에 대한 신고, 진술, 자료제공 등에 대한 보복행위가 아닌 경우	전담기구

▼	▼
자체 해결 요건 충족	자체 해결 요건 미충족

피해학생 및 보호자의 서면 의사 확인		
피해학생과 그 보호자의 학교장 자체해결 동의에 대한 의사를 서면으로 확인	▶ 학부모의 부동의	학교폭력대책자치위원회 개최

학부모의 동의 ▼	▼
학교장 자체 해결	자치위원회의 심의·의결

저경력 교사는 학교폭력을 담당하는 책임교사로서 관련 업무처리보다는 학교폭력 상황을 인지한 후 초기 대응법이나 사안 처리방법을 몰라서 어려움을 겪는 경우가 더 많다. 먼저 학교폭력 사안의 진행과정을 간단하게 살펴보도록 하자.

'학교폭력 예방 및 대책에 관한 법률'(이하 학교폭력예방법)은 2004년에 제정된 이래로 몇 차례의 개정을 거쳤고 가장 최근의 개정은 2019년 8월에 이루어졌다. 2019년 9월 및 2020년 3월부터는 개정안에 따라 사안을 처리한다.

최근 개정안은 학교폭력대책자치위원회(이하 자치위원회) 심의 건수 증가에 따른 담당교원 및 학교의 과중한 업무 부담, 위원 과반수를 학부모 대표로 위촉함으로써 발생하는 학교폭력 처리의 전문성 부족, 경미한 수준의 사안도 학교자치위원회의 심의 대상이 되어 적절한 생활지도를 통한 교육적 해결이 곤란한 점 등을 개선하는 방향으로 개정되었다.

이 개정안에는 자치위원회의 설치와 운영에 관한 개정사항도 포함된다. 2020년 3월부터는 기존에 각 학교별로 조직·운영되었던 '자치위원회'의 기능을 대신 수행할 '학교폭력대책심의위원회'(이하 심의위원회)를 지역 교육지원청에 설치해 운영할 예정이다. 따라서 2020년 3월부터는 학교폭력이 발생하면 학교가 아닌 지역 교육지원청에서 심의위원회를 열어 처리한다. 학교폭력 처리절차를 간소화하기 위해서 가해, 피해학생이 조치에 불복하면 각각 시·도 학생징계조정위원회와 학교폭력대책지역위원회로 이원화해 처리된 재심절차를 폐지하고 바로 행정심판을 청구할 수 있다.

학교폭력 사안처리 매뉴얼은 간단해 보이지만 실제로 처음 학교폭력 사안을 마주한 담임은 사안 조사방식, 정보 수집내용 및 학부모와의 적절한 대화법 등 모든 것이 조심스럽고 막막하기만 하다. 그러나 초기 대응에서 우선순위로 처리할 일과 그에 따른 주의사항을 염두에 둔다면 학교폭력이 일어나도 침착하게 대처할 수 있다.

담임교사의 의무

우선 담임교사는 학교폭력예방 및 대책에 관한 법률 시행령 제17조(학교폭력 예방교육)에 따라 학교폭력을 예방하기 위해 학기별 1회 이상(연 2회 이상)의 학교폭력 예방교육을 실시해야 한다.

학교폭력 예방교육은 학급에서 담임교사 혼자 할 수도 있고 집합교육의 형태로 학교전담경찰SPO이나 외부강사가 학년별·학년군별 학생을 대상으로 실시할 수도 있다. 학교 여건을 고려해 학교폭력 예방교육이 학기별 1회 이상 이루어질 수 있도록 교육과정을 구성하는 것이 중요하다. 예방이 최선이라는 것은 모두가 알지만, 노력이 무색하게도 급작스레 우리 반 문턱을 넘는 문제가 학교폭력이다. 담임교사는 학생이나 학부모, 제3자의 신고 혹은 학교폭력 신고·상담센터(117) 등으로 사건을 인지하는 경우도 있지만, 아이들의 모습과 행동의 변화나 교실의 분위기 등을 통해 학교폭력 상황을 직감적으로 감지할 수도 있다.

이런 경우에는 학교폭력 사안 인지 사실을 직접 밝히기보다는 해당 학생에게 학교생활이나 교우 관계를 물어보거나 주변 학생, 학생회 임원에게 교실 분위기를 건너듣는 편이 낫다. 더불어 학교폭력예방법 제20조 제4항에는 교원의 학교폭력 보고 의무를 분명히 명시해두고 있다. 따라서 사건을 인지하면 반드시 학교폭력 업무를 맡은 담당교사, 교감, 교장에게 보고하고 보호자에게 통보해야 한다.

현명한
초기 대응법

보호자에게 학교폭력 사안을 신고받거나 통보할 때는 교사의 초기 대응이 매우 중요하다. 신고 및 접수단계부터 보호자와 협력 관계를 유지하지 않고서는 사안의 순조로운 처리를 기대하기 어렵기 때문이다. 특히 피해학생의 보호자는 놀라고 당황스러워하는 동시에 가해학생에 대한 분노와 원망, 자녀에 대한 미안함 등으로 감정이 격앙되고 예민해진다. 그만큼 학교의 태도를 민감하게 주시할 수밖에 없다는 점을 충분히 공감하고 이해해야 한다. 만약 학교나 담임교사가 미온적인 태도를 보이면 가해학생 편을 든다거나 사건을 축소, 은폐한다고 오해받기 쉽다.

따라서 교사는 피해학생의 보호자에게 '책임감 있게 사안을 조사하고 적극적으로 문제를 해결해 피해학생의 보호와 안정, 적응을 위해 최선의 노력을 다할 것'이라는 의사를 분명히 표현해 보호자를 안심시키고, 믿음을 줄 수 있도록 노력해야 한다. 진행 상황을 중간중간 충분히 설명하면 피해학생의 부모님이 좀 더 안심하게 되고 사안처리에도 도움이 된다. 무엇보다도 보호자와 피해학생의 심정에 충분한 공감, 이해, 경청이 선행되어야 한다.

가해학생의 부모 상담도 마찬가지이다. 사안의 경중에 따라 다르겠지만 우리는 은연중에 피해학생은 안쓰럽게 생각하는 반면 가해학생에게는 곱지 않은 시선을 보내기도 한다. 하지만 학교폭력 사안처리는 사회에서 범죄자에게 내리는 처벌과는 다르다. 피해학생의 회복을 돕고, 가해학생에게는 반성의 기회를 주어 두 학생 모두 안전하게 학교생활을 할 수 있도록 해야 한다. 그렇기 때문에 처리의 전 과정이 회복적 교육의 관점에서 이루어져야 함을 염두에 두어야 한다.

가해학생의 부모와 사안에 관해 처음 대화할 때에도 "많이 속상하셨죠? 저도 ○○(이)가 이런 일을 겪어 걱정되고 가슴이 아픕니다" 등 보호자의 감정을 수용하고 학생의 가해사실에 유감을 표현하는 과정이 최우선이다. 가해학생 부모 역시 폭력을 행사한 자녀에 대한 당황스러움, 실망감과 자녀의 미래에 대한 불안감을 경험하는 등 심경이 복잡하기는 마찬가지이다.

자치위원회에서 사안에 대한 결정이 내려지기 전에는 피해, 가해학생을 단정 짓지 않고 '관련 학생'이라고 표현한다는 것도 꼭 기억하자. 잘못된 용어 사용은 자칫 민원을 부를 수 있다. 가해학생의 학부모와 충분한 감정 이해단계를 거친 후에는 꼭 상대학생의 피해 정도를 정확히 고지하고, 추후 사안 처리과정을 안내해야 한다. 가해학생의 부모는 '내 자녀가 피해 보지 않을까?'라는 걱정이 가장 앞선다. 따라서 가해학생을 낙인 찍지 않고 교육적으로 적절히 지도하고 선도할 것이며, 담임교사가 객관적인 입장에서 가해학생도 충분히 걱정하고 있음을 표현해야 한다.

'중재자'보다는
책임감 있는 '안내자'

화해를 위해서는 무엇보다도 진심 어린 사과가 피해학생의 안정에 도움이 될 것임을 인지시켜야 한다. 하지만 이때도 주의할 점이 있다. "좋은 게 좋다" 같은 표현은 학교폭력 사안을 처리하는 담임교사의 조언으로 반드시 경계해야 할 말 중 하나이다. 이 말은 어딘지 흡족하지 않고 석연치 않은 점이 있더라도 적당한 선에서 타협하고 넘어가는 게 서로에게 좋다는 뜻*이다. 관련 학생들이 원만하게 화해하기를 바라는 마음에 주먹구구식으로 가해학생에게 사과를 유도, 종용하는 동시에 피해학생의 마음 상태를 고려하지 않은 채 사과를 받아들이라는 식으로 말하고 행동하는 것은 자칫 매우 큰 오해를 살 수 있다. '때리는 시어머니보다 말리는 시누이가 더 밉다'는 속담 속의 시누이의 역할을 자처하는 셈이다.

이러한 언행은 교사가 사안을 축소하고, 자치위원회 개최를 피하기 위해 사안을 빨리 종결하려는 의도로 오해 받기 쉽다. 실제로 종종 들리는 이야기로, 학교폭력 피해를 경험한 학부모님들 중 "담임선생님이

---

* 『박완서 소설어사전』, 민충환, 백산출판사, 2003

자치위원회 개최 단계까지 가지 않기를 바라는 마음을 암묵적으로 드러내시는 것 같아서 사안 처리과정 내내 상당히 속상했고, 선생님에 대한 신뢰가 떨어졌다"고 말하는 경우가 드물지 않다.

담임교사가 자치위원회 개최를 막을 아무런 권한과 의도가 없음에도 이런 이야기가 나오는 이유는 간단하다. 정확한 방법을 모른 채 순수한 의도와 넘치는 의욕만으로 중재자 역할을 하려 들기 때문이다. 반드시 기억하자. 담임으로서 학교폭력 사안처리에서 보여야 할 모습은 관련 학생과 보호자에게 진심으로 공감하고 책임감 있게 그들의 마음속 이야기를 경청하며 바른 길로 이끄는 안내자의 모습이다.

학교폭력에 관해 알아둬야 하는 법규

학교폭력예방 및 대책에 관한 법률 제21조(비밀누설금지 등)에 따르면 사건의 관계자라 하더라도 당사자의 동의 없이 개인정보를 알려주지 않는 것은 물론, 가해·피해학생에 대한 개인정보 및 사안에 관한 내용이 의도치 않게 누설되어 2차 피해가 발생하지 않기 위해 의식적인 노력을 기울여야 한다.

교실에서 관련 학생을 조사할 때도 관련 학생 및 사안에 대한 정보나 비밀, 개인정보를 제3자인 다른 학생들이나 학부모들이 모르게 해야 한다. 그래야 관련 학생들의 2차 피해를 방지할 수 있다.

혼자가 아닌
우리

학교폭력은 어떤 업무보다도 심신을 지치게 만든다. 사안처리 자체도 얼음 위를 걷듯 조심스러운 일일 뿐만 아니라 열심히 생활지도를 했음에도 불구하고 사안이 발생했다는 무력감에 더해 자신의 생활지도 능력에 대한 회의감·자괴감이 들기 때문이다. 이럴 때에는 모든 것을 혼자 헤쳐가야 한다는 생각을 버리고 동학년이나 고경력 선배교사들, 학교폭력 업무 담당부장에게 조언을 구하자. 때로는 서로의 힘든 점을 공감하고 조언을 구할 동료가 있다는 사실 자체가 엄청난 힘과 위안이 되기도 한다.

학교폭력 사안은 가능하다면 반드시 예측하고 예방하고 싶은 사건이다. 그래서 평소 학교폭력 예방교육을 꾸준히 실시하고, 사안 초기의 현명한 대처법을 공부해야 한다. 그래야 적절한 조치를 취할 수 있기 때문이다. 학교폭력이 발생할까 봐 전전긍긍하거나 두려워하기보다 올바른 대처로 피해학생의 회복을 돕고, 가해학생을 바른 길로 선도하는 현명한 교사로 거듭나기를 바란다.

관련 규정

학교폭력예방 및 대책에 관한 법률
학교폭력예방 및 대책에 관한 법률 시행령

학교폭력예방
및 대책에
관한 법률

학교폭력예방
및 대책에
관한 법률
시행령

전문적학습공동체
전학공으로 성장하다

세종시교육청, 전문적학습공동체 매주 수요일 확대운영

다양한 형태로 교육 관심사 연구*

세종시교육청 교사들이 매주 수요일 교과연구와 통합교육 등을 논의하는 '전문적학습공동체'를 운영한다. 세종시 모든 학교에서 매주 수요일마다 교원들이 함께 배우고 실천하며 교육적 전문성을 신장시키는 전문적학습 공동체가 운영된다. 시교육청은 이와 같은 내용을 골자로 한 '전문적학습 공동체 기본계획'을 수립하고 22일 발표했다. 시교육청은 단위학교 교원 들이 학교 고유의 창의적 교육과정을 함께 연구하고 실천하도록 지원하는

* http://www.joongdo.co.kr/main/view.php?key=20190222010007748

'전문적학습공동체'를 운영하고 있다. 지난해까지는 단위학교에서 자율적으로 전문적학습공동체의 날을 운영해왔으나, 올해부터는 출장 및 공문 없는 날인 매주 수요일을 '전문적학습공동체의 날'로 지정·운영할 계획이다. 매달 1, 2, 4째주 수요일은 학교 내에서 교사들이 함께 배우는 '학교안 전문적학습공동체'를 운영하고, 매달 3째주 수요일은 학교의 경계를 넘어 세종시의 모든 교사가 함께 배우고 성장하는 '학교 연계 전문적학습공동체'를 운영한다.

(중략)

최교진 교육감은 "전문적학습공동체를 통해 교사들은 일상적으로 연구하고 실천하는 문화를 경험하게 될 것"이라며, "교사들의 교육적 전문성을 동반 성장시키는 핵심 기제로 전문적학습공동체가 작동할 수 있도록 최대한 지원하겠다"고 말했다.

교사는 무엇으로
성장하는가?

'교사의 성장은 어떨 때 가능할까?'라는 질문에는 다양한 답이 있다. 발령받고 여러 학기를 거치며 계단식으로 성장할 수도 있고, 어떠한 계기를 통해 성장할 수도 있다. 학생과 밀고 당기며 쌓아가는 경험, 원치 않았던 업무를 맡아 추진하는 경험도 성장의 밑거름이라고 할 수 있다. 하지만 앞서 언급한 경우들은 대개 교사가 선택한 것이 아니라 주어진 것이다. 교사의 자발적 성장은 대학원 같은 상위 교육기관 진학, 승진 준비를 위한 연구보고서를 작성하는 등의 모습으로도 찾을 수 있다.

그렇다면 자기선택권을 가지고 동료교사와 함께 성장할 수 있는 방법은 무엇일까? 이에 가장 가까운 답이 바로 전문적학습공동체이다. 전문적학습공동체의 정의는 다음과 같다.

전문적학습공동체

전문적 | 가르침에 대한 전문가로서의 경험과 판단 존중

학습 | 교사들이 동료들과 함께 새로운 아이디어를 찾아 연구 실행

공동체 | 학교 개선을 위해 공동의 목표를 설정, 동료 간 팀 구성, 함께 일하며 문제 파악 및 해결방안 모색하는 관계양식

교육청이 만든 정의는 전문적학습공동체의 의미 부여에 중요한 역할을 하지만, 다른 방식으로는 교사들이 함께 모여 만든 공부 모임, 수업에 대해 이야기하는 모임이라고 읽을 수도 있겠다.

전문적학습공동체는 다양한 형태를 가지고 있다. 일반적으로 전문적학습공동체를 구분하는 방법과 그 내용을 살펴보자.

경기도교육청의 전문적학습공동체 구분 예시

학교 안	단위학교를 중심으로 학교 내 교원들로 구성해 운영
학교 밖	여러 학교 교원이 관심 분야 연구를 위해 학교 밖에서 운영
학교 간	공동 문제해결 및 동반 성장을 위한 학교 간 학습 네트워크 구축

학교 안 전문적학습공동체의 세분화

학교 안 전문적학습공동체의 경우 다시 아래와 같은 형태로 세분화하기도 한다.

전 교직원형은 학교교육을 더욱 의미 있게 운영하기 위해 교원과 교직원이 토의·토론을 통해 집단지성을 발휘함으로써 철학과 비전을 공유하고, 이를 토대로 교육과정을 운영하려는 모임이다.

주제 중심형은 구성원들이 하나의 주제로 공동연구를 실행해가는 형태이다.

학년 중심형은 학년별로 교육과정-수업-평가의 일체화를 실천하려 노력하는 모임이다.

교과 중심형은 특정한 교과의 성취기준 분석부터 수업계획, 실행까지 일체화의 관점에서 함께 학습자료를 개발하고 연구한다.

학교 밖 전문적학습공동체에 필요한 것들

학교 밖 전문적학습공동체는 더 큰 자발성이 필요하다. 근무 지역과 교육환경이 다른 상황에도 서로 꾸준히 만나고 함께 연구해야 하기 때문이다. 결국 교사 사이의 공통 관심분야가 있어야 지속 가능하다. 보통 연구회라고 불리는 모임은 학교 밖 전문적학습공동체의 한 형태라고 할 수 있다. 최근에는 모임의 형태가 자유롭고 운영이 수월한 동아리 형식의 다양한 학교 밖 전문적학습공동체도 많이 생겨나고 있다. 학교 간 전문적학습공동체는 같은 지역 또는 여건이 비슷한 학교 사이의 연계공동체라고 볼 수 있으며 네트워크라는 이름의 실천적 모임도 그 일종이다.

전문적학습공동체라는 말이 생기기 이전에도 다양한 교사 모임이 있었다. 그 모임에서 어떠한 주제로 함께할 시간을 풀어갈 것인지는 해당 교사들의 몫이었다. 대표적인 사례가 인디스쿨이다. 인디스쿨은 교직이라는 공통분모를 가진 초등교사들이 물리적 환경을 극복하고 온라인으로 모임의 장을 옮긴 획기적인 시도였다. 교사들이 모여 서로 의견을 나누면서 학습 자료를 공유하고, 피드백도 준다. 이러한 과정들이 결국 교실을 바꾸는 원동력이 되고, 나와 이웃 교사의 든든한 지원군이 된다. 이러한 인디스쿨의 특징은 전문적학습공동체의 운영목적과 일맥상통하는 부분이 있다.

흔히 학교현장을 보고 개인주의, 교실주의에 갇혀 있다고 표현한다. 어찌 보면 자연스러운 현상이기도 하다. 3시까지 아이들과 지지고 볶다 보면 파김치가 되어 3시 이후에는 말하기도 싫고, 혼자 마음을 다스리고 싶기도 하기 때문이다. 서로 교직이라는 전문성을 존중하며 생활하기 때문에 먼저 다가가서 다른 선생님의 의견을 구하기도 불편하고, 의견 제시도 어려울 수 있다. 그럼에도 선생님의 어려움을 진정으로 공감하고 헤아릴 수 있는 사람은 결국 주변의 선생님들이다. 교사가 교사에게 위로받고, 함께 연결될 수 있는 공적인 장이 바로 전문적학습공동체이다. 전문적학습공동체 운영 사례를 알아보자.

전문적학습공동체 운영 사례

영역		활동내용
주제 탐구	우리 집단에 대한 이해	- 마음 나누기 마음 끌어내기 시간
	과제 탐구	- 공동과제 선정 및 해결과정 구성 (예시) 온작품읽기에 대한 고민 실천하고 해결하기 회복적 생활교육에 대한 연구 및 적용하기
공동 연구	선행 연구. 문헌 연구	- 독서토론, 선행 연구물 조사
	선진 사례 연구	- 관련 주제를 가지고 연구하고 있는 학교나 연구회 방문 초대
공동 실천	주제 연구	- 주제 관련 목표치 설정
	과정 개발	- 공동 실천하고자 하는 과정 개발 - 수업 관련 주제면 공동지도안 개발 등
	과정 적용	- 적용 실행 또는 참관
	피드백 및 나눔	- 과정을 적용 후 제안점 나누기
연구결과 공유	주제 컨퍼런스	- 주제와 관련된 자신의 실천 사례 나누기 - 인근 학교 대상 학교 개방을 통한 정보의 공유

최근 전문적학습공동체에서 많이 연구하는 영역을 살펴보면 다음과 같다.

- 교육과정 프로젝트 운영에 대한 연구
- 온작품읽기의 교과 적용과 실천사례
- 회복적 생활 교육으로 학생과 소통하기
- 수업분석을 통한 공동지도안 작성, 사전사후 협의회 운영
- 기초학력에 대한 연구 및 분석·적용

- 특정 교과에 대한 교육과정 재구성 연구
- 교육과정-수업-평가 일체화 적용 연구
- 학생의 심리와 상담 방법 연구

이쯤되면 교사들이 하는 교사 배구 모임도 전문적학습공동체로 인정받는지 궁금할지도 모른다. 교사 배구 모임과 전문적학습공동체의 공통점은 대상을 교사로 한다는 점과 공통의 관심사를 탐구한다는 점이다. 하지만 모임이 어디에 성장 가치를 두고 있느냐에서 성격이 갈린다. 전문적학습공동체는 학교의 변화, 교육과정의 혁신, 그리고 학생의 올바른 변화에 초점을 맞춘다. 하지만 교사 배구 모임 등은 개인의 성장에 주안점을 둔다. 이러한 모임은 교사 동호회라고 칭하는 것이 알맞다.

전문적학습공동체
도전기

누구라도 전문적학습공동체를 만들고 운영할 수 있다. 개인의 어려움에 관해 옆의 동료와 함께 책 읽고, 이야기 나누는 과정이 전문적학습공동체의 시발점일지도 모른다. 한창 수업비평이라는 이름으로 사전협의회, 공동수업지도안 작성, 사후협의회를 강조하던 시기가 있었다. 같은 학교에서 근무하지만 한 번도 제대로 이야기해보지 못했던 선생님들과 마주하는 첫 모임을 가졌다. 모임을 이끌어주시는 부장선생님의 수업 고민을 듣고, 다 같이 해결책을 논의해보는 시간으로 마무리되었다. 당시 부장선생님의 고민은 수업에 참여하지 않는 아이였다. 아무리 열심히 수업을 준비하고 그 아이에게 관심을 보여도, 막상 수업시간이면 그 아이는 멍하니 어떤 대답도 하지 않고 무기력하게 앉아 있었다. 그날 신규부터 베테랑 교사까지 장장 두 시간이 넘는 열띤 토의 끝에 내린 결론은 이렇다.

- 부장님 반에 가서 모두가 그 아이의 수업태도를 관찰해보자.
- 그 아이를 볼 때마다 모든 교사가 인사하고 아는 척 해보자.
- 담임교사 상담으로 그 아이가 좋아하는 것이 무엇인지 확인하고 공유하자.
- 그 아이의 작년 학교생활, 학부모와의 관계, 친구 관계를 알아보자.

두 번째 모임은 부장선생님 교실에서 이루어졌다. 부장선생님이 수요일 6교시 수업을 열어주셨고, 수업비평 동아리 교사들이 참관해 그 아이를 관찰했다. 한 교사는 그 아이의 행동 변화를 유형별로 체크했고, 어떤 교사는 수업 장면을 촬영했다. 또 다른 교사는 그 아이와 교류하는 다른 아이들의 모습에 주목했다.

학생들이 하교한 뒤 다시 모여 어떤 해결책을 제시할지 서로 궁금해 했다. 하지만 한동안 모두 말이 없었다. 한 시간의 관찰로 아이의 문제행동에 맞는 해결책을 제시하기는 무리였다. 애초에 교사들도 알았을 것이다. 차갑게 얼어붙은 분위기를 녹인 것은 교감선생님이 준비해주신 아이스크림이었다. 아이스크림 덕에 말이 아닌 마음으로 동료교

교사 365

사의 어려움을 이해하고 공감할 수 있었다. 그 후 수업비평 동아리의 활동 일부는 수다로 바뀌었다. 누가 먼저랄 것 없이 번갈아가면서 교실에서의 어려움을 쏟아내기 시작했고, 해결이 안 되더라도 서로 공감했다. 막내선생님이 대학원에 꼭 가야 하냐고 묻기도 했고, 승진이 꼭 필요한지 등 답이 뚜렷하지 않은 질문도 했다. 그냥 오늘은 너무 힘들었다는 선생님도 있었다. 앞서 언급했던 대로 예전에는 교사들이 각자의 섬인 교실에서 각자도생했다면, 전문적학습공동체는 그러한 섬을 교육이라는 공통 관심사로 이어주는 다리가 되고, 마음을 여는 열쇠가 되었다. 이제 전문적학습공동체를 통해 동료와 함께 소통하며 성장할 차례다.

공문서 처리
공문이 왔어요

교사에게는 학생지도뿐만 아니라 학생의 교육활동과 관련된 각종 공문서 작성 및 처리 능력도 필요하다. 여기에서 공문서란 행정기관 또는 공무원이 직무상 작성한 문서를 말한다. 공문서를 처리하기 위해서는 먼저 자신에게 배부된 공문을 확인해야 한다. 학교에서는 대개 교육공무직원을 통해서 공문이 접수되고 업무 담당자에게 해당 공문이 배부된다. 따라서 업무담당자는 업무관리시스템을 통해서 자신에게 배부된 공문을 확인하고 처리해야 한다. 즉, 공문의 요청내용을 파악해 요청기관에 보고나 회신하고, 업무 협조가 필요한 교사들에게 공람처리 등으로 안내해 공문을 처리한다.

만약 자신의 업무와 무관한 공문이 배정되었을 경우 담당자에게 공문 재배정을 요청할 수 있다. 또한 자신에게 직접 배부되지는 않았지만 업무 협조가 필요한 공문의 경우 공람처리가 될 수 있다. 따라서 공람

메뉴를 수시로 확인해 필요한 사항들을 꼭 확인해야 한다.

업무관리시스템이란

학교에서는 대부분의 공문을 업무관리시스템으로 처리한다. 업무관리시스템이란 행정기관이 업무처리의 전 과정을 과제관리카드 및 문서관리카드 등을 이용해 전자적으로 관리하는 시스템이다. 전자결재 업무는 기안자가 결재를 올리면서 시작되고, 기안, 결재, 공람, 발송 등 공문서처리의 전 과정이 업무관리시스템에서 이루어진다. 반면에 비전자 문서처리는 워드파일에 직접 서식을 만들어서 문서를 처리하는 방법을 말한다. 우선, 업무관리시스템에서 가장 많이 사용하는 문서 기안 과정과 그에 필요한 용어를 자세히 알아보자.

먼저 교사가 접수하고 처리해야 하는 공문은 크게 기안문과 시행문으로 나눌 수 있다. 현재 업무관리시스템에서는 시행문과 기안문을 구분해서 따로 작성하지 않고, 수신자 지정 여부에 따라 구분한다. 기안문이란 학교 내의 업무계획 및 처리에 대한 학교장의 결재를 받기 위해 작성된 문서이다. 따라서 수신자를 별도로 지정하지 않고 내부결재로 처리한다. 시행문이란 상급기관이나 유관기관에 발송할 목적으로 작성되는 문서이므로 수신처를 지정하여 작성하고 학교장의 결재가 완료되면 수신처에 발송처리한다.

공문서 기안이란?

일반적으로 학교에서 공문서를 생산해 처리하는 과정은 다음과 같다. 먼저 공문서를 처리하기 위해서는 기안자, 즉 해당 문서의 처리 담당자가 문서를 기안해야 한다. 기안이란 기관의 의견을 결정하기 위해 공문서를 작성하는 것으로 법령에 근거하거나 조사 보고 등을 통해서 요청한 자료 내용을 작성한다는 의미이다.

구체적으로 업무관리시스템에서 기안문 작성과정을 살펴보자. 먼저 문서관리에서 서식을 선택해야 한다. 대개 기안문 작성의 경우 [공용서식] 메뉴 중에서 결재4인, 협조4인으로 된 [표준서식]을 가장 많이 사용한다. 선택한 서식을 클릭하게 되면 결재정보와 본문을 입력할 수 있도록 [문서관리카드기안] 창이 열린다.

업무관리시스템에서 기안문 작성과정

문서 처리 관련 용어 정리

순	용어	뜻
1	발신명의	발신부서의 기관장명
2	발송	시행문을 수신처로 보내는 것
3	반송	수신자가 발신자에게 문서를 돌려보내는 행위
4	접수	업무 담당자에게 배분된 수신문서를 접수하는 것
5	회수	문서가 결재완료 되기 전에 기안자가 문서상신을 취소하는 것

6	반려	문서의 내용을 보완하거나 다시 검토하라는 의미로, 검토자나 결재자가 기안자에게 문서를 되돌리는 것
7	보안공유	열람이 제한된 문서를 기안자나 문서 담당자가 다른 사용자에게 문서를 열람할 수 있도록 공유시켜 주는 것
8	재지정요청	공문을 처리할 업무 담당자 또는 관리자가 잘못 지정된 경우 문서 배부 담당자에게 공문의 담당자를 다시 지정할 것을 요청

1단계: 결재정보 입력하기

　　결재정보에는 공문서의 제목, 과제카드, 업무유형, 대국민공개여부 등을 입력한다. 여기서 과제카드란 기록물을 편철하는 기능으로 공문서의 분야에 맞도록 과제카드에 편철해야 한다. 대국민공개여부에서는 공개, 부분공개, 비공개를 선택할 수 있는데 부분공개, 비공개 시 각 항목 1호부터 8호 중 정보공개 법률에 근거해 해당하는 호에 체크해야 한다. 특히 개인정보 관련 사항이 포함된 경우 6호에 해당하므로 대국민공개여부를 반드시 비공개로 설정해야 한다.

　　직원열람제한의 경우 설정안함은 진행 중인 문서를 결재경로에 있지 않은 조직원도 모두 확인 가능함을 의미하고, 결재중은 결재경로 상의 사용자만 확인이 가능하며, 영구는 결재경로상의 사용자 이외에는 영구적으로 열람이 불가하다는 의미이다.

기타보안은 문서를 외부로 무단 배포하는 것을 방지하기 위해 문서 내용을 조회하거나 결재할 때 인증서 암호를 입력해야 하거나 문서 및 첨부파일에 문서보안^{DRM}을 걸 수 있다.

2단계: 결재경로 지정하기

문서결재란 기관의 의사결정 권한이 있는 자가 그 의사를 결정한다는 의미로, 관련 용어로는 결재, 전결, 대결 등이 있다. 결재는 법령의 규정에 의해 학교장이 직접 그 의사를 결정하는 행위를 말한다. 전결은 학교장으로부터 사무의 내용에 따라 결재권을 위임받은 자(보통 교감)가 결재하는 것으로, 전결자 위에 결재자 추가가 불가능하다. 결재권 위임에 관한 사항은 각 학교별 전결규정에 따르므로 결재경로를 입력할 때 전결규정에 해당하는 사항인지 확인이 꼭 필요하다. 대결의 경우 결재권자가 휴가·출장 기타의 사유로 결재할 수 없는 때에 그 직무를 대리하는 자가 행하는 결재이며 대결한 문서 중 내용이 중요한 문서는 결재권자에게 사후보고(구두보고, 메모보고 등도 가능)해야 한다.

이외에도 협조와 병렬협조, 공석의 의미를 살펴보자. 협조란 기안문의 내용이 다른 구성원과의 업무 관련성으로 인해 해당 구성원의 협조 및 허락을 받을 필요가 있는 경우에 결재라인에 추가해 협조를 구한다는 의미이다. 협조자의 경우 의견 제시는 가능하나 문서 수정 및 반려는 불가능하다. 대체로 학교 예산과 관련된 공문의 경우 결재경로에서 행정실장은 협조자로 지정해 처리한다.

또한 협조자가 복수일 경우에는 순차적으로 승인되어야 다음 결재자에게 송부되지만, 회의 참여자들에게 회의록 결재를 요청할 경우같이 협조자에게 동시에 문서를 송부할 필요가 있을 경우에는 병렬협조를 사용한다. 필요에 따라서는 병렬협조 대신 공람으로 처리하기도 한다. 공석은 공석사유(예: 출장, 조퇴, 연가, 병가, 공가 등) 시 해당 결재자의 결재를 받지 않을 때 사용하는 방법으로, 부재 설정된 사용자를 결재선에 추가하면 대리 결재자의 문서 지정 여부에 따라 결재선이 바뀔 수 있다. 또한 부재자 결재안함 처리를 선택할 경우에 부재자가 검토자이면 결재안함으로 처리되지만, 최종 결재자인 경우에는 결재안함으로 설정되어도 반드시 결재처리를 해야 한다.

결재정보를 입력하기 위해서는 먼저 결재경로를 지정해야 한다. [결재경로지정]을 클릭해 조직도에서 결재자를 추가할 수 있다. 이때 자주 사용하는 결재경로를 '나의결재선'에 등록해 활용할 수 있다. 기안은 문서를 작성한 업무 담당자로서 결재 전 문서를 회수해 재작성이 가능하다. 검토는 중간 결재자로서 관련 부장이나 교감인 경우가 많고, 공문서의 수정과 반려가 가능하다. 결재는 최종 결재자로서 역시 공문서의 수정과 반려가 가능하다.

결재경로	공람	관련정보						
📋 결재경로						나의결재선 [1번째 결재선] ▼		결재경로지정
순번	처리방법	직위(직급)	처리자	처리상태		처리일시	본문버전	의견
1	기안	교사	이	대기			1.0	

3단계: 수신자 지정 및 공람 처리하기

수신자는 상급기관이나 유관기관에 발송할 목적으로 작성되는 시행문서의 수신처를 의미하며 학교장의 결재가 완료되면 수신처에 발송된다. 수신자를 지정하기 위해서는 [조직도]를 클릭해 소속 기관 및 부서를 수신자에 추가하면 된다. [공용그룹]은 소속기관(각 도교육청) 내에 있는 사용자 모두가 사용 가능하고 [지역그룹]은 특정기관 내 사용자만 사용할 수 있다. 타 교육청 및 지역의 공공기관(시청, 경찰서 등)을 수신자에 추가하려면 [행안부유통]을 클릭해 전자문서 유통이 가능한 정부기관의 조직도 중 해당기관을 선택하면 된다. 또한 [수기입력]을 클릭해 사용자가 수신자명 및 정보를 직접 입력할 수 있다.

공람이란 결재가 완료된 문서를 공람이 지정된 조직원이 볼 수 있도록 설정하는 것으로, 공람지정에서 [조직도]를 클릭해 소속기관 부서원을 추가할 수 있다.

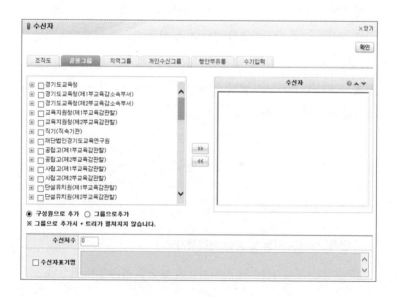

4단계: 본문 작성하기

문서의 기안, 결재, 발송, 기록물 보관까지 한 번에 관리할 수 있는 지금의 업무관리시스템 구축 전에는 전자문서시스템으로 공문서를 관리했다. 당시에 사용했던 전자문서시스템은 문서의 유통만 가능해 접수된 문서를 출력하여 파일에 편철하는 방식으로 관리해야 했고, 발송이나 내부결재를 얻기 위한 기안문은 한글이나 워드로 작성한 후 출력하여 직접 결재를 받아야 했다. 매우 꼼꼼한 교감선생님의 경우에는 기안문을 토씨 하나 놓치지 않고 확인하며 공문 작성법에 어긋나는 부분이 하나라도 있으면 결재란에 사인해주지 않기도 했다. 지금은 교감 선생님들이 공문서 작성법을 깐깐하게 고집하지 않을 뿐만 아니라 업무관리시스템에서 문서의 검토자나 결재자가 결재과정에서 문서를 수정할 수 있는 기능도 생겼지만, 기본적인 공문서 작성방법과 문서처리에 관한 용어는 숙지하는 편이 좋다. 공문서 작성법을 바탕으로 업무관리시스템에서 본문 작성하는 방법을 알아보자.

첫째, 작성하고자 하는 공문과 관련된 공문 번호를 입력한다.

1. 관련: ○○초-3484 (2019. 3. 4.)

둘째, 공문의 본문내용을 입력한다.

2. 2019학년도 5학년 1학기 학생평가 원안지(5학년 1반, 2반)를 붙임과 같이 등록합니다.

셋째, 첨부물이나 붙임 파일이 있는 경우에 본문이 끝난 다음 줄에 첨부물(혹은 "붙임")을 기재하며 첨부물이 두 가지 이상인 때에는 항목을 구분해 표시한다.

<붙임이 1개인 경우>

> 2. 2019학년도 5학년 1학기 학생평가 원안지를 붙임과 같이 등록합니다.
> 붙임 5학년 1학기 5학년 학생평가 원안지 1부. 끝.

<붙임이 2개 이상인 경우>

> 2. 2019학년도 5학년 1학기 학생평가 원안지(5학년 1반, 2반)를 붙임과 같이 등록합니다.
> 붙임 1. 5학년 1학기 5-1반 학생평가 원안지 1부.
>   2. 5학년 1학기 5-2반 학생평가 원안지 1부. 끝.

마지막으로 공문 작성 및 첨부 표시가 모두 끝나면 1자(2타) 띄우고 '끝.'을 입력한다.

필요한 공문서 검색하기

[내 문서함]-[기안한 문서]에서 내가 기안한 문서를 찾아볼 수 있다. 기안한 문서 중 이미 결재가 난 문서를 열어보면 검토나 결재받는 과정에서 발생한 문서의 수정 이력도 확인이 가능하다. 업무처리에 필요한 기결문서를 검색할 때 [문서관리]→[문서함]→[문서등록대장]에

서 검색조건, 담당자명, 문서 제목 등을 입력하면 쉽게 찾을 수 있다.

연계기안이란?

[문서관리]→[기안]에는 서식을 선택하는 [공용서식], 타 시스템(에듀파인, NEIS 등)에서 작성한 문서를 업무관리시스템에 연계해 결재를 상신할 수 있는 [연계기안], 임시 저장된 기안문을 다시 불러올 수 있는 [임시저장] 탭이 있다.

에듀파인에서 [품의서 작성]→[저장]→[결재요청]을 클릭하면 업무관리시스템과 자동으로 연동되어 결재라인 지정 및 결재 올림을 할 수 있다. 하지만 에듀파인에서 [품의서 작성]→[저장] 후 결재요청까지 하지 못하고 창을 닫은 경우에도 저장한 문서를 업무관리시스템의 [기안]→[연계기안]에서 찾아 결재올림을 할 수 있다.

에듀파인은 현재 17개 시도 교육청과 유치원부터 중등학교까지 약 2만여개의 학교가 사용하고 있는 지방교육재정시스템이다. 2008년에 시스템이 구축된 이후 오랜 사용으로 장비가 노후화되고 변화하는 제도와 정책을 반영하기 어려운 한계점을 개선하기 위해 2020년 1월부터는 사립 유치원을 제외한 학교와 공공 교육기관에서는 에듀파인과 업무관리가 통합된 K-에듀파인 시스템이 도입된다. 노후된 서버가 교체되고 기존에 에듀파인으로 처리한 재정업무와 업무관리시스템으로 처리한 행정업무가 하나로 통합되어 운영되면서 보다 쉽고 빠른 업무처리가 가능해질 것이다.

메모보고란?

　[메모보고]는 긴급한 현안 보고사항, 구두 보고사항 등을 간략하게 보고할 수 있고, 여러 수신자에게 동시에 전달 가능하며, 열람한 메모에 의견 및 답변을 제시할 수 있다는 점에서 정보 공유에 편리하다. [메모관리]에서 메모 작성 후 제목, 과제카드, 수신자 지정 등을 입력해 작성하는데, 과제카드를 등록한 메모는 기록물로 이관된다.

장학

수업을 공개하래요

떨려요~ 나의 수업을 동료선생님들이 참관하신대요

연구부장 나신규 선생님, 다음 달에 임상장학 있는 거 알고 계시죠?

나선규 임상장학이요? 네…, 알고 있지요. 열심히 준비하겠습니다.

뜬금없는 연구부장님의 전화에 많이 당황스러웠지만, 자연스럽게 넘긴 것 같다. 그런데 임상장학은 또 뭐지? 역시나 나의 구세주 우리 학년부장님께 SOS를 요청해야겠다.

부장님, 도와주세요!

강부장 나 선생님, 이번에는 무엇이 궁금하신가요?

나선규 연구부장님이 저에게 임상장학이 있다고 하셨는데, 임상장학이 무엇인지 모르겠어요. 혹시 장학사님이 오시는 건가요?

나선규 하하하, 임상장학은 여러 동료교사들이 선생님의 수업을 도

와주시는 겁니다.

나선규 수업을 도와주신다고요? 공개수업을 말씀하시는 건가요?

강부장 너무 걱정 마세요. 예전에는 공개수업을 하면 수업의 잘잘못을 알려주어 교사 개인의 성장을 지도하는 형태였는데요, 요즘은 장학의 패러다임이 많이 바뀌었답니다. 개인의 성장뿐 아니라 교육공동체 구성원의 공동체성을 바탕으로 조직이 함께 성장하는 것을 목적으로 하고 있으니 크게 걱정하실 일이 없습니다.

장학의 종류

학교마다 시기와 방법은 다르지만 교사라면 누구나 공개수업을 한다. 공개수업은 장학이라는 명칭으로 사용되기도 하는데, 매년 적게는 2~3회, 많게는 5회 이상의 공개수업을 하는 경우도 있다.

그렇다면 공개수업은 왜 하는 것일까? 장학은 초·중등교육법 제7조(장학지도) 및 동법 시행령 제8조(장학지도)에 따라 각 시·도교육청에서 훈령* 등을 제정해 장학을 실시한다. 장학의 대상 및 종류 등은 각 시·도교육청별로 상이하나 그 목적은 같다. 장학을 통해 교사의 교수, 학습 능력을 향상하고, 교사 개인의 성장뿐 아니라 교육공동체 구성원의

---

* 경기도의 경우 경기도지구장학협의회 운영규정(경기도교육훈령 제272호)을 두어 실시한다.

교사 365

장학의 종류

임상장학	장학을 담당하는 장학담당자(교장, 교감, 수석교사, 외부 장학사 등)와 교사가 일대일 관계 속에서 수업지도에 관한 문제를 해결하고 수업기술 향상을 도모하기 위해 지도, 조언하는 과정이다.
동료장학	동료 교사 사이에 교육활동의 개선을 목적으로 서로 장학하는 것이다. 통상 같은 학년 혹은 과목을 중심으로 수업의 과제 해결이나 효율적인 수업방법을 연구 및 개선하는 활동을 한다. 동료장학은 다른 장학에 비해 자율성이 크고 협동성을 기초로 한다. 강제적인 것이 아니기 때문에 융통성 있게 운영된다.
자기장학	교사 개인이 자신의 발전을 위해 스스로 계획을 세우고 이것을 실천하는 것으로 연수를 받거나, 연구회 강연회에 참여하는 것 그리고 전문서적과 관련 자료를 읽고 그것을 활용하는 것들이 이에 포함될 수 있다.
약식장학	단위학교에서 교장 혹은 교감이 짧은 시간 동안 순시나 수업참관을 통해 교사들에 대해 지도, 조언을 제공하는 활동이다.

집단지성을 기반으로 개인과 조직이 함께 성장해 더욱 잘 가르치고 학생이 잘 배우도록 하려는 목적이다.

전통적으로 장학은 장학 담당자(교장, 교감, 장학사 등)에 의한 지도·조언의 의미를 담고 있었다. 장학 담당자는 교사와의 사전 협의회에서 교사의 수업 관련 문제의식이나 고민의 해결책을 제시하고, 교사는 이를 바탕으로 수업을 설계하고 실행했다. 수업을 마치면 장학 담당자와의 사후협의회를 통해 잘된 점과 고쳐야 할 점을 지도받음으로써 한 단계 성장하는 것을 목표로 했다.

이러한 흐름은 장학을 기피하는 분위기를 조성했다. 하지만 요즘에는 장학이 지도, 조언보다는 교육 구성원이 함께 고민거리를 찾아 해결책을 모색하고, 그 결과로 동반성장할 수 있는 기회로 삼는 분위기이다. 수업에 대한 성찰과 나눔의 형식은 시·도교육청별로 다르고 학교마다 다르지만 결국 모두 교사의 성장이 최종적인 목표이다.

장학을
대하는 마음가짐

수업을 누군가에게 보여주는 것은 부담스러운 일이다. 매일 수업을 준비하고 실행하는 수업 전문가에게도 '혹시 실수하면 어쩌나?'하는 막연한 두려움이 있다. 하지만 수업의 잘된 점을 칭찬하고 잘못된 점을 바로잡아주는 기존의 상하관계Supervision 장학에서 동료교사와 함께 고민하고 해결책을 찾아보는 동료개발Staff development의 관점으로 장학을 바라보는 인식이 변하고 있으니, 장학을 수업에 대한 고민을 허심탄회하게 이야기하고 함께 더 나은 방법을 탐구해가는 과정이라고 편안하게 생각하는 자세가 필요하다.

공개수업을 혼자 열심히 준비해서 '짜잔~'하고 보여주는 마술쇼 같은 수업이라기보다는 동료교사와 함께 고민하고 해결책을 찾아가는 협력수업이라고 생각하자. 그래서 장학은 함께 고민거리를 찾고 해결책을 모색하기 위해 동학년(혹은 동교과) 단위의 사전협의회로 시작하면 좋다.

사전협의회

장학을 준비하는 교사는 먼저 과목을 선정해야 한다. 초등교사는 전 과목을 모두 가르치지만 교사 개인별로 선호하는 과목이 있기 마련이다. 과목 선정은 교사 스스로 흥미롭고 자신 있는 과목으로 선택하는 것이 좋다. 수업 준비역량이 충분하지 않은 저경력교사일수록 교사 자신이 흥미롭고 재미있는 과목이어야 수업을 준비하는 어려움이 덜하다. 과목을 선정하고 나면 학생들이 어떤 내용을 배워야 하고, 어떻게 전달해야 학생들의 배움에 효과적일지 고민해야 한다.

반 학생의 현재 상태도 진단해야 한다. 수업 목표 달성을 위한 교수방법으로 학생토론을 하려는데, 우리 반 학생들의 발표능력이 이를 뒷받침하지 못하면 해당 교수방법을 사용하기 어렵다. 반 학생들의 현 상태를 파악하는 것은 담임의 몫이지만 효과적인 교수방법을 선정할 때는 동료교사들이 도움을 줄 수 있다. 먼저 우리 학급보다 진도를 앞서 나간 학급이나 작년에 해당 과목이나 차시를 지도한 교사에게 조언을 얻자. 한 차시 중 어느 부분까지 전체 학생을 대상으로 수업을 진행하고, 모둠활동이나 개별, 짝 활동이 필요한 시점은 언제가 좋은지 등에 대한 다양한 의견을 듣고 수업을 디자인한다. 특히 집중 못하는 아이, 지나치게 산만한 아이 등 수업시간에 더 많은 관심과 지도가 필요한 아이들에 대한 조언도 함께 구하면 좋다.

수업을 진행할 때 필요한 자료 고민도 이때 해결할 수 있다. 예를 들면 인권의 중요성 및 필요성에 대한 수업을 전개할 때 "동기 유발은 어떻게 하면 좋을까?", "인권침해 사례를 동영상이나 사진으로 보여줄까?", "근간에 이슈가 된 기사를 활용할까?", "최근에 있었던 학급 내 사례는 어떨까?" 등 서로 의견을 주고받으면서 우리 학급의 상황에 적합한 수업자료를 선택하면 된다.

수업 도입부가 결정되면 주요 활동에 대한 의견도 결정한다. 다양한 인권침해 사례를 역할극으로 체험하면서 인권의 중요성을 깨달을 수 있는 활동을 제안하는 동료교사도 있을 것이고, 다양한 인권침해 사례를 조사하여 보고서를 작성하자는 의견도 있을 것이다. 꼭 교과서에 제시된 학습의 흐름에 따라 수업할 필요는 없으니 학습목표 도달을 위해 다양한 수업 전개 방식을 고민하는 것이 좋다.

수업 준비과정에서 정리 활동을 놓치기 쉽다. 아이들의 흥미를 유발해 수업에 참여시키고 학생 참여 중심의 활동으로 수업을 잘 전개한 뒤, 학생이 얼마나 학습했는지를 확인하는 정리 활동을 꼭 포함해야 한다. '잘 가르쳤으니 잘 배웠겠지'하는 생각보다는 잘 배웠는지, 배웠다면 누구는 얼마나 배웠고 누구는 어느 부분이 부족한지 확인해야 학생의 성장을 도울 수 있다. 이러한 자료는 다음 차시를 계획하기 위한 기초자료로도 활용 가능하다.

이처럼 수업 도입, 전개, 정리에 이르기까지 고민되는 지점과 그에 대한 해결책을 사전협의회에서 동료교사들과 함께 계획한다. 사전협의회는 학년부장을 중심으로 동학년교사로 구성되는 경우가 많으며 학교에 수석교사가 있다면 수석교사까지 포함될 수 있다. 물론 장학의 한 주체인 관리자도 사전협의회의 구성원이다.

사전협의회를 통해 수업 준비에 대한 고민을 나누었다면 교사는 그 내용을 정리해 수업지도안을 작성한다. 수업지도안을 작성하면서 발견한 더 좋은 의견이나 학급 현실과 맞지 않은 교수방법에 대해서 얼마든지 수정할 수 있다.

수업 진행

　지도안 작성이 끝나면 학년부장(연구부장, 수석교사 등)을 거쳐 교감의 사전결재를 득한 후에 수업을 진행한다. 수업 당일에는 참관자를 위한 의자를 마련하고 지도안을 출력해 비치하는 것이 통상적인 사례이다. 참관자가 많을 경우에는 과학실 같은 특별교실에서 수업하는 경우도 있으나 대부분은 평상시 수업과 동일한 환경에서 수업을 진행한다.

　평소와 달리 참관자가 있는 공개수업에서는 교사뿐만 아니라 학생들도 긴장하며 수업에 참여한다. 교사가 긴장한 모습을 보이면 학생들의 긴장감은 더욱 심해져 종종 경직된 분위기로 수업하는 경우도 발생한다. 교사가 참관자를 의식해 수업 과정 설명을 과도하게, 자세히 하는 경우도 있다. 공개수업은 '내가 수업을 잘하는 교사이다', '내가 준비를 이렇게 많이 했다'를 보여주기 위한 수업이 아니므로 교사 역시 평소 수업과 비슷하게 수업을 진행하는 것이 좋다.

　교사가 수업을 열심히 준비해 학생들 앞에서 잘 풀어놓으면 학생은 당연히 잘 배울 것이라고 생각하던 시절이 있었다. 당시에는 교사를 수업의 중심으로 보았다. 하지만 교사의 수업 준비보다는 학생의 수업 참여 의지(배움에 대한 의지)가 배움에 더욱 큰 영향을 미친다는 인식이 확산되면서 수업을 바라보는 관점도 변하고 있다. 배움의 중심이 교사의 교수teaching에서 학생의 학습learning으로 바뀌어야 한다는 인식을 바탕으로 학생 참여를 독려하고, 지식을 암기하기보다는 지식을 찾고 재구성하는 방법을 가르치는 등의 변화가 그것이다. 공개수업 역시 이러한 수업의 변화에 기초해 진행되어야 한다.

사후협의회

　수업이 끝나면 사후협의회 시간을 갖는다. 사후협의회는 수업의 잘된 점을 칭찬하고 고쳐야 할 부분이나 미처 고려하지 못한 사항을 짚어주어 수업자의 수업 역량을 신장시키는 것에 머무르지 않고, 사전협의회에서 구성원들과 함께 고민했던 부분을 논의함으로써 공동체가 함께 성장하고자 하는 것에 목적을 두면 더 좋다.

　사회과목을 지루해하던 A학생의 수업 참여도 향상을 위해 A학생이 좋아하는 그림 그리기 활동으로 인권의 중요성을 표현하기로 했는데 '그 결과가 어땠는지', 혹은 우리 반 학생들이 좋아하는 신체표현 활동으로 수업을 전개했는데 개념을 전달해주는 강의식 수업에 비해 '학생들의 학습 정도가 어떠했는지'처럼 사전협의회에서 구성원들과 함께 고민했던 부분에 대한 논의를 통해 공동체가 함께 성장하는 것에 목적을 두는 것이 좋다.

　수업한 교사는 자신의 수업을 되돌아보며 계획한 대로 수업이 잘 진행되었는지 성찰한다. 참관자는 참관자의 입장에서 살피며 각자 생각한 내용을 함께 나눈다. 구성원이 수업 전에 함께 고민하던 내용이 실제 수업에서 어떤 결과로 나타났는지에 대한 발견과 반성을 통해 조금씩 성장해나가는 것이 사후협의회와 장학의 목적이다.

　이처럼 장학은 혼자 고민하고 부딪히고 깨지는 과정이 아니라, 함께 만들고 성장해나가는 과정이다. 처음이라 두렵고 걱정스러운 부분과 힘든 점이 있겠지만 우리 곁에는 언제나 훌륭한 선후배교사가 있으니 장학을 동료교사와 함께 성장하는 기회로 생각하고 자신 있게 수업을 공개하는 교사가 되기를 바란다.

학부모
공개수업

임상장학, 동료장학 등의 공개수업은 교사들 사이에서 진행되는 수업으로 함께 성장하기 위한 훈련이라고 보면 된다. 하지만 현실적으로 학부모 공개수업은 교사가 성장해나가는 모습을 보여주기보다는 이미 성장한 교사의 모습을 보여주는 수업에 가깝다. 그래서 참관자인 학부모와 함께 고민하고 준비하는 과정이라기보다는 학부모에게 잘 가르치는 모습을 보여주기 위해 노력하는 수업이다. 사전협의회를 거쳐 수업을 진행하고 사후협의회를 거치는 큰 틀은 다른 공개수업과 차이가 없으나 준비하는 과정은 조금 다르다.

먼저 과목이나 차시 선정에 있어서 학생들이 내적으로 개념을 습득하고 정리하는 배움보다는, 배운 내용을 외적으로 발현하는 주제를 선정하는 것이 좋다. 대부분의 학부모는 우리 아이가 수업에 참여하는 모습을 보기 위해 학교에 온다. 따라서 새로운 지식을 습득하고 내면화하는 정적인 학습활동보다는 배운 내용을 바탕으로 자신의 배움을 표현하는 동적인 학습활동이 학부모 공개수업용으로 적당하다.

수업을 진행할 때에도 가능하면 많은 학생에게 발표의 기회를 주는 것이 좋으며, 시간적으로 여유가 없다면 모둠 안에서 발표하는 방법도 있다. 수업 내용에 대해 모둠 안에서 개인의견을 발표하고, 모둠에서 학급 전체 친구들과 함께 나누고 싶은 의견을 선정해 모둠별로 발표한다면 모든 학생이 발표의 기회를 가지면서도 시간은 효율적으로 사용할 수 있다. 물론 이러한 발표방법은 사전에 다른 수업에서 연습해보는 것이 좋다.

학부모의 역할을 참관자에서 수업 참여자로 바꾸는 것도 권장한다. 작게는 학생의 작품을 학부모 앞에서 발표하는 소극적인 참여부터 학부모와 함께 작품을 완성시키는 적극적인 참여까지 그 범위는 학생의 수준과 수업내용에 따라 결정한다. 저학년의 경우 학생이 그린 그림을 학부모와 함께 채색하는 방법을 쓰기도 한다. 고학년의 경우 부모님과 함께하는 스피드 퀴즈 등의 방법을 사용할 수 있다.

학부모 공개수업을 통해 '자녀가 학교에 잘 적응하고 있으며 앞으로도 친구들과 함께 즐거운 분위기에서 공부하겠구나' 하는, 학교에 대한 믿음을 심어줄 수 있다면 가장 좋다.

초·중등교육법 제7조(장학지도)

국가법령정보센터 - 법령 - 초·중등교육법

초·중등교육법 시행령 제8조(장학지도)

국가법령정보센터 - 법령 - 초·중등교육법 시행령

5월

가자, 떠나자,
그러려면
이것만은!

현장체험학습
안전한 체험학습 준비하기

"순식간에 버스 불타" 체험학습 간 학생 29명 극적 탈출*

5일 새벽 강원도 속초와 고성 일대로 현장체험 학습을 떠난 중학교 2학년 학생 199명을 태운 버스 3대가 불길에 휩싸였다. 차량 뒤쪽으로 옮겨붙은 불이 순식간에 버스를 집어삼킨 것이다. 다행히 학생들은 모두 대피한 상태였다. 이 불로 버스 한 대가 전소했다.

(중략)

이 버스에는 학생 29명과 교사 및 안전요원 3명이 타고 있었다. 화재 때문인지 버스 자동문도 작동하지 않았다. 운전기사는 급하게 차 문을 수동으

---

* https://news.joins.com/article/23432959

로 열었고, 학생들은 급하게 밖으로 뛰쳐나왔다. 다른 차량에 있던 교사들이 소화기를 들고 불이 난 버스로 급하게 달려갔지만, 버스는 순식간에 거센 불길에 휩싸였다.

지난 4월 강원도에 발생한 산불로 인해 인근 지역에서 숙박형 현장체험학습 중이던 학생들이 극적으로 탈출한 기사에 안도하는 한편 내게 저런 일이 생긴다면 어떻게 대처했을지, 아찔한 마음을 감출 수가 없었다. 현장체험학습을 떠났다가 예상치 못한 큰 사고로 수많은 학생과 인솔 교사가 목숨을 잃은 사건이나, 체험학습 중 발생한 응급상황에 적절하게 대응하지 못해 소송에 휘말리는 사건 이야기를 종종 들을 수 있다. 최근 들어 청와대 청원이나 SNS에서 현장체험학습에 대한 회의적인 목소리를 내는 교사들이 많아지고 있는 것도 이러한 배경에서 이해해볼 수 있을 것 같다.

그렇다고 구더기 무서워 장을 담그지 않을 수는 없다. 현장체험학습은 학교 밖에서 이루어지기 때문에 예상치 못한 변수나 사고 발생요소가 매우 큰 것은 분명하다. 하지만 현장체험학습이 아이들의 꿈과 끼를 키우고 자율성과 창의성을 함양할 수 있는 체험 중심 교육활동이라는 점과 학생 주도 교육과정 실현의 관점에서 학생들이 가장 선호하는 형태의 활동이라는 점만으로도 쉽게 대체되기 어려운 특성이 있음을 알 수 있다. 그렇다면 현장체험학습이 안전하고 유의미한 활동이 되기 위해 교사가 반드시 알아야 할 것들은 무엇이 있을까?

현장체험학습의
구분

현장체험학습은 숙박형과 당일형으로 구분할 수 있다. 숙박형 현장체험학습은 수학여행처럼 여러 장소를 오가며 실시하는 주제별 체험학습, 수련원과 같은 일정 장소에서 실시하는 숙박형 단체 활동인 수련활동, 이 둘을 제외한 기타 숙박형 현장체험학습으로 나눌 수 있다. 당일형 현장체험학습은 하루 동안 이루어지는 비숙박 체험활동 모두를 말한다.

현장학습
유형별 실천사항

다음은 현장학습을 실시하기 위해 준비할 요소들을 유형별로 분류한 표이다. 다음 실천 항목의 세부사항은 각 시·도교육청이 지침으로 삼고 있는 법령에 따라 상이한 경우가 있고, 해마다 조금씩 변경되는 내용도 있어 3월초에 근무교가 속한 시·도교육청 홈페이지에 업로드되는 당해 연도의 현장체험학습 운영 매뉴얼을 참고하면 최신 정보를 얻을 수 있다. 현장학습 업무처리 전에 아래 항목에서 시·도별로 다르게 안내하는 사항이나 학교의 자율에 맡겨진 사항은 근무 지역 교육지원청에 문의하거나 학교 자체 규정을 다시 한번 정확히 확인할 것을 권장한다.

현장학습 준비요소 유형별 분류표

구분	유형	수학여행				수련활동	기타 숙박형 현장체험 학습	당일형 현장체험 학습
		소규모 100명 미만	중규모 100~149명	대규모 150명 이상	국외 규모 무관			
1	계획 수립 (학교 교육과정 반영)	○	○	○	○	○	○	○
2	학부모 동의 여부	○	○	○	○	○	○	○
	학부모 동의 비율	70% 이상	80% 이상		90% 이상	지역별로 상이함	학교자율	학교자율
3	학생 선호도 조사	○	○	○	○	○	지역별로 상이함	지역별로 상이함
4	안전요원 배치 여부	1명 이상 배치 권장	1명 의무 배치	50명당 1명 의무 배치 (전세버스 1대당 1명 이상 배치 권장)		수련원 고용 청소년 지도사 50명당 1명 의무 배치	• 학급당 2명 (혹은 학생 25명당 2명) 권장 • 인솔자 1명일 경우 교사가 인솔 (인솔교사 안전요원 겸임 가능)	
5	활성화위원회 구성·운영	○	○	○	○	○		
6	현장답사	현장답사					1회 학교운영위원회 심의 후 학교장 판단 하에 생략 가능 단, 안전대책이 확보된 경우에 한함	
7	학교운영위원회 심의	○	○	○	○	○	○	○
8	사전교육	○	○	○	○	○	○	○
9	불참학생지도 계획	○	○	○	○	○	○	○
10	사전 컨설팅	자율 실시	신고 후 실시	○	○	○	○	○
11	사후결과 공개(탑재)	○	○	○	○	○	○	○

현장학습의 꽃이라고 할 수 있는 수학여행을 통해 각 단계별 준비사항과 주의점 등을 자세히 알아보고자 한다. 당일형 현장체험학습의 경우도 사전 준비나 여행지에서 지도할 점 등은 숙박형과 크게 다르지 않다. 안전한 현장체험학습을 위해 교사가 준비하고 실천해야 할 점들을 함께 체크해보자.

수학여행

어디로 갈까(수학여행지 선정)

국내 최다 수학여행지는 아마 경주일 것이다. 경주는 도시 전체가 박물관이라고 해도 과언이 아닐 정도로 역사적 유물이 많다. 왕릉 옆에 또 다른 왕릉이 있고, 멀지 않은 거리를 사이에 두고 박물관과 유적지들이 도시 곳곳에 산재해 있다. 6학년 교육과정에서 역사를 다루고 있다 보니 자연스레 교육과정과 연계한 수학여행 장소로 경주를 선호하게 된 점이 경주를 '핫 플레이스'로 만들었다 해도 과언이 아니다. 하지만 교육과정의 변화*와 교육 수요자의 요구 변화로 인해 수학여행지도 점차 다양화되는 추세이다.

수학여행지는 교육과정 연관성을 검토해 후보지를 선정하고 학생과 학부모의 의견 수렴절차를 거쳐 최종 결정한다. 학생과 학부모의 의

---

* 2015 개정 교육과정에서는 역사내용을 5학년 2학기에 지도한다.

견을 수렴할 때에는 두세 곳의 후보지를 대상으로 대략적인 일정과 비용 등을 함께 안내한다. 작년에 실시했던 수학여행 계획서를 참고하거나 주변 초등학교의 사례를 수집해 보면 후보지 선정에 도움을 받을 수 있다.

미리 가보기(사전답사)

수학여행지가 확정되면 교사는 선정한 도시 및 체험장소가 계획한 교육적 목적을 달성하기에 적합한지 여부를 확인해야 한다. 사전 답사는 교사만 가는 것보다 학부모 대표나 학생 대표를 동반하여 함께 점검하면 더욱 신뢰성 있는 답사 결과를 얻을 수 있다. 수학여행지에 직접 방문해서 체험 교육장소(유적지 등)를 둘러보고 이동 경로를 파악해야 한다. 여러 지역을 두루 다니는 경로라면 모든 곳을 다 가보기 힘들 수도 있다.

이럴 경우에는 안전상 확인이 필요한 곳이나 교육장소 적합성을 판단해야 하는 곳을 중심으로 가능한 범위에서 답사를 다녀오기도 한다. 수학여행은 숙박하는 경우가 대부분이기에 숙박시설에 대한 사전답사도 거쳐야 한다. 숙박시설 사전답사에서는 안전과 위생 두 가지를 반드시 확인해보아야 한다. 숙박시설 자체의 안전 상태, 학생들 이동 경로, 비상 대피로 등 인원 관리의 효율성과 안전에 관한 것은 물론 침구류 청결 상태, 화장실과 식사 공간의 위생상태 점검도 필요하다.

사전 준비

　수학여행을 가기 전에 교실에서 학생들과 준비할 일이 몇 가지 있다. 수학여행 일정을 미리 안내해 학생들 스스로 수학여행지에 대한 정보를 수집하고 여행 계획을 세울 수 있게 함으로써 수학여행의 의미와 여행을 통해 달성하고자 하는 교육 목표를 함께 확인한다. 일정별로 학생들이 수행할 미션을 제시해 학생들의 참여도를 높이며, 기행문 쓰기와 같이 교육과정 성취기준과 연계한 과제를 부여해볼 수도 있다. 방 배정, 장기자랑 준비 및 프로그램 편성도 미리 공지하고 준비하면 학생들도 더욱 좋아한다.

　사전 안전교육도 반드시 실시해야 한다. 버스 안전사고, 낙상, 문 끼임, 식중독, 성 관련 내용을 포함한 학교폭력 등 체험시설 이용이나 숙박시설에서 발생할 수 있는 다양한 사고를 예방하기 위해서 교통안전, 식품안전, 여가생활안전 같은 다양한 내용을 자세히 지도한다. 위험한 물건, 고가의 물건을 가지고 오지 않도록 하고 수학여행지에서 여러 학교 학생이 함께 체험시설을 이용하면서 발생할 수 있는 크고 작은 다툼을 예방할 수 있도록 사전 생활지도 역시 빠뜨릴 수 없다.

　교사는 사전에 인솔 교직원 및 교무실, 학생, 학부모에 대한 연락망을 점검해두어 비상시를 대비한다. 학생들이 여행지에서 혼자 다니지 않도록 2인 이상으로 모둠을 구성하고, 학생 간, 학생과 교사간 학급 비상 연락망을 공유하고 출발 전에 재확인한다.

출발 당일

출발 당일에는 학생 건강 상태를 반드시 확인하여 건강에 문제가 있는 학생은 학교에서 정한 절차에 따라 현장체험학습 참여 여부를 결정하도록 한다. 보호나 도움이 필요한 학생은 출발 전에 미리 파악해 특별관리한다.

이 외에도 음주측정기를 사용하여 운행 전 운전자의 음주여부 확인, 자동차 번호 등을 확인하여 차량 및 운전자가 계약서와 일치하는지 여부를 확인하고 차량에 비상탈출 장비와 소화기가 갖춰져 있는지도 살핀다. 버스로 이동 시 교사는 운전자와 가까운 자리에 탑승하여 운전자가 안전하게 운행하는지 지켜봐야 한다.

학창시절에 늘 버스 앞자리에 앉는 담임선생님들을 보며 모든 선생님이 하나같이 앞자리를 선호하는 점이 신기했다. 교사가 되고 나서야 선생님들에게 자리 선택권이 없다는 것을 알게 되었으니 십여 년을 넘게 선생님들의 취향을 오해한 셈이다. 혹시 선생님만 앞자리에 앉는다고 볼멘소리 하는 아이들이 학급에 있다면 친절히 설명해주자. 인솔자는 운전자 감시 및 학생 안전 지도 때문에 맨 앞자리에 앉을 수밖에 없다는 점을 말이다.

수학여행지에서

체험학습 내내 교사는 교육활동에 직접 참석해 지도하고 아이들의 건강 상태를 수시로 확인하여 언제 발생할지 모르는 사고예방에 주력해야 한다. 특히 수학여행처럼 학습을 위해 장시간 이동하다 보면 예기치 못한 상황이 발생하기도 한다. 한 학생의 급한 볼일로 인해 반 전체가 대기하기도 하며, 갑자기 아픈 학생이 생겨 예정에 없던 휴식이 불가피할 때도 있다. 이런 경우를 담임교사 혼자서 감당하기에는 물리적으로 불가능하기에 도움을 받을 수 있도록 교장, 교감, 전담교사, 학부모 등이 안전요원으로 동행한다.

수학여행은 버스를 이용해 장시간 이동하는 경우가 많은데, 태어나서 처음으로 장시간 버스를 타는 학생들의 경우에는 평소에 안 하던 멀미 증상을 보이기도 한다. 교사는 미리 멀미약을 복용하거나 챙기도록 학생들에게 안내하고 이동 중에 멀미가 발생하는 경우를 대비해 구토 봉지와 휴지, 물휴지 등도 준비한다. 멀미가 심한 학생을 버스 앞자리에 앉히고 휴게소에 들를 때마다 학생이 편안히 안정을 취할 수 있도록 배려한다.

버스에 탑승할 때에는 매번 안전벨트 착용을 상기시켜주고, 실제로 버스가 정차할 때까지 잘 착용하고 있는지 직접 수시로 확인하는 것이 매우 중요하다. 몇 해 전 체험학습을 마치고 돌아오는 길에 학교 앞 교차로 인근에서 갑자기 튀어나온 차 때문에 버스가 급정거한 적이 있었다. 학교가 보이자 다 왔다고 생각한 몇몇 아이가 별생각 없이 안전벨트를 풀고 있다 앞좌석에 얼굴을 부딪쳐 코피를 흘리기도 했다. 더 큰 사고로 이어지지 않아서 다행이었으나 아이들은 물론 내 얼굴도 사색이 되었다. 이 일을 계기로 버스 탑승 후 안전벨트 착용만 강조할 것이 아니라, 차가 완전히 정차할 때까지 절대 안전벨트를 풀지 않는 것 또한 백번 강조해도 지나치지 않음을 뼈저리게 느꼈다.

야외에서의 식사는 항상 주의 깊게 살펴야 한다. 특히 더운 날에는 준비한 도시락이 쉽게 상할 수 있기에 교사는 식사 전에 학생들에게 도시락의 냄새를 맡아 보게 하는 등의 예방 조치를 취하는 것이 좋다. 식사 후 바로 버스로 이동하기보다는 충분히 소화시킨 후 버스에 탑승할 수 있도록 식사시간을 계획하는 것이 좋다. 이동시간이 긴 경우에는 화장실을 미리 다녀오고, 이동 중에 가급적 간식을 못 먹게 하는 것도 멀미 예방에 도움이 된다.

대부분의 학교에서 비슷한 시기에 비슷한 장소로 수학여행을 가다 보니 체험장소에서 다른 학교 학생들과 함께 이동하게 되는 경우가 많다. 자칫 한눈 팔다가 일행을 놓치는 경우도 빈번히 발생하니 교사는 인원 확인에도 신경 써야 한다. 버스에서 내리고 탈 때는 매번 인원을 점검해 버스에 홀로 남겨지거나 체험지에 낙오하는 학생이 발생하지 않도록 해야 한다. 특히 여러 장소를 이동하면 자연스레 몸이 피곤해져 버스에서 잠들어버리는 경우가 많은데 안쓰러운 마음에 조금 더 자게 두는 것은 피해야 한다. 혼자 남겨진 학생이 잠에서 깨었을 때 당황하게 될 뿐 아니라 안전상 위험한 상황이 발생할 수도 있기 때문이다.

야외에 나가면 학생들은 많이 들뜬다. 평소에는 차분하던 학생들도 주변 분위기에 휩쓸려 소란스러워지거나 공공질서를 지키지 않는 경우가 많으니 박물관 같은 실내에서 지켜야 할 시설 이용 에티켓이나 공원 같은 야외에서 지켜야 할 규칙 등은 수시로 상기시켜주자.

비상시 대피방법의 지도 역시 중요하다. 앞서 예로 든 신문 기사에서 보았듯이 체험학습 중 숙박지에서 예기치 못한 자연재해나 화재 등의 사고가 발생할 수도 있다. 이에 대비해 숙박시설에 도착하여 가장 가까운 비상 계단이나 비상구에 대해 알려주고 함께 가보거나, 비상시 집합장소를 정해주어 만약의 사태에 대비할 수 있도록 한다. 수학여행에서는 동행한 교사들 간에 야간 지도 역할을 분담하여 수시로 아이들의 안전을 점검하도록 한다. 사고가 나면 가장 먼저 119에 위치와 상황을 알리고, 응급처치를 실시하며 도움을 기다린다.

수학여행을 마치며

안전하게 체험학습을 마쳤다는 안도감에 긴장이 풀려 간혹 학생들에게 귀가교육을 소홀히 하는 경우가 있다. 이런 날 아이들은 체험학습의 들뜬 마음이 가라앉지 않아 일탈할 수도 있으므로 체험학습 후 하교 전에는 안전한 귀가를 여러 번 강조해 지도할 필요가 있다.

교사와 학생 모두 수학여행을 다녀오면 한동안은 수업에 집중하기가 힘들다. 체험지에서의 교육활동 돌아보기, 체험 보고서 발표 등 여행지에서의 추억을 정리하며 조금씩 일상의 차분한 분위기로 복귀할 수 있도록 수업을 디자인하면 좋다.

안전사고 및 민원 염려로 현장체험학습에 대한 부담감이 점점 커지고 있는 것은 사실이다. 하지만 출발부터 도착까지 세심한 안전 점검과 지도로 아이들에게 단순한 여행 이상의, 평생 간직할 학창시절의 즐겁고 소중한 추억을 선물할 수 있음을 기억하면 좋겠다.

6월

하루하루
계속되는
묵묵함

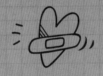

학교안전공제회
아이가 다쳤어요

학교에서 학생들이 가장 많이 가는 공간은 도서실과 보건실이다. 보건수업 때문에 보건교사 대신 보건실에서 있으면 학생들이 많이 온다. 최근 학교안전공제회에서 발표한 2018년도 사고 발생 통계자료에 따르면 초등학교 학생들이 많이 다치는 시간은 주로 체육시간과 점심시간이었고, 장소로는 운동장, 체육관, 교실 등이라고 한다. 학교에서는 이곳저곳에서 지속적으로 사건, 사고가 일어나고, 다양한 증상으로 아픈 친구들이 보건실을 찾는다.

최근에 학생체력측정 중 심장마비로 쓰러진 학생을 교사가 심폐소생술로 살렸다는 기사가 있었다. 다행스러운 동시에 교사에게 안전사고에 대처할 수 있는 역량이 필요함을 상기시킨 사건이었다. 모든 교사는 의무적으로 매년 4시간의 응급처치교육을 받는다. 매번 똑같이 연수받지만, 누구나 실제 상황에 맞닥뜨렸을 때 제대로 해낼 수 있을까 하는 두려움이 있을 것이다.

학교에서 안전사고가 발생했을 때 환자의 위급 정도에 따라서 담임교사가 어떻게 조치해야 하는지와 학교에서 발생한 사고를 학교안전공제회에 접수하고, 요양급여를 청구하는 절차와 방법에 대해 알아보자.

우리 학교 핫 플레이스, 보건실

교실에는 아픈 학생이 많다. 진짜 아픈 학생, 교실을 벗어나고 싶어 아픈 학생, 보건선생님이 좋아서 아픈 학생, 보건실에 가고 싶어 아픈 학생 등이 있다. 자연스럽게 보건실에 가겠다는 학생도 많다. 그래서 보건실은 학교의 '핫 플레이스'다.

교사도 이런 학생들의 마음을 알고 있기에 보통은 잘 다녀오라고 하지만, 학생의 상황을 제대로 알지 못하고 보건실 방문을 막아 학부모 민원이 생기는 경우도 종종 있다. 진짜 아픈 학생이었는데 얼굴에 병증이 나타나지 않으니 꾀병이라 단정 짓고, 보건실에 보내지 않은 것이다.

그렇다면 수업시간에 자주 보건실에 가겠다는 학생은 어떻게 하면 좋을까? 대개 처음에는 학생들의 상태를 직접 확인하고, 증세가 눈으로 확인되는 학생에 한해서만 보낼 것이다. 하나 의료지식이 충분하지 않은 입장에서의 지레짐작은 큰 오판을 일으킬 수 있다. 그래서 학생을 보건실에 보내고, 의학적 판단과 이후의 상황은 보건선생님의 몫으로 남기는 편이 옳다.

가끔씩 학생 포화로 보건선생님에게 전화가 오기도 한다. 학생의 말만 듣고 보건실에 보내기보다는 가급적 증세를 확인한 후 보냈으면 한다는 취지의 이야기다. 그래도 의료지식이 전무한 교사가 학생의 상황을 정확히 판별하기는 어렵다. 담임교사가 예단하지 말아야 한다.

어지러움을 느끼거나 거동이 불편한 학생은 시간적 여유가 된다면 교사가 대동하고, 수업 중일 때는 부축해줄 학생을 지정해 보건실로 안내해야 한다. 또한 아이 혼자 보건실로 갔다면 보건교사에게 우리 반 학생이 잘 도착했는지 확인해야 한다. 교실과 보건실 사이에서 학생이 사라지는 일이 없도록 관심을 가져야 한다.

환자 상태가 위급하거나 중한 외상일 때

위급한 상황에 처한 학생을 발견하거나 관련된 소식을 들으면 교사는 지체 없이 보건교사에게 연락하고, 환자를 보호하며 주위를 정리해야 한다. 특히 환자 주변에 모인 학생들을 교실로 이동시키고, 보건교사가 올 때까지 보호, 관찰해야 한다. 다만 환자의 상황이 위급하다고 판단되면 교사는 응급처치연수에서 배운 심폐소생술을 지체 없이 실시해야 한다. 또한 보건교사가 도착하면 보건교사를 도와 응급조치를 실시한다. 보건교사는 환자에게 응급조치를 실시하면서 환자의 상태에 따라 바로 119에 신고하고, 담임교사에게 연락한다.

연락 받은 담임교사는 환자가 있는 곳으로 이동해 보건교사에게 환자의 상태를 확인한 후 학부모에게 환자의 상황과 이송에 대해 안내해야 한다. 환자가 이동할 때 더 위급하다고 판단되면 119 구급차로 서둘러 이송하고, 보건교사와 담임교사는 구급차에 동승해야 한다. 자동차로 빨리 이동하는 게 환자에게 더 도움이 된다고 판단되면 매 학기 초 학교에서 지정한 응급상황 시 환자의 이송을 위한 환자이송차량으로 병원에 이송하면 된다. 학교 차량으로 이동 시에 보건교사는 혹시 모를 상황에 대처해야 하므로 운전을 해서는 안 된다.

이런 상황은 모두가 교직 평생 맞닥뜨리지 않길 바란다. 하지만 만일에 벌어질 수 있는 상황에 대비해 정확하게 알고 대처할 준비는 필요하다. 매 학년 초에 학생 개인별 응급상황 발생 시 처치 동의서를 받아서 담임교사와 보건교사가 관리한다.

위급 상황은 아니지만
학생이 다쳐 병원에 가야 되는 경우

학교에서 환자가 발생하면 위급 상황이 아닌 경우에는 보건교사에게 학생의 상태를 검진받고, 조치를 따른다. 보건교사가 현재 위급 상황은 아니나 병원에 가야 한다고 판단하면 담임교사는 학부모에게 전화해 학생의 현재 상태와 병원 진료의 필요성을 알리고, 학부모를 호출하여 학생과 함께 병원에 갈 수 있도록 안내한다. 또한 병원에 가지 않아도 되는 경미한 부상도 학부모에게 바로 알리면 좋다. 학부모는 친절하면서도 자세한 정보를 제공하는 담임교사를 신뢰한다.

경기도교육청 환자 관리 매뉴얼

구 분		환자 상태가 위급하거나 중한 외상인 경우	환자 상태가 위급하지 않으나 병원으로 이송해야 하는 경우	비고
상 황		- 기도폐쇄, 호흡곤란(1분에 30번 이하 시) - 맥박이 약하거나 없을 때 - 출혈이 심한 경우 - 의식불명이나 개방골절인 경우 - 응급수술을 요하는 경우 등	- 경미한 부상 - 염좌, 단순골절이 의심될 때 - 고열, 단순외상 등	
절 차	보건교사	• 보건실 → 보건교사(담임교사) → 교감 → 교장보고 • 보건교사의 응급처치 후 119 또는 다른 이송 방법 모색 (병원 구급 차량, 교직원 차량 등) • 편안한 자세, 기도유지 및 척추 손상에 유의	• 응급처치 후 담임교사에게 통보	
	담임교사	• 보건실 → 담임교사 → 학부모 연락 → 환자 상태, 이송병원	• 학부모에게 연락해 적절한 병원으로 이송토록 안내 (의료기관 선택은 학부모 의사에 따름)	
	이송	• 보건교사(반드시 동행) 및 담임교사가 함께 이송 (※보건교사 부재 시 학교 보건업무 대행자를 지정해 업무를 대행하도록 한다.) • 보건일지에 기록	• 학부모에게 인계 • 학부모가 연락되지 않거나 올 수 없는 경우 담임교사가 이송함을 원칙으로 한다. (소규모학교: 담임교사가 수업 중 또는 부재 시 보건교사가 이송)	
	이송차량	• 교직원 차량, 119, 병원응급차량 (※교직원 차량인 경우 이송 시 이송도중 안전사고 발생예방을 위해 응급처치를 실시하는 사람은 차량운전을 하지 않는다.)		
치료비		• 학부모와 연락되어 동행할 경우에는 학부모가 지불하고, 학부모와 연락이 안 될 경우에는 후불로 처리한 후 학부모에게 연락 • 안전공제회 해당 시 담임교사는 교내 안전공제회 담당자에게 공제회 신청: 교내 안전공제회 담당자가 해당 여부 확인 후 안전공제회와 협의해 지급 처리 (상해 및 개인적으로 발생한 건은 제외) • 지불 능력이 없거나 생활보호대상자인 경우 학생 복지비에서 지출		
이송경비		• 환자 후송 시 동행 교직원(응급처치자 및 차량 운전자)에 대해서는 반드시 출장처리하고 기록 • 후송경비가 출장비를 초과할 경우 학생 복지비에서 지출		

기 타	• 보건교사가 출장 등 기타 사유로 부재 시 학교보건업무(보건실 등)는 지정된 학교 보건업무 대행자가 담당한다. • 응급을 요하는 경우 119에 연락한 후 종합병원으로 이송한다. • 응급환자 이송 및 진료기록은 후송 즉시 기록하도록 한다. (사건의 날짜, 시간, 장소, 사고 현황, 환자상태, 응급처치내용 등을 육하원칙에 의거 구체적으로 기록) • 관리자는 출장 교직원(특히 학교 교직원 차량으로 이송)에 대해서는 교문을 떠남과 동시에 출장 처리가 되도록 조치해 이송 도중 안전사고로 인한 교직원의 피해를 최소화한다.

학생이 병원 진료를 받으면 교사는 학부모와 지속적으로 연락해야 한다. 아무리 경미한 부상이라도 자식이 병원 진료를 받으면 부모는 몹시 불안하기 때문이다. 이런 때에 담임교사가 따뜻하게 위로하고 지속적인 관심을 보이면 그 불안이 조금은 가라앉을 것이다.

아이가 병원 진료를 마치고 나면 교사는 학부모에게 학생안전공제회에 대해 안내해야 한다. 자칫 오해를 살 수 있으니 "병원비 줄게요" 같은 발언은 하지 않도록 하자. "학생들이 다친 경우에 실손보험처럼 적용되는 국가보험이 있으니 치료를 마친 이후에 전체 치료비 영수증을 첨부해 교사에게 주거나 안전공제관리공단으로 보내면 된다"고 안내한다.

공제회는 학생의 권리이므로 혹시라도 기분이 상하지 않게 안내해야 한다. 소소한 치료더라도 학교에서 다친 경우에는 모두 학교안전공제회 지급 대상이므로 꼭 안내해 학부모와 학생에게 경제적, 정신적 도움이 될 수 있도록 한다.

가해학생이
있어요

학생 여럿이 함께 활동하다가 우발적으로 다치는 경우가 많다. 활동 중에 아무 의도 없이, 불가항력적으로 친구를 상처 입히기도 한다. 이때 의도성이 없는데다 불가항력적인 경우였기 때문에 별 문제가 없다고 생각하면 섣부른 판단이다. 피해와 가해의 경계가 애매하지만, 어쨌든 다친 학생의 입장에서는 다른 학생 때문에 다쳤다고 생각하니까 말이다.

다친 학생의 학부모에게만 상황을 설명한 뒤 "제가 더 살펴야 하는데 그러지 못해 죄송하다"라고 이야기하고 마무리되었다고 생각하면 다음 날 아침, 기분 나쁜 목소리로 제기된 민원을 받을 것이다. 우리 아이는 이렇게 다쳤는데, 왜 다치게 한 친구의 부모가 연락하지 않느냐, 다치게 한 학생의 부모는 알고 있느냐며 교사에게 따지는 경우가 부지기수이다. 언뜻 보면 과할 수 있지만, 부모 입장에서 생각해보면 당연한 요구이다. 이럴 경우에는 어떻게 하면 좋을까?

다친 학생의 안전을 확인하고 다친 학생의 학부모에게도 안내했다면, 다음 단계로 함께 활동하다 다치게 한 친구의 부모에게 전화해서 상황을 설명하고, 다친 학생의 학부모에게 위로 전화를 부탁하는 것이 좋다. 다행스럽게도 대부분 학부모님은 전화로 상황을 설명하면, 다친 아이의 학부모님 전화번호를 달라고 요청하는 경우가 많다. 인지상정인 것이다. 그런데 이럴 경우 개인정보보호법에 따라서 상대방 학부모에게 전화번호를 바로 알려서는 안 된다. 다친 학부모에게 전화를 드려 상대방 학부모님께서 전화번호를 알려달라고 하는데 알려줘도 되는지 동의를 구한 후에 알려주어야 한다.

아이의 부상은 매우 민감한 일이다. 크게 다쳤건 작게 다쳤건. 특히나 안경이 부러지거나 휴대폰 액정이 깨지는 등 재산 피해가 있을 때는 더 민감해진다. 교사가 중재하는 것이 좋지만, 어렵다면 부모님끼리 해결하도록 하는 것도 좋다. 상황에 따라 해법은 다르지만 조금만 더 배려심을 가져달라고 요청하는 것이 교사의 마지막 역할이지 싶다.

선생님, 안전공제회 신청해주세요

요즘은 교사보다 학교 시스템을 잘 아는 학부모도 많다. 학부모 커뮤니티의 활성화 덕분이다. 과거에는 대부분 크게 다쳐 치료비가 많이 드는 경우라야 학생안전공제회를 신청했고, 1회 병원 진료로 마무리되는 치료는 학교안전공제회에 신청하지 않는 게 일반적이었다.

요즘은 다르다. 학교에서 친구와 활동하다 작은 상처가 나서 학교안전공제회까지는 안 가도 된다고 생각했는데 학부모에게 먼저 "학교안전공제회 신청해주세요"라는 말을 들으면 꽤나 당황스럽다. 보건교사의 도움을 받아 신청하면서 '내가 먼저 학교안전공제회를 설명했더라면 좋았을 텐데' 하는 아쉬움이 남을지도 모른다.

또한 학생 외에도 교사도 해당되며, 학부모가 인솔자로 현장체험학습을 가다가 다쳐도 학교안전공제회 급여대상이 된다. 학부모가 교육계

획에 따라 교사 대신 지도할 것을 학교장에게 요청받고 현장체험학습
에 동행하던 중 발생한 사고도 학교안전공제회에서 보상받을 수 있다.

사건 접수

「학교안전사고예방 및 보상에 관한 법률」에 따르면 '학교 담당자는
학교안전사고가 발생한 때에는 이를 지체 없이 공제회에 통지해야 한
다'. 여기서 '지체 없이'는 정상적인 업무에 필요한 시간을 넘기지 않고
통지해야 함을 뜻한다. 통상 사건 발생 후 7일 이내를 의미한다. 그 후
에 사건을 접수할 경우에는 학교장의 사유서를 첨부해야 한다.

그러나 현실적으로 모든 사고를 통지하는 것은 일선 학교의 행정적
부담을 가중하는 측면이 있으므로 보건실 등에서 간단히 치료해 종결
된 경우, 의료기관에서 치료를 받지 않아도 될 경우, 향후 공제회에 보
상 청구를 하지 않을 것이 확실한 경우, 교육활동 중 발생한 사고가 아
닌 지병의 경우 등은 통지하지 않아도 된다.

학교안전공제회 공제급여관리시스템 사이트(http://www.schoolsafe.
or.kr)에 접속해 학교별 아이디, 비밀번호 입력하여 로그인한 후에 사고
통지를 클릭하고, 사고내용을 입력한다. 입력이 완료되면 사고통지서를
출력해 내부결재한 후 보건교사에게 사고통지서를 제출하고, 보건교사
가 사고접수를 클릭하면 사건이 접수된다.

학교 안전사고 통지 흐름도

사고통지 흐름도	업무처리
① 사고발생	- 사고통지 대상인 사고(「학교안전사고예방 및 보상에 관한 법률」 제44조 제2항 및 「공제급여지급기준」 제4조) • 교육활동 중에 발생한 학교 안전사고일 것 • 의료기관의 치료가 필요한 사고 또는 사망사고일 것
② 시스템 접속	- 공제급여관리시스템(www.schoolsafe.or.kr) 로그인 - 학교별 아이디 및 비밀번호 입력
③ 통지서 작성·결재 후 공제회 통보	- 통지서 작성 후 출력해 학교장 내부결재 후 보관 - 내부결재 후 사고현황/사고통지목록 화면의 통보 버튼으로 전산 통보
④ 문서상태 확인	- 미통보: 공제회에 통보하기 전 상태로서 삭제, 수정 가능 - 미접수: 공제회 접수 전 상태로서 삭제, 수정 가능 - 보완: 공제회가 서류 보완을 요청한 상태로서 사유 확인(사유 버튼) 후 수정 가능 - 접수: 공제회가 접수를 마친 상태로서 공제급여청구 가능(수정, 삭제 불가능) - 반려: 공제회가 반려한 상태로서 사유 확인(사유 버튼) 후 조치 ※ 사유버튼: 사고현황/사고통지목록 화면의 사유 버튼을 클릭하면 보완 또는 반려사유 확인 가능
⑤ 공제회 접수	- 사고통지가 접수되지 않은 상태에서는 공제급여 청구 불가

공제급여 청구

학생이 정기적으로 치료를 받는 중이거나 치료를 마쳤거나 사망한 경우, 사고통지서를 학교안전공제회에 인터넷으로 접수한 후에 공제급여 청구가 가능하다. 공제급여관리시스템(www.schoolsafe.or.kr)에 접속해 공제급여청구서를 작성하고 출력한다. 다친 학생의 치료가 끝나면 학부모에게 다음의 서류를 제출받아 보건교사에게 제출하라. 교사가 사전에 학부모에게 전화하고, 문자로 서류를 안내해주면 좋다. 공제급여청구서에 학부모의 서명을 받아 아래 서류를 첨부해 시·도 학교안전공제회로 우편으로 보내면 마무리된다.

공제회 청구 시 첨부할 문서

- 공제급여청구서(청구자 서명 혹은 날인)
- 치료 영수증 원본(사본 시 원본대조필)
- 청구자 은행통장 사본
- 진단서(50만 원 초과 시)
- 주민등록 등·초본(50만 원 초과 시)

치료비는 전액 지급되는 경우도 있지만 학교안전공제회 심사에서 감액되어 지급되기도 한다. 학교안전공제회에서 지급하기로 결정된 공제급여는 청구서 작성 시 기재한 청구자(학부모)의 은행계좌로 송금된다. 학교에 급여제공에 대해 통지가 되면 보건교사가 담임교사를 통해 학부모에게 안내하거나, 보건교사가 직접 학부모에게 안내한다.

치료비 외에도 장해급여, 유족급여, 간병급여를 받을 수 있다.

공제급여는 치료비 외에 사고로 인해 장해가 발생할 때 장해급여도 받을 수 있다. 장해급여는 담당의사의 장해진단서를 첨부해 청구하면 되고 장해급여의 보상 범위는 국가배상법에서 정한 장해보상금과 위자료이다.

유족급여는 학교 안전사고 피해자가 이로 인해 사망한 경우 보상하는 공제급여의 일종이다. 유족급여의 보상 범위는 국가배상법에서 정한 유족보상금과 위자료이다.

간병급여는 요양급여를 받은 학교 안전사고 피해자가 치료 후에도 의학적으로 상시 또는 수시로 간병이 필요한 경우 보상하는 공제급여다. 간병급여의 보상범위는 간병이 실제로 행해진 날에 대해 월 단위로 지급한다. 다만 의료기관에서 치료 중인 경우는 해당하지 않는다.

공제급여 청구 흐름도

공제급여 청구 흐름도	업무처리
① 치료 후 (치료 중) 청구서 작성	- 공제급여 청구/사고조회 또는 사고통지목록 화면에서 해당 사고에 대한 청구서 작성 - 작성 시 해당사항을 빠짐없이 입력

② 출력 및 결재	- 작성 후 청구서 출력해 학교장 결재
	  • 학교장 직인
	  • 청구인 서명 또는 날인
	- 첨부서류
	  • 공제급여청구서(학교장 직인 날인)
	  • 의료비영수증 원본(사본제출 시 원본대조필 날인)
	  • 처방전을 첨부한 약제비 영수증
	  • 청구권자 은행통장 사본(학부모 또는 대리인 명의)
	  • 진단서(50만 원 초과 시 해당)
	  • 주민등록 등·초본(50만 원 초과 시 해당)

③ 우편발송	- 내부결재한 공제급여청구서는 자체보관 - 학교장 직인을 날인한 공제급여청구서를 첨부서류와 함께 관할 시·도 공제회로 발송
④ 상태확인	- 미접수: 공제급여 지급 심사 시작 이전 - 접수: 공제급여청구서 접수 및 공제급여 지급심사 시작 - 결재완료: 공제급여 지급 심사 완료 후 지급 전 - 결정완료: 공제급여 지급 완료 ※ 미접수 상태에서만 수정 가능
⑤ 공제회 지급결정	- 학교에 대한 통지: 공제급여결정통보서 - 학부모(청구인)에 대한 통지: E-mail 또는 SMS

관련 규정

학교안전공제회 공제급여관리시스템 사이트

http://www.schoolsafe.or.kr

7월

D-1을
기다리는
마음

학기 말 성적처리
NEIS를 넘어 방학으로

연예인의 생활기록부

모 연예인의 초등학교 시절 성적이 공개되어 화제가 된 적이 있다. 교사는 해당 연예인에게 '참여는 하나 지능이 낮음', '소견이 좁고 경솔하며 나이에 맞는 행동을 못함'같이 학생의 개별적인 특성을 구체적으로 적어주었다. "재미있다", "선생님이 참 정확하시다"같이 긍정적으로 바라보는 의견이 있는가 하면, 평생 기록으로 남는 생활기록부에 너무 안 좋은 내용을 적은 것이 아니냐는 지적도 있었다.

학생의 단점을 직접적으로 기록하는 것이 아이의 성장을 위해 독이 되는지, 약이 되는지에 대한 고민은 여전히 딜레마다. 그러면 생활기록부를 어떻게 작성할까? 이번 장에서는 학교생활기록부 작성 방법을 알아보자.

교사는 한 학기 동안 학생의 성장을 기록으로 남겨야 한다. 이 기록은 다음 학기(년) 교육을 위한 기초자료가 되며 해당 학생의 성장과정을 담은 귀중한 자료가 된다. 교사는 어떤 내용을 입력해야 할까? 가장 먼저 떠오르는 것은 학업에 관한 내용이다. 그뿐만 아니라 학생의 교우관계, 품행 등 정의적인 영역도 입력해야 한다. 이러한 입력 내용은 지역이나 교사별로 차이가 있으면 안 되기에 우리나라에서는 법령으로 그 내용을 정한다.

학교생활기록부 작성 근거

학교생활기록부 작성은 정해진 법령을 따른다.

초·중등교육법 제25조에서는 학교생활기록과 관련해 입력할 항목 및 관리 방법을 정한다. 입력할 항목에 관한 세부내용은 초·중등교육법 시행규칙 제21조에서 안내하며, 그 작성과 관리에 관한 세부사항은 학교생활기록 관리 및 작성지침(교육부훈령 제288조)으로 제시한다. 이를 바탕으로 각 시·도교육청에서는 지역 실정을 고려해 학업성적관리 시행지침을 개발해 일선 학교에 안내한다.

초·중등교육법 제25조에 의해 교사는 인적사항, 학적사항, 출결사항, 자격증 및 인증 취득상황, 교과학습 발달상황, 행동특성 및 종합의견, 그 밖에 교육목적에 필요한 범위에서 교육부령으로 정한 사항 등 총 일곱 항목을 교육정보시스템으로 작성·관리해야 한다.* 교육정보시스템 중 하나가 교육행정정보시스템, 일명 NEIS^{National Education Information} System이다.

항목별로 어떤 내용을 입력해야 하는지에 대한 자세한 정보는 초·중등교육법 시행규칙 제21조 2항(교육부령으로 정하는 사항에 관한)에서, 이와 관련해 필요한 사항은 학교생활기록 작성 및 관리지침(교육부훈령)을 따로 규정해 자세히 안내한다.

넌 누구냐?(인적·학적사항)

성명은 성과 이름 사이에 공백을 두지 않으며 성별과 주민등록번호는 주민등록등본**에 나온 내용과 일치해야 한다. 전입생의 경우에는 새로운 주소를 누가기록해야 하고, 정정대장을 사용하지 않고 교육정보시스템의 [누가주소등록] 탭을 활용해 입력한다. 대부분의 인적사항은 1학년 담임교사가 꼼꼼하게 입력해놓기에 2~5학년 담임교사는 주소를 제외하고는 크게 신경 쓸 부분이 없다. 다만 졸업을 앞둔 6학년의 경우에는 담임교사가 마지막으로 확인, 점검하는 의미에서 유심히 살펴야 하고, 전출입생의 경우에는 새로운 담임교사가 확인하는 것이 좋다. 이외에 재취학, 편입학, 정원 외 학적관리, 귀국학생 등의 학적처리, 한국학교 전출입처리, 북한이탈주민학생 전출입처리, 학력 인정 외국교

---

* 교육정보시스템으로 개발된 프로그램에는 NEIS, 업무관리시스템, 에듀파인 등이 있다.
   (출처: 「신규교사 NEIS 업무 매뉴얼」, 경기도교육정보기록원, 2019)
** 외국인의 경우에는 외국인등록증을 기준으로 입력한다.

■ 인적 · 학적사항		
❶ 학생정보	성명 :　　　　　성별 :　　　　　주민등록번호 : 주소 :	
❷ 학적사항	년　월　일　□□초등학교 제1학년 입학(　년　월　일 전출) 　년　월　일　○○초등학교 제2학년 전입	
❸ 특기사항		

육기관·국제학교 전출입처리, 외국교육기관 전출입처리, 소년원학교 등 학적처리, 아동학대·가정폭력 피해학생의 취학지원 및 비밀처리, 기타 학적처리 등과 같이 특별한 상황에 관한 내용도 제공한다.*

상을 탔어요(수상경력)

수상경력은 재학 중 학생이 교내에서 수상한 경우에만 입력하며 교외상은 입력하지 않는다. 학년대회를 거쳐 전교대회에서 입상하는 경우와 같이 동일한 작품이나 내용으로 수준이 다른 상을 여러 번 수상한 경우에는 최고 수상경력만 입력한다.

자동봉진(창의적 체험활동상황)

창의적 체험활동 자율, 동아리, 봉사, 진로 등 영역별로 활동결과를 누가기록한다. 2019년부터 창의적 체험활동에 대한 이수시간은 입력하지 않고 '특기사항'만 입력한다. 누가기록을 바탕으로 '특기사항'란에 학

---

* 2019학년도 2~6학년의 경우 변경 전 서식을 활용해 기재하되 인적사항의 가족상황과 특기사항은 추가로 입력하지 않는다.

학년	❶창의적 체험활동상황	
	영역	❷특기사항
	❸자율활동 ❹동아리활동 ❺진로활동 ❻안전한생활	

학년	❼ 봉사활동 실적				
	일자 또는 기간	장소 또는 주관기관명	활동 내용	시간	누계시간

생의 활동실적, 진보의 정도, 행동의 변화, 특기사항 등과 같은 성장 결과를 문장으로 입력하되, 개별적 특성이 드러나지 않는 활동 실적의 단순한 나열식 입력은 지양하며 학급임원 활동기간같이 정량적인 기록이 가능한 부분은 정량적으로 입력한다.

자율활동·동아리활동·안전한 생활의 특기사항은 개별적인 특성이 잘 드러나도록 구체적인 문장으로 통합해 진술하되 교육과정에 계획된 영역의 누락을 주의하고 진로활동 영역은 따로 구분해 입력한다.

자율활동 활동 결과에 대한 평가보다는 활동과정에 대한 개별적인 내용을 입력한다. 자치활동, 행사활동, 적응활동 등이 특기사항의 입력 대상이 된다.

동아리활동 참여도, 협력도, 열성도, 활동실적 등을 참고해 실제적인 활동과 역할 위주로 입력한다. 정규 교육과정으로 편성되지 않은 동아리활동은 여러 동아리에서 활동할 수 있으나 기재 동아리 개수는 학년당 하나만 허용하고 객관적으로 확인 가능한 사항(동아리명, 동아리 설명 등)만 입력한다. 자율동아리는 학기 초에 구성할 수 있으며 학기 중에 구성된 경우에는 입력하지 않는다. 학교스포츠클럽 관련 내용도 동아리에 입력한다.

진로활동 '특기사항'란에 다음과 같은 내용을 참고해 실제적인 활동과 역할 위주로 입력한다. 특기·진로희망과 관련된 학생의 자질, 학생이 수행한 노력과 활동, 이를 돕기 위한 학교와 학생이 수행한 활동과 결과, 학생·학부모 진로상담 결과, 학생의 활동 참여도, 활동 의욕, 태도의 변화 등 진로활동과 관련된 사항 등이다.

안전한 생활 학교에서 배운 안전수칙과 예방 행동을 일상생활 속에서 실천하는 태도 및 기능, 자기관리 역량, 공동체 역량, 지식정보처리 역량의 함양 정도를 참고해 구체적으로 입력한다. 아울러 실생활 속에서 안전한 생활을 실천하고 습관으로 이어질 만한 수업을 설계해 평가하고, 그 결과를 서술형으로 기록한다.

봉사활동 실적은 학교교육계획에 의해 실시한 봉사활동과 학생 개인계획에 따른 봉사활동을 구체적으로 입력한다. 이때 학생 개인계획에 의한 봉사활동은 학교장의 승인을 거쳐 입력하며 '일자 또는 기간'의 시작일과 종료일이 같은 경우에는 시작일만 입력한다. '장소 또는 주관기관명'은 '학교' 또는 '개인'으로 구분하며 '활동내용'란에는 간단한 문장으로 구체적인 봉사활동 내용 또는 제목을 입력한다. 청소년단체에서 실시한 봉사활동은 '개인'으로 관련 사항을 입력하고 동아리활동으로 실시한 봉사활동 실적은 입력하지 않는다.

국어성적, 수학성적(교과학습 발달상황)

교과학습 발달상황은 학생평가결과의 입력을 의미하며, 학생의 수업 참여태도와 노력, 교과별 성취기준에 따른 학습목표 성취를 위한 자기주도적 학습에 의한 변화와 성장 정도를 중심으로 기재한다. '세부능력 및 특기사항'에는 학생들의 특성을 보다 구체적으로 기술하며 학생들의 교과특성은 교사가 수시/상시로 기록한 내용을 중심으로 교과의 전 영역을 종합적으로 기술한다. 초등학교 1, 2학년 '바른 생활', '슬기로운 생활', '즐거운 생활' 교과는 세 교과의 성취기준을 바탕으로 학생의 성취수준을 종합해 기록한다.

영재교육, 발명교육과 관련한 이수내용은 영재교육기관에서 수료한 영재교육 관련 교과의 '세부능력 및 특기사항'란에 입력한다.* 교과학습 발달상황의 '세부능력 및 특기사항'에 입력이 불가한 항목도 있다. 공인 어학시험(토플, 토익, 텝스 등) 성적, 각종 교내·외 인증사항, 교내·외 대회 관련 사항, 논문(학회지), 도서 출간, 발명특허 등이 그것이다. 이 내용은 학교생활기록부 전체를 대상으로 어떠한 곳에도 입력할 수 없다.

■ 교과학습발달상황

학년	교 과	세부능력 및 특기사항
		❶

---

* 영재교육진흥법 시행령 제36조 제1항·제2항
  발명교육의 활성화 및 지원에 관한 법률 시행령 제10조 제2항·제3항

학교생활 전반에 대한 의견(행동특성 및 종합의견)

'행동특성 및 종합의견'란에는 행동 발달상황을 포함한 각 항목에 기록된 자료를 종합해 학생을 총체적으로 이해할 수 있도록 담임교사가 문장으로 입력한다. 이를 위해 교사는 학생의 학교생활에 대해 지속적인 누가기록을 실시하며, 학생의 장단점은 누가기록된 사실에 근거해 기록하되 단점을 입력하는 경우에는 변화 가능성을 함께 기록한다.

학생이 학교폭력으로 인해 학교폭력대책자치위원회에서 결정한 조치사항이 있는 경우에는 조치 결정일자와 함께 결정 즉시 입력하며 졸업과 동시에 정해진 절차에 따라 삭제한다.

종합의견은 학기를 구분해 입력할 수 있으며, 학기별로 입력할 경우에는 '(1학기)', '(2학기)'와 같이 직접 입력한다.

학기(년) 말 NEIS 작업이 마무리되면 정확한 내용이 입력되었는지 확인하는 절차가 필요하다. 보통의 경우 학년에서 동학년 교사와 교차 검토한 후 결재라인에서 2차, 3차 검토를 진행한다. 매 학년 종료 이후 당해 학년도 이전의 학교생활기록부 입력자료는 정정을 원칙적으로 금지*하기에 매 학년마다 NEIS 입력작업은 신중히 해야 한다. 그럼에도 추후 객관적인 자료를 바탕으로 자료를 정정할 경우에는 다음과 같은 절차에 따른다.

■ 행동특성 및 종합의견	
학년	❶ 행동특성 및 종합의견

* 학교생활기록 작성 및 관리지침 제19조(자료의 정정) 제1항

학교생활기록부가 틀렸어요(자료의 정정)

학교생활기록부의 입력내용에 대한 책임은 자료 입력 당시의 사용자에게 있으며, 정정은 오류를 발견한 당해업무 담당학급 담임교사가 한다. 학교생활기록부 정정대장 작성 시 정정사항의 오류내용, 정정내용, 정정사유는 구체적으로 입력해 정정내용을 쉽게 파악할 수 있도록 해야 한다.*

학교생활기록부 정정대장은 학년도 단위로 작성, 관리하며 교육정보시스템에서 전자결재 후 학기 중에는 전자문서로 관리하다가, 매 학년 말 처리가 종료되면 출력해 증빙서류와 함께 준영구 보관한다.

일련번호	정정연월일	정정 대상자			정정 사항				결재 및 입력확인			
		학년도·학년·반·번호 (졸업대장번호)	성명	항목	오류내용 (정정 전)	정정내용 (정정 후)	정정사유		담임 (담당)	담당부장	교감	교장
2018-1	2018.04.21.	2018년 4학년 2반 24번	김태준	인적·학적 사항	성명 '김태준'	김형준	개명					

*「2019 학교생활기록부 기재요령」(교육부, 2019)

방학에는 집에서 일한다(원격업무지원서비스-EVPN 신청)

우리가 사용하는 교육정보시스템은 보안상의 이유로 학교 이외의 곳에서는 접속이 불가능하다. 하지만 근무지 외 온라인 환경에서도 NEIS, 에듀파인, 업무관리시스템 등에 접속이 필요한 경우가 종종 발생한다. 학교를 제외한 공간에서 교육정보시스템을 사용하려면 원격업무지원서비스EVPN*를 신청하면 된다.

원격업무지원서비스로 들어가 '신규' 버튼을 클릭하면 하단에 사용자 정보 입력창이 활성화된다. 자동입력된 사용자 이름을 확인하고 사용기간**을 선택한다. 접속그룹은 자동선택된 '업무포털'을 확인한 다음 '보안서약서' 버튼을 클릭한다. 팝업창을 통해 보안서약서가 보여지

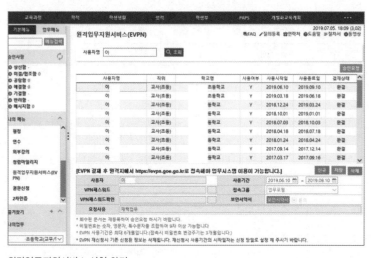

원격업무지원서비스 신청 화면

---

* NEIS-기본메뉴-원격업무지원서비스

면 내용을 확인한 뒤 하단의 '동의'를 선택한다. 창이 사라지면서 동의 여부에 체크표시가 생긴다. VPN 패스워드를 입력하고 요청사유를 기입한 다음 '저장' 버튼을 누르면 신청내역이 저장된다. 신청내역이 저장된 후에는 우측 상단의 '승인요청'버튼이 활성화된다. '승인요청' 버튼을 눌러 상신한다. 결재자는 각 학교의 결재규정에 따라 선택한다.

결재가 완료되면 각 근무지 이외의 장소에서 접속할 수 있는데 접속주소는 시·도교육청마다 상이하다.

시·도교육청별 EVPN 주소

시·도교육청	EVPN 주소	시·도교육청	EVPN 주소
서울시교육청	https://evpn.sen.go.kr	충청남도교육청	https://evpn.cne.go.kr
경기도교육청	https://evpn.goe.go.kr	충청북도교육청	https://evpn.cbe.go.kr
인천광역시교육청	https://evpn.ice.go.kr	대구광역시교육청	https://evpn.dge.go.kr
대전광역시교육청	https://evpn.dje.go.kr	경상남도교육청	https://evpn.goe.go.kr
세종특별자치시 교육청	https://evpn.sje.go.kr	경상북도교육청	https://evpn.gne.go.kr
광주광역시교육청	https://evpn.gen.go.kr	울산광역시교육청	https://evpn.gbe.go.kr
전라남도교육청	https://evpn.jne.go.kr	부산광역시교육청	https://evpn.pen.go.kr
전라북도교육청	https://evpn.jbe.go.kr	제주자치도교육청	https://evpn.jje.go.kr
강원도교육청	https://evpn.kwe.go.kr		

원격업무지원시스템에 접속해 개인 NEIS ID와 원격업무지원서비스 신청 시 설정한 VPN 패스워드로 로그인한다. 로그인하면 익숙한 인증

** 원격업무지원서비스 사용기간은 최대 6개월(180일)이다.

서 선택창이 뜨는데 인증서를 선택한 후 인증서 비밀번호를 입력하면
접속 가능한 그룹이 보인다. '업무포털'을 선택하면 우리에게 익숙한 업
무포털 메인화면에 접속할 수 있다.

원격업무지원시스템 접속 화면

인증서 선택창 화면

초·중등교육법 제25조(학교생활기록)

국가법령정보센터 - 법령 - 초·중등교육법

초·중등교육법 시행규칙 제3장 제1절 (학교생활기록)

국가법령정보센터 - 법령 - 초·중등교육법 시행령

학교생활기록 작성 및 관리지침

국가법령정보센터 - 행정규칙 - 학교생활기록 작성 및
관리지침

복무

근태가 뭐죠

나신규 부장님, 청원처럼 교육공무원 41조 연수가 없어지면 우리는 방학 때 근무해야 하나요?

강부장 선생님, 설사 41조 연수가 없어진다 하더라도 선생님에게는 법적으로 보장된 연가가 있습니다. 또한 방학에 연수받고, 학교에서 업무를 처리하는 시간과 연가를 합한다면 기존 방학과 별 차이가 없을 수도 있습니다.

나신규 그런데 왜 교사의 41조를 가지고 뭐라고 하는 거죠?

강부장 아마도 교사의 근무상황에 대한 정보가 부족해서일 겁니다.

나신규 교사의 근무상황은 다른 공무원과 다른가요?

강부장 아이들을 가르치다 보니, 학기 중에 선생님의 권리가 오히려 제약되고 있는 것이 사실입니다. 제가 자료를 정리해서 보내드릴 테니 확인해보세요.

매년 방학 즈음이 되면 언론에서는 교사 때리기를 반복한다. 과거에는 교사의 근무시간을 두고 말이 많았다. "왜 교사만 9시에 출근해서 5시에 퇴근하느냐. 일반 공무원처럼 6시까지 근무해라"는 주장이었다. 이 주장은 "교사가 점심시간에 학생을 방치하고 한 시간 동안 근처 식당에 가서 밥 먹고 학교를 비워도 된다는 말이냐"는 말로 일단락되었다.

요즘에는 "방학은 교사들 해외여행가는 기간이다", "방학 때 근무도 하지 않으면서 월급 받는다" 등이 주요 내용이었다. 최근에는 민원제기 시류에 맞게 대통령 청원에 '교육공무원 41조 연수 폐지'라는 청원이 등장했다. 교사에게도 익숙하지 않은 교육공무원 41조 연수 폐지 청원이 언론의 먹잇감이 되었다.

최근에 회자되는 말 중에 "교사가 미칠 만하면 방학하고, 학부모가 미칠 만하면 개학한다"는 말이 있다. 이 말만큼 교사라는 직업과 현재 학생들의 상황을 정확하게 대변하는 말은 없지 싶다. 위 청원의 내용처럼 정말 교직은 환상적인 곳일까? 차라리 비판만큼 환상적인 곳이면 좋겠다는 자조감이 들 때도 있다.

최근 교육공무원 41조 연수가 회자되면서 41조 연수가 진짜 어떤 것인지에 궁금해하는 교사가 많아졌다. 특히 신규선생님은 더더욱 그렇다. 방학 때는 근태와 상관없이 자유롭게 생활할 수 있다고 생각했는데 그게 아니었다고 실망하는 사람도 있다. 교사의 근무상황은 교사가 아닌 일반 공무원과 일반인이 이해하기는 어려운 점이 많다. 대부분의 교사도 신규 때 연가, 공가, 조퇴, 외출, 41조 연수, 특별휴가에 대해 정확하게 알지 못한다. 왜냐하면 그것을 활용할 일이 거의 없거나 학년부장이 시키는 대로 올리기 때문이다. 정확하게 알아야 자신의 권리를 찾고 서로의 불편함을 덜 수 있다. 하나씩 알아보자.

교사의 휴가

교사는 국가 공무원이다. 따라서 교사의 휴가 또한 「국가 공무원 복무규정」 및 「국가 공무원 복무·징계 관련 예규」에 따라 실시되어야 한다. 그런데 교사의 업무 특수성으로 인해 교사의 휴가는 「교원휴가에 관한 예규」에 따라 특별하게 관리된다. 왠지 특별대우해주는 것 같은 느낌이지만, 실체를 들여다보면 다른 공무원에 비해 권리를 침해받고 있음을 알 수 있다. 예를 들어 일반 공무원은 자신이 개인사정이나 업무를 보기 위해 필요한 시간에 연가를 쓸 수 있지만, 교사는 수업 중 연가 사용을 제한받는다.

교사의 휴가는 「교원휴가에 관한 예규」에 따르면 '학교의 장이 일정한 사유가 있는 교원의 신청 등에 의해 일정기간 출근의 의무를 면제해주는 것으로, 연가·병가·공가·특별휴가를 총칭한다'라고 정의한다. 휴가기간 중의 토요일 또는 공휴일은 그 휴가 일수에 산입하지 아니한다. 다만 연가를 제외한 휴가 일수가 30일 이상 계속되는 경우에는 그 휴가 일수에 토요일 또는 공휴일을 산입한다.

> **제3조(휴가의 정의)** 휴가라 함은 학교의 장이 일정한 사유가 있는 교원의 신

청 등에 의해 일정 기간 출근의 의무를 면제해 주는 것으로, 연가·병가·공가·특별휴가를 총칭한다.

1. 연가: 정신적·신체적 휴식을 취함으로써 근무 능률을 유지하고 개인생활의 편의를 위해 사용하는 휴가

2. 병가: 질병 또는 부상으로 직무를 수행할 수 없는 경우 또는 감염병에 걸려 다른 교직원, 학생 등의 건강에 영향을 미칠 우려가 있을 때 부여받는 휴가

3. 공가: 교원이 일반국민의 자격으로 국가기관의 업무수행에 협조하거나 법령상 의무의 이행이 필요한 경우에 부여받는 휴가

4. 특별휴가: 사회통념 및 관례상 특별한 사유(경조사 등)가 있는 경우 부여받는 휴가

연가

나신규 부장님, 신규교사연수 때 연가일수가 대폭 늘어서 좋을 거라고 이야기 들었습니다. 연가는 원하는 때에 쓰면 되는 거죠?

강부장 글쎄요. 저도 아직 학기 중에 연가 내본 경험이 없어서요. 그런데 이번에 교육공무원 휴가 예규가 바뀌면서 학기 중 연가를 낼 수 있는 사유를 정확하게 제시했다고 합니다. 해당 사유를 찾아 보내드리겠습니다.

연가는 공무원이 정신적, 신체적 휴식을 취함으로써 근무 능률을 유지하거나 개인 생활의 편의를 위해 사용하는 것을 말하며, 일반 직장에서는 연차라고 부른다. 분명 법적인 근로자의 권리이며 경력에 따라서 법적으로 연가를 낼 수 있는 일수가 정해져 있다. 하지만 교사의 연가는 일반 공무원의 연가와는 차이가 있다. 심지어는 일반 공무원과 다르게 「교육공무원휴가예규」라는 것을 두어 엄격하게 연가를 통제한다. 그나마 다행스레 최근 개정(2019.1.1.)으로 신규로 입직하는 공무원의 연가가 대폭 늘었고, 교원들의 연가 사용 사례를 구체적으로 제시해 사용근거 또한 마련했다. 일반 직장인은 연가를 사용하지 않으면 보상비를 받기 때문에 연가를 아끼기도 하고, 모아서 징검다리 휴일에 쓰기도 한다. 이에 반해 교원은 연가를 사용하지 않더라도 연가보상비를 받지 못한다.

다시 말해 교사는 수업일에 사유 없이 연가를 사용할 수 없다. 아무리 법적으로 사유를 쓰지 않아도 되고 연가 사용을 권유한다고 해도, 교사는 등교하는 아이들을 지도해야 하는 특수성 때문에 실질적으로 특별한 사유 없이는 사용이 어렵다. 그나마 몇 가지 특수한 경우에 사용할 수 있다는 이야기다. 기타 '상당한 이유가 있다고 소속 학교의 장이 인정하는 경우'의 해석이 분분하다. 제약받는 권리를 방학이라는 제도로 위안받는데, 이젠 그마저도 논란이 되는 듯하다. 일부 교사들은 차라리 41조 연수를 폐지해 방학 때도 근무하고, 학기 중에 해당 연가만큼 사용을 보장하며, 또한 연가보상비를 지급해달라라고 요구하기 시작했다.

연가일수는 재직기간, 즉 근무경력에 따라 다르다. 또 근무경력에 따라서 발령동기라 하더라도 연가일수는 다를 수 있다. 발령 전 일반 공무원경력, 사립학교 근무경력, 군경력을 재직기간에 포함하기 때문이다.

연가일수는 재직기간에 따른 연가일수와 연가 가산으로 결정된다. 연가 가산은 전년도 연가를 모두 사용하지 않으면 1일, 병가를 내지 않으면 1일로 총 2일이다. 교원(연도 중 퇴직예정자 제외)에게 연가일수가 없거나 당해 재직기간의 잔여 연가일수를 초과하는 휴가 사유가 발생하면 그다음 해의 연가일수를 다음 표에 따라 미리 사용할 수 있다.

연가일수

재직기간	연가 일수	미리 사용 가능 연가일수	재직기간	연가 일수	미리 사용 가능 연가일수
1개월 이상 6개월 미만	11일	3일	3년 이상 4년 미만	15일	8일
6개월 이상 1년 미만		4일	4년 이상 5년 미만	17일	10일
1년 이상 2년 미만	12일	6일	5년이상 6년 미만	20일	
2년 이상 3년 미만	14일	7일	6년이상	21일	

연가 안에는 반일 연가, 조퇴, 외출, 지각이 포함되어 있다.

연가는 오전 또는 오후의 반일 단위로 승인할 수 있으며 반일 연가 2회는 연가 1일로 계산된다. 조퇴는 근무 중 개인 사유로 중간에 퇴근하는 것, 외출은 근무 중에 잠시 근무지를 비운 후에 다시 복귀하는 것을, 지각은 늦게 출근하는 것을 의미한다. 지각·조퇴 및 외출, 지참은 누계 8시간을 연가 1일로 계산한다.

교사가 연가, 지각, 조퇴나 외출하고자 하는 때에는 NEIS 시스템의 복무에서 근무 상황을 작성하고 사전에 소속 기관장의 허가를 받아야 한다. 다만, 불가피한 사유로 사전에 허가받지 못한 경우에는 사후에 가능한 빨리 허가받아야 한다. 또한 NEIS 접속이 불가능한 경우에는 교무실로 연락하여 대리 신청도 가능하다.

병가

『교사는 아프면서 간다』(유경한, 한솜미디어, 2007)라는 책이 교사들 사이에 공감을 얻었다. 예전부터 학생들은 죽지 않을 정도면 학교에는 가야 한다는 통념이 있을 만큼 학교는 반드시 가야 하는 곳이었다. 이 것은 교사에게도 마찬가지다. 웬만큼 아파서는 결근이라는 단어도 떠 올리기 힘들다.

병가는 모든 근로자의 권리이다. 다행히도 병가만큼은 교사와 일반 공무원의 처우가 같다. 그런데 아플 때에도 병가를 쓰지 못하는 교사가 많다. 우리 반 아이들을 다른 교사에게 맡겨야 한다는 부담감과 민폐 를 끼친다는 미안함 때문이다. 현장에서 누군가가 병가를 내면 본인의 반과 전혀 상관없는 반과 학년의 교사가 수업을 대신해야 한다. 이런 문 제 때문에 교사는 아플 때도 병가를 쓰기 쉽지 않다.

교원의 병가는 일반 공무원과 똑같은 규정을 따른다. 병가는 병으 로 말미암아 발생하는 휴가로, 유급휴가이다. 병가는 크게 공무상 병가 와 일반 병가로 구분한다. 교사가 근무 중에 다치면 공무상 병가라고 해 '공상'이라고 불리며 이런 경우에는 최대 180일까지 병가를 사용할 수 있다. 모든 진료비는 공무원연금관리공단에서 보상받을 수 있다.

병가 흐름도

단 계	병가 기간	학교 복귀가 안 될 때	
일반 병가	60일 (추가 연가사용 가능)	병휴직	1년 이내 (1년 연장)
공무상 병가	180일	공상휴직	3년 이내

다만 공무상 질병으로 인정받기 위해서는 해당 사유에 대한 서류를 작성해 공무원연금관리공단에 공무상재해로 승인받아야 한다. 학교에서 교육활동 및 근무지에서 발생한 질병 및 상해에 대해서는 공무상재해로 인정받을 수 있다. 단, 최근 승인 사례를 보면 학교 행사라고 해서 모두 승인되는 것은 아닌 듯하다. 예를 들어 학교 대항 친목 배구대회에서 발목 상해를 공무상 재해로 봐야 하는지에 대한 민원이 공무원연금관리공단에 많이 접수되었다. 해당 대회의 성격 및 참여자의 역할에 따라서 승인 여부가 달라 서류를 작성해 제출해봐야 알 수 있다.

일반적인 병가 처리는 다음 규정과 같다. 병가는 연가일수에 반영되지 않지만 병가일수인 60일(공무상 질병은 180일)을 초과하는 경우에는 연가로 처리해야 하며, 그래도 학교에 복귀가 어려운 경우에는 병휴직을 사용해야 한다. 최근에 방학하기 전 병가를 사용하고, 방학 중에는 41조 자율연수를 신청하고, 다시 개학한 후 병가를 사용하는 경우가 있어 관리자 및 당사자가 징계를 받은 적이 있다. 질병이 회복되지 않은 경우에는 방학 중에도 병가를 사용해야 한다.

공가

공가는 교원이 일반 국민의 자격으로 국가기관의 업무수행에 협조하거나 법령상 의무의 이행이 필요한 경우에 부여받는 유급휴가 제도이다. 공가의 사항에 해당하더라도 그 기간은 학교의 장이 승인해야 한다.

학교에서 공가를 사용하는 사례를 살펴보면 예비군 훈련 참가, 공무로 인하여 국가기관(법원, 검찰, 경찰 등)에 소환되었을 때, 법률에 따라 투표에 참여할 때, 승진 및 전직 시험에 응시할 때, 원격지 발령으로 부임할 때, 건강검진 및 결핵검진을 받을 때, 헌혈에 참여할 때, 외국어능력에 관한 시험을 응시할 때, 국가 행사에 참여할 때, 천재지변 및 교통차단 등의 사유로 출근이 불가능할 때, 노동조합 관련 행사에 참여할 때 등이 있다. 공가에 관한 자세한 사항은 국가공무원 복무규정에서 확인할 수 있다.

특별휴가

교사의 특별휴가는 국가 공무원 복무규정에 따른 특별휴가와 교권 침해에 따른 회복을 지원하는 특별휴가로 구분할 수 있다.

국가 공무원으로서 특별휴가는 경조사에 따른 휴가, 출산휴가, 여성보건휴가, 모성보호시간, 육아시간, 수업휴가, 재해구호휴가, 유산 및 사산휴가, 난임치료휴가, 포상휴가, 자녀돌봄휴가가 있다.

교사로서 받는 특별휴가인 교권 침해에 따른 특별휴가는 「교원의 지위 향상 및 교육활동 보호를 위한 특별법」에 따라 교육활동 침해의 피해를 받은 교원에 대해서는 피해 교원의 회복을 지원하기 위한 5일의 범위에서 특별휴가를 부여할 수 있다.

경조사휴가

경조사휴가는 소속공무원의 경조사가 있는 경우 해당 공무원이 신청하면 아래 기준에 따라 발생한다. 휴가일수에는 휴일이 포함되지 않으며, 휴가는 연속해서 사용해야 한다. 단, 본인 결혼 및 배우자 출산휴가의 경우에는 그 사유가 발생한 날부터 30일 이내의 범위에서 사용 가능하나 마지막 사용일이 30일 범위 내에 있어야 한다. 사망으로 인한 경조사휴가의 경우 그 사유가 발생한 날 또는 그다음 날에 휴가를 사용할 수 있다.

경조사별 휴가 일수표

구분	대상	일수
결혼	본인	5
	자녀	1
출산	배우자	10
입양	본인	20
사망	배우자, 본인 및 배우자의 부모	5
	본인 및 배우자의 조부모·외조부모	3
	자녀와 그 자녀의 배우자	3
	본인 및 배우자의 형제자매	1

비고: 입양은 「입양촉진 및 절차에 관한 특례법」에 따른 입양으로 한정하며, 입양 외의 경조
사휴가를 실시할 때 원격지일 경우에는 실제 왕복에 필요한 일수를 더할 수 있다.

출산휴가

출산휴가는 출산 전의 건강이나 후 아기의 발육을 안전하게 보장하기 위해 임산부에게 제공되는 유급휴가이다. 임신 중인 교사는 출산 전과 후를 통해 90일(한 번에 둘 이상의 자녀를 임신한 경우에는 120일)의 출산휴가를 가질 수 있다. 다만, 출산 후 휴가기간이 45일(한 번에 둘 이상의 자녀를 임신한 경우에는 60일) 이상이 되어야 한다. 휴가기간의 배치는 의료기관의 진단서에 의한 출산예정일을 기준으로 하되, 조산의 우려 등 특별한 경우에는 예외를 둘 수 있다.

다만 아래의 경우에 출산휴가를 신청하는 경우에는 출산 전 어느 때라도 최장 44일(한 번에 둘 이상의 자녀를 임신한 경우에는 59일)의 범위에서 출산휴가를 나누어 사용할 수 있다.

1. 임신 중인 공무원이 유산(「모자보건법」 제14조 제1항에 따라 허용되는 경우

외의 인공임신중절에 의한 유산은 제외한다. 이하 제3호를 제외하고 같다)·사산
의 경험이 있는 경우

2. 임신 중인 공무원이 출산휴가를 신청할 당시 연령이 만 40세 이상인
경우

3. 임신 중인 공무원이 유산·사산의 위험이 있다는 의료기관의 진단서를
제출한 경우

또한 임신 중 심한 입덧이나 부작용 등으로 안정이 필요한 경우에
는 일반 병가를 신청할 수 있다.

여성보건휴가

생리기간 중 휴식과 임신한 경우의 검진을 위해 매월 1일의 여성보
건휴가를 받을 수 있다. 다만, 생리기간 중 휴식을 위한 여성보건휴가
는 무급으로 한다. 휴가 중에서 유일하게 무급으로 휴가를 받을 수 있
으나 연가일수에서 공제된다.

모성보호시간

임신 중인 여성 공무원은 1일 2시간의 범위에서 휴식이나 병원 진
료 등을 위한 모성보호시간을 받을 수 있다. 모성보호시간 사용 시 하
루 최소근무시간은 4시간 이상이 되어야 하며, 최소근무시간을 충족하
지 못한 모성보호시간 사용은 연가로 처리된다. 또한 모성보호시간은

근무일에 출근을 전제로 하는 육아시간과 중복해 사용할 수 없다.

육아시간

5세 이하의 자녀가 있는 공무원은 자녀를 돌보기 위해 24개월의 범위에서 1일 최대 2시간의 육아시간을 받을 수 있다. 학교에서의 업무 및 공무수행의 필요성 등을 고려하여 학교장이 승인한다. 따라서 학교 사정 및 업무를 고려하지 않고 무조건 신청하기보다는 사전에 조율이 필요하다.

육아시간의 24개월은 월 단위로 산정(해당 월에서 육아시간을 최초로 사용한 날로부터 1개월이 되는 날까지를 1월 사용한 것으로 봄)해 공제하며, 해당 월 내의 육아시간 사용에 대한 신청과 승인은 일旦 단위로 최대 일주일까지 1일 2시간 범위 내에서 할 수 있다. 자녀가 만 6세에 달한 날旦에 남아있는 육아시간은 소멸되며, 만 5세 이하의 자녀가 2명 이상인 경우에는 자녀 1인당 각각 사용할 수 있으나, 동일한 날旦에 중복해 사용할 수 없다.

최초 육아시간을 신청할 때에는 자녀의 출생증명서 또는 주민등록등본을 첨부해 신청해야 한다. 또한 근무시간은 늦게 출근하거나, 일찍 퇴근 또는 근무시간 중 모두 사용이 가능하다. 육아시간 사용 시에는 시간 외 근무를 할 수 없으며, 시간 외 근무 사용 시에 육아시간은 연가로 변경해야 한다.

수업휴가

한국방송통신대학교에 재학 중인 공무원은 「한국방송통신대학교 설치령」에 따른 출석수업에 참석하기 위해 제15조의 연가일수를 초과하는 출석수업 기간에 대한 수업휴가를 받을 수 있다. 다만 본인의 법정연가일수를 먼저 사용한 후 부족한 일수에 한해 수업휴가를 인정받을 수 있다.

재해구호휴가

풍해, 수해, 화재 등 재해로 인해 피해를 입은 공무원과 재해지역에서 자원봉사를 하고자 하는 공무원은 5일 이내의 재해구호휴가를 받을 수 있다.

사산휴가

행정기관의 장은 소속 여성 공무원이 유산하거나 사산한 경우 해당 공무원이 신청하면 다음의 기준에 따라 유산휴가 또는 사산휴가를 주어야 한다. 다만, 인공임신중절수술(모자보건법 제14조 제1항의 규정에 의한 경우는 제외)에 의한 유산의 경우는 휴가를 부여하지 않는다.

1. 임신기간이 11주 이내인 경우: 유산하거나 사산한 날부터 5일까지

2. 임신기간이 12주 이상 15주 이내인 경우: 유산하거나 사산한 날부터 10일까지

3. 임신기간이 16주 이상 21주 이내인 경우: 유산하거나 사산한 날부터 30일까지

4. 임신기간이 22주 이상 27주 이내인 경우: 유산하거나 사산한 날부터 60일까지

5. 임신기간이 28주 이상인 경우: 유산하거나 사산한 날부터 90일까지

난임치료휴가

인공수정 또는 체외수정 등 난임치료시술을 받는 공무원은 시술 당일에 1일의 휴가를 받을 수 있다. 다만, 체외수정시술의 경우 여성 공무원은 난자 채취일에 1일의 휴가를 추가로 받을 수 있다.

포상휴가

행정기관의 장은 소속 공무원이 국가 또는 해당 기관의 주요 업무를 성공적으로 수행해 탁월한 성과와 공로가 인정되는 경우에는 10일 이내의 포상휴가를 줄 수 있다. 포상휴가 사유 발생일로부터 3개월 이내에 포상휴가를 실시하고, 나눠서 사용할 수 없다. 탁월한 성과의 기준은 다음과 같다.

- 「상훈법」에 따른 훈장·포상을 받은 때
- 「정부 표창 규정」에 따른 국무총리 이상의 표창을 받은 때

- 「모범공무원 규정」에 따른 모범공무원으로 선발된 때
- 그 밖에, 대외적으로 국가 또는 당해 기관의 명예를 선양한 때, 창안·제안 등을 통해 행정능률 향상에 기여한 때, 중앙행정기관의 장의 표창을 받은 때 등 당해 기관의 장이 구체적인 사실에 근거해 탁월한 성과와 공로가 있다고 인정한 때

자녀돌봄휴가

자녀가 있는 공무원은 다음 각 호의 어느 하나에 해당하는 경우 연간 2일의 범위에서 자녀돌봄휴가를 받을 수 있다. 자녀 한 명당 2일이 아니라 전체 일수가 2일이다. 다만 자녀가 3명 이상인 경우에는 3일의 휴가를 사용할 수 있다.

자녀돌봄휴가는 시간 단위로 분할해 사용할 수 있다. 예를 들어 자녀의 입학식, 졸업식, 학예회, 운동회, 참여수업, 학부모 상담 등에 참석할 수 있으며 자녀돌봄휴가 승인 시 관련 증빙서류(학부모 알림장, 가정통신문 등)를 승인자가 요청할 수 있다.

1. 「영유아보육법」에 따른 어린이집, 「유아교육법」에 따른 유치원 및 「초·중등교육법」 제2조 각 호의 학교(이하 이 항에서 "어린이집 등"이라 한다)의 공식 행사에 참여하는 경우
2. 어린이집 등 교사와의 상담에 참여하는 경우
3. 자녀의 병원 진료(「국민건강보험법」 제52조에 따른 건강검진 또는 「감염병의

예방 및 관리에 관한 법률」 제24조 및 제25조에 따른 예방접종을 포함한다)에

동행하는 경우

출장

출장은 상사의 명에 의해 정규 근무지 이외의 장소에서 공무를 수행하는 것을 말하며, 공무와 무관한 사항을 출장처리하면 안 된다. 출장은 근무지 내 출장과 근무지 외 출장, 공무국외출장으로 구분한다.

근무지 내 출장은 특별시와 광역시를 포함한 동일시와 군 및 섬(제주특별자치도 제외) 안에서의 출장 또는 여행거리가 12킬로미터 미만인 출장을 말한다. 여행거리가 12킬로미터를 넘더라도 동일한 시, 군 및 섬 내의 출장은 근무지 내 출장에 해당한다. 단, 섬 밖으로의 출장은 같은 시, 군이라도 근무지 외 출장으로 보나 육로와 교량으로 연결된 같은 시, 군의 섬은 근무지 내 출장에 해당된다.

근무지 외 출장은 특별시와 광역시를 포함한 동일시와 군 및 섬(제주특별자치도 제외) 밖으로의 출장이고 여행거리가 12킬로미터 이상인 경우를 뜻한다.

공무국외출장은 공무의 수행이나 그 밖에 직무와 관련해 국외에 파견되거나 출장·부임하는 경우를 말한다.

일반적으로 교사는 주로 근무지 내, 근무지 외 출장이 많으며, 공무국외출장은 흔하지 않다.

출장과 초과근무수당, 함께 받을 수 있나요

휴일이나 주말에 학생들을 인솔해 체험학습이나 청소년단체활동을 하면 출장비와 초과근무수당이 나온다. 그런데 같은 지역임에도 불구하고 출장비와 초과근무수당을 모두 받는 학교와 둘 중 하나만 받는 학교가 있다. 과연 무슨 차이 때문일까?

공무원 보수 등의 업무지침에 따르면 출장기간 중의 초과근무는 원칙적으로 인정되지 않는다. 다만 국내출장의 경우 시간 외 근무수당, 야간근무수당 및 휴일근무수당은 원칙적으로 지급할 수 없으나, 출장의 목적상 필연적으로 시간 외 근무의 발생이 예상되는 경우 시간 외 근무명령에 따라 출장 중 또는 출장 후 「국가 공무원 복무규정」 상의 근무시간 외에 근무한 자에게는 「공무원보수 등의 업무지침」에 따라 시간 외 근무수당을 지급할 수 있다.

출장비와 초과근무수당은 서로 다른 개념이다. 출장비는 업무상으로 지출한 개인 경비를 실비보상의 개념으로 지급하는 것이고, 초과근무수당은 업무시간 외의 근무를 보상하는 인건비성의 경비이다.

학교의 경우에는 교육과정과 관련 있는 숙박형 체험학습, 주말 학생 인솔 및 지도의 경우 시간 외 근무수당 지급이 가능하다고 해석한다. 규정의 앞부분만 보고, 행정실에서 엄격하게 해석해 지급하지 않고, 교사에게 열정페이를 바라는 것은 분명 납득하기 어려운 지점이 있다. 청소년단체활동, 주말 체험활동이 학교 교육과정과 관련 없는 일이라면 교사의 몫인지 다시 생각해볼 필요가 있다.

출장비 지급

출장비는 출장에 사용한 금액에 대한 실비 변상의 개념으로 지급되며, 비과세이다. 출장비의 기본규정은 있으나 학교의 예산사정에 따라 지급할 수 있으며, 지급 여부에 대해서는 학교규정에 따르고 있다. 모든 학교가 통일된 금액을 지급하지 않음을 알아야 한다. 이후 설명은 일반적인 규정에 따른 금액이며, 학교에 따라 차이가 있다.

근무지 내 출장은 일비만을 지급하며, 출장시간에 따라 4시간 미만인 경우에는 1만 원, 4시간 이상 시에는 2만 원을 지급한다. 근무지 내 출장이라고 하더라도 왕복 2킬로미터가 되지 않는 거리는 출장비를 지급하지 않으며, 교통비 등 출장에 필요한 경비가 지출되었을 시에만 증빙자료를 첨부해 지급을 요청할 수 있다.

근무지 외 출장비의 경우에는 식사비, 일비, 운임(교통비), 숙박비를 지급하고, 식사비는 일 2만 원으로 별도의 신청 없이 지급된다.

일비는 2만 원으로 여행일수에 따라 지급하되, 공용차량을 이용하는 경우에는 2분의 1을 감액해 지급한다. 예를 들어 현장체험학습에 학교에서 임차한 버스를 타고 간 경우에는 일비는 1만 원만 지급한다.

운임(교통비)의 지급범위는 버스요금 및 KTX 일반실 요금을 기본으로, 자가용으로 이동 시에는 톨게이트 영수증이나 주유영수증을 첨부하더라도 대부분 버스요금만 제공한다.

숙박비는 실제 사용한 금액 영수증을 첨부해야 하고 숙박 지역에 따라 차등을 두어 인정한다. 아래의 국내여비 지급표를 참고하면 된다. 학교에서 제1호에 해당하는 사람은 교장이며, 나머지 직원은 모두 제2호에 해당한다. 교장과 교사가 함께 출장 갈 경우에는 함께 가는 상급자에 준해 교통비를 지급받을 수 있다. 즉, KTX 특실을 함께 이용할 경우에는 제1호의 기준에 맞춰 특실 비용 지급이 가능하다.

운임(교통비), 숙박비는 사용 금액에 대해 출장을 마친 후 2주 이내에 양식에 따라 영수증을 첨부해 행정실에 요청해야 한다.

국내 여비 지급표

(단위: 원)

구분	철도 운임	선박 운임	항공 운임	자동차 운임	일비 (1일당)	숙박비 (1박당)	식비 (1일당)
제1호 교장	실비 (특실)	실비 (1등급)	실비	실비	20,000	실비	25,000
제2호 교감, 교사	실비 (일반실)	실비 (2등급)	실비	실비	20,000	실비(상한액: 서울특별시 70,000 광역시 60,000 그 밖의 지역 50,000)	20,000

학교에서 NEIS 복무에서 출장처리할 때 여비를 지급하지 않는 경우가 있다. 출장에 가서 다른 대가를 받는 경우를 말한다. 예를 들어 다른 학교나 기관에 강의를 가거나 회의에 참석해 회의수당을 받는 경우에는 출장 여비를 지급하지 않는 것이 맞다. 따라서 해당 교사는 NEIS 복무에 올릴 때 '여비 부지급'을 체크해야 한다.

이전비(부임비)

이전비는 교사가 근무지 외의 지역으로 부임의 명을 받거나 청사소재지의 변경에 따라 거주지가 변동된 경우, 새 거주지로 이사화물을 이전하는 데 소요되는 비용을 충당하기 위한 여비라고 정의한다. 즉, 교사가 발령으로 거주지를 이전해 이사할 경우에 지급한다. 거주지 이전의 경우 동일 시(군)의 이전은 지급이 불가하며 타 시(군)로 이동하는 경우를 말한다. 동일 시, 군이라 하더라도 섬으로 이동, 섬과 섬의 거주지 이전은 해당된다.

근무지 외로 발령받아서 이사했다고 모두 지급하는 것은 아니고 현재 거주지에서 발령받은 거주지로 이사할 때 지급된다. 신규교사의 경우 발령 전 거주지와 발령 지역이 달라야 지급이 가능하다.

일반적으로 관외 발령 6개월 이내에 이사해야 하고, 이사하고 난 후 6개월 이내에 이전비를 신청해야 한다.

이전비 요청에 필요한 서류는 이사화물 운송명세, 거주지 변경을 확인할 수 있는 서류(주민등록 등·초본, 임대차계약서, 관사거주 확인서 등)를 갖추어 발령받은 학교에 이전비 지급을 신청해야 한다. 발령받은 지 1년 이내에 정당한 사유 없이 거주지 및 이사화물을 이전하지 않은 경우에는 이전비를 지급받지 못한다. 이전비 금액은 이사에 들어간 전체 비용을 제공하는 것이 아니라 규정에 따라 지급한다.

공무원 여비 규정에 따르면 모든 여비가 다 지급되지는 않는다. 학교 예산의 부족 또는 그 밖의 사유로 여비를 지급하지 않은 충분한 이유가 있다고 인정될 때에는 여비를 감액하거나 여비의 전부 또는 일부를 지급하지 않을 수 있다. 학교의 예산 사정에 따라 감액 지급하는 경우도 있다.

휴직

최근에 육아휴직 중인 교사가 아르바이트해 문제 된 뉴스가 있었다. 일반적인 생각으로는 현재 근무하지 않고, 시간적 여유가 있거나 금전적으로 어려움이 있어 이를 해결하고자 했을 뿐인데 무엇이 문제일까 생각할 수 있다. 휴직에 대한 이해가 부족해서 생긴 안타까운 일이다.

교사는 휴직 중일 때에도 공무원 신분이 유지되므로 공무원의 의무를 지켜야 한다. 앞에 아르바이트를 한 교사는 겸직금지의 의무 위반으로 징계받고, 제재금이 부과되었다. 혹시 휴직 사유가 없어졌다면 30일 이내에 학교 교감에게 알리고, 복직절차를 밟아야 한다. 또한 휴직 기간이 2년 이상인 경우에는 복직예정자연수를 반드시 받아야 한다. 복직예정자연수는 주로 여름방학과 겨울방학에 운영된다.

교사의 휴직은 특별한 사유 발생 시 사용할 수 있다. 교사의 휴직은 크게 임용권자에 의한 직권휴직과 교사가 직접 요청해 얻는 청원휴직으로 구분된다. 학교에서 많이 사용하는 휴직에 대한 조건과 기간을 알아보자.

질병휴직

교사가 질병에 걸려 정상적인 근무가 어려울 경우에 사용하는 휴직이다. 질병휴직은 질병휴직과 공무상 부상 또는 질병으로 인한 휴직으로 구분한다. 일반적인 질병휴직은 통상 60일의 병가와 연가를 모두 사용하고도 질병이나 상해가 완치되지 않을 경우에 1년 이내로 신청할 수 있고, 1년 이내에 연장도 가능하다. 복직할 때 질병이 완쾌되었다는 증빙서류를 제출해야 하고, 질병이나 상해가 회복되지 않아 정상 근무가 어렵다고 판단되면 면직된다는 점은 주의해야 한다.

질병휴직은 급여를 지급한다. 1년차에는 급여(기본급+수당)의 70퍼센트를 지급하고, 연장된 2년차에는 50퍼센트를 지급한다. 다만, 결핵에 의한 요양휴직은 80퍼센트의 급여를 지급한다. 이 경우에는 경력이 인정되지 않는다.

근무 중에 발생한 공무상 부상 및 질병으로 인한 휴직(공상)의 경우에는 3년 이내의 휴직이 가능하다. 100퍼센트의 급여가 지급되며, 경력 또한 전체기간 인정된다.

공무상 부상 및 질병에 관한 승인은 공무원연금관리공단에서 맡고 있다.

육아(입양)휴직

육아휴직은 자녀(만 8세 이하 또는 초등학교 2학년 이하)를 양육하기 위해 필요하거나 여성 교육공무원이 임신 또는 출산하는 경우에 받을 수 있다. 휴직기간은 자녀 한 명에 대해 3년 이내로 하되 분할해 휴직할 수 있다. 또한, 만 19세 미만의 아동(제7호에 따른 육아휴직의 대상이 되는 아동은 제외한다)을 입양하는 경우 휴직기간은 입양자녀 한 명에 대해 6개월 이내로 한다. 육아(입양)휴직을 이유로 인사상 불리한 처우를 해서는 안 된다.

육아휴직에 따른 급여는 제공하지 않으나 육아휴직 수당을 별도로 지급한다. ((급여)의 '수당' 부분 참고) 육아휴직 전체기간을 승진경력으로 인정하되, 호봉 승급을 위한 기간으로는 최초 1년만 인정한다. 다만 셋째 이상의 자녀에 대해서는 휴직기간 전체를 호봉승급기간으로 인정한다.

자율연수휴직

재직기간 10년 이상인 교사가 자기계발을 위해 학습, 연구 등이 필요할 때, 수업 및 생활지도 등을 위해 신체적, 정신적 회복이 필요할 때, 본인의 희망에 의해 학교장 추천 아래 임용권자의 허가를 받아 휴직할 수 있다. 휴직기간은 1년 이내로 재직기간 중 1회에 한한다. 휴직기간의 재직경력이 인정되지 않아 호봉승급기간에 제외되며 월급도 지급되지 않는다.

휴직의 종류

휴직 종류		휴직요건	휴직기간	경력인정 여부		봉급
				승급	승진	
질병 휴직	요양	• 신체, 정신상의 장애로 장기 요양 (불임, 난임 포함)	1년 이내 (1년 연장)	미인정	제외	최초 1년: 70% (결핵: 80%) 연장 1년: 50%
	공상	• 공상으로 장기요양	3년 이내	인정	인정	전액 지급
병역휴직		• 병역복무를 위한 징집 또는 소집	복무기간	인정	인정	미지급
생사불명		• 천재지변, 전시, 사변, 기타 사유로 생사 소재 불명	3월 이내	제외	제외	미지급
법정의무 수행		• 법률의 규정에 따라 의무 수행을 위해 직무이탈	복무기간	인정	인정	미지급
유학휴직 (연구, 연수)		• 학위취득목적 해외 유학, 1년 이상 외국에서 연구 또는 연수	3년 이내 (3년 연장 가능)	인정	50% 인정	50% 지급

휴직 종류	휴직요건	휴직기간	경력인정 여부		봉급
			승급	승진	
고용휴직 (외국기관고용)	• 국제기구. 외국. 기관. 재외국민교육기관 임시 고용	고용기간	인정 (비상근은 50%)	인정 (비상근은 50%)	미지급
육아휴직	• 자녀(8세 이하 또는 초등학교 2학년 이하)양육이나 여교원이 임신 또는 출산하게 된 때	3년 이내	최초 휴직일 부터 1년 이내 100% 인정 단, 셋째 자녀 이후는 최대 3년 인정	인정	미지급
연수휴직 (국내연수)	• 교육부장관이 지정하는 국내 연구기관, 교육기관 등에서 연수	3년 이내	학위 취득 시 재확정	50% 인정	미지급
간병휴직 (가족간호)	• 사고, 질병으로 장기요양을 요하는 부모, 배우자, 자녀 또는 배우자의 부모 간호	1년 이내 (재직기간 중 3년 이내)	미인정	제외	미지급
동반휴직 (가족동반)	• 배우자 외국 근무, 또는 제5호에 해당된 때	3년 이내 (3년 연장 가능)	미인정	제외	미지급
노조전임자	• 교원노동조합전임자로 종사하게 된 때	전임기간	인정	인정	미지급
자율연수	• 교원이 자기계발을 위해 학습·연구 등을 하게 된 경우	1년 이내 (재직기간 중 1회)	미인정	제외	미지급

관련 규정

공무원 여비규정
교육공무원법
국가공무원 복무규정

공무원   교육공무원법   국가공무원
여비규정   복무규정

교원연수
연수의 계절이 돌아왔다

과거에 학교 연수는 주로 방학에 열렸는데, 이제 학기 중 주말과 평일 저녁에 열리는 추세로 바뀌고 있다. 어떤 이는 교사들이 방학 때 여행 가느라 연수를 받지 않기 때문이라고도 하지만, 현실적인 여건을 따져볼 때 타당한 이야기는 아니지 싶다. 과거에는 전국 모든 학교의 방학기간 차이가 일주일도 채 안 되었다. 하나 최근에는 학교시설 공사가 많아지고, 1월에 종업하는 학교가 많아지면서 같은 지역 내에서도 방학기간 맞추기가 쉽지 않게 되었다. 이런 이유로 일반적인 직무연수를 추진하는 교육지원청의 장학사나 연수원의 연구사 들이 학기 중 연수를 선호하게 된 것이다.

직무연수는 방학을 피해 진행할 수 있다. 하지만 자격연수인 1급 정교사 연수는 대규모 인원을 대상으로 같은 기간에 실시해야 한다. 자칫하면 부득이하게 학기 말에 담임선생님이 학생들을 두고 연수를 떠나야 한다. 그럼 수업에 차질을 빚고, 또 관리자는 관리자대로 시간제 강사를 구하느라 고생이다. 심지어 학생들의 졸업을 앞둔 선생님은 1정 연수를 미루는 경우도 발생한다. 세상은 빠르게 변하는데 연수 시스템은 언제나 한 걸음 느린 것 같다.

교사의 연수는 학교에 발령받기 전부터 시작된다. 임용고사 합격의 기쁨과 동시에 받는 신규교사 연수를 시작으로, 만 3년의 학교생활 후에는 1급 정교사 자격연수를 받고, 아이를 돌보기 위해 육아휴직을 끝내고 복직하려면 복직자 및 복직 예정자 연수를 받는다. 지금까지 나열한 연수는 교사의 선택과 무관하게 받아야만 하는 연수들이다. 이 밖에도 개인의 역량강화를 위해 지속적으로 연수를 받기도 한다. 그래서 학교에는 직무연수라는 이름의 다양한 연수가 안내된다. 최근에는 전문적학습공동체라는 이름으로 학교에서 자체연수를 운영하고 연수학점으로 인정해주는 다양한 방식의 연수들도 있다. 연수는 크게 자격연수, 직무연수, 특별연수, 자율연수로 구분된다.

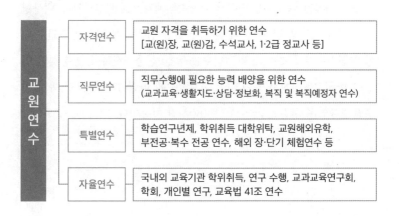

교원연수	자격연수	교원 자격을 취득하기 위한 연수 [교(원)장, 교(원)감, 수석교사, 1·2급 정교사 등]
	직무연수	직무수행에 필요한 능력 배양을 위한 연수 (교과교육·생활지도·상담·정보화, 복직 및 복직예정자 연수)
	특별연수	학습연구년제, 학위취득 대학위탁, 교원해외유학, 부전공·복수 전공 연수, 해외 장·단기 체험연수 등
	자율연수	국내외 교육기관 학위취득, 연구 수행, 교과교육연구회, 학회, 개인별 연구, 교육법 41조 연수

자격연수

자격연수는 대학을 졸업하면서 받은 교원 자격증(2급 정교사 자격)을 상위 자격으로 승격하기 위해 받는 연수이다. 일반적으로 1정 자격연수, 교감 자격연수, 교장 자격연수, 수석교사 자격연수가 있다.

1정 자격연수는 교직경력 만 3년 이상자이면 모든 교사가 받을 수 있고 연수일은 15일 이상, 연수시간은 90시간 이상을 이수해야 승격 자격이 주어진다. 연수시기는 방학기간이다. 자격연수 중에 유일하게 이수자에게 기본급 1호봉이 승급된다.

교감 자격연수는 교감승진예정자로 선정되어야 받을 수 있다. 학교에서 '교감 차출되었다'라는 말은 교감승진예정자로 선정되어 교감 자격연수 대상자가 되었다는 의미이다. 교감 자격연수 대상자 선정은 4월 초에 선정하며 교감 자격연수 기간과 시간은 1정 자격연수와 동일하게 15일 이상, 90시간 이상이다. 주로 여름방학에 운영된다.

교장 자격연수는 교감 중에서 교장승진예정자로 선정되거나, 내부형 공모를 거쳐 발령받은 교장이 받을 수 있는 연수이다. 교장 자격연수 대상자 선정은 4월 초이고, 자격연수는 통상 연중실시하며, 공통적인 연수는 한국교원대에서 진행된다. 승진점수에 따라 1기부터 5기까지 연수받는다. 연수시간은 25일 이상, 180시간 이상이다.

직무연수

직무연수는 직무수행에 필요한 능력 배양을 위한 연수로 그 종류와 방법이 매우 다양하다. 일반적으로 자격연수를 제외한 교육청 및 연수원의 모든 연수가 직무연수에 해당한다. 그 외에도 교육청에서 특수연수기관으로 등록해 연수를 운영하는 곳도 있다. 대표적인 형태가 대학교에서 운영하는 연수이다.

과거에는 오프라인 연수가 많았다면 현재는 온라인 연수도 많다. 교육부로부터 원격교육연수원으로 지정받은 후에 다양한 교육연수 콘텐츠를 개발해 한국학술진흥원^{KERIS}의 승인을 받아 에듀니티, 티스쿨, 아이스크림, 티처빌, 교대연수원, 전교조, 교총 등 다양한 기관에서 운영 중이다. 최근 10년 사이에 원격연수의 활황부터 쇠퇴까지 급격한 변화가 있었다.

최근에는 교육부가 교원연수 강화를 위해 교사 연수비를 최소 25만 원 이상 지원하는 지침을 내렸지만, 지역에 따라 개인 연수비를 전혀 지원하지 않는 곳도 많아졌다. 또한 학교 성과급이 사라지면서 연수 수요가 많이 줄기도 했다.

외부기관의 연수 외에 법률로 지정한 연수도 많이 등장했다. 안전연수, 응급처치연수, 성폭력 예방, 아동학대 예방 연수 등 경기도교육청에서 정리한 자료를 보면 18개의 직무연수를 받게끔 되어 있어 외적인 연수 수요가 많이 줄어들었다.

연수이수 실적은 15시간을 1학점으로 하여 1년 단위로 학점화하고 있다. 과거에는 학점단위(15, 30, 60시간)로 구분하였으나, 현재는 전체 연수시간을 연 단위로 합산하고 있어 다양한 시간의 연수운영이 가능해졌다.

복직 및
복직예정자 연수

복직 및 복직예정자 연수는 교육공무원법에 명시된 법적인 연수이다. 2년 이상 휴직 후 복직했거나 복직을 앞둔 교사를 대상으로 한다. 직무수행능력과 학생지도능력을 강화해 장기간의 업무 공백에도 학교현장에 빠르게 적응하기 위해 꼭 받아야 하는 연수이다.

대부분 여름방학과 겨울방학에 2~3일 정도로 진행된다. 통상 30시간 5일의 연수였으나 원격연수와 사전 실행연수를 통해 실제 연수 시간이 많이 줄어들고 있다.

자격연수는 구체적인 연수내용에 대해 규칙으로 정하지만 복직자 연수는 교육청 정책방향에 따라 다양한 연수 프로그램으로 운영된다.

복직예정자 연수를 받지 못해서 복직을 못하는 경우는 없으며, 미리 복직연수를 받지 못했더라도 복직 후에 받을 수 있으니 담당 연구사와 협의하면 된다.

자율연수

자율연수는 교사가 개인의 필요에 따라서 연수지정을 받지 않은 강의나 연수를 듣거나 개인의 관심분야를 공부하거나 연구하는 것을 말한다. 이 자율연수의 근거가 교육공무원법 제41조에 근거하기 때문에 줄여서 41조 연수라고 불리기도 한다. 이 법률을 해석해보자.

교육공무원법 제41조(연수기관 및 근무장소 외에서의 연수) 교원은 수업에 지장을 주지 아니하는 범위에서 소속기관의 장의 승인을 받아 연수기관이나 근무장소 외의 시설 또는 장소에서 연수를 받을 수 있다.

첫째, '교원은 수업에 지장을 주지 아니'해야 하므로 수업 중일 때는 불가하다. 학생들이 수업을 마치고 하교한 후에는 가능하지 않느냐는 문의가 많았다. 최근에 교육부에서 명확한 기준을 제시했는데 41조 연수는 방학, 즉 휴업일에만 가능하다고 명시했다.

둘째, '소속 기관의 장의 승인'은 학교 교장의 결재가 필요하다는 의미이다. 학교에서 전결규정에 따라 복무의 대부분을 교감이 전결하기도 하나 아직도 연가, 공가, 41조 연수는 교장이 결재하는 경우가 많다.

셋째, '연수기관이나 근무 장소 외의 시설 또는 장소'란 학교가 아닌 다른 장소에서 연수 및 개인 관심분야 공부를 할 수 있다는 것이다. 과거에는 41조 연수장소를 입력할 때 지역 도서관을 쓰곤 했다. 이런 상황을 두고 도서관에 가면 관내 모든 교사를 만날 수 있다는 농담도 있었다. 실제로 도서관에 가지 않아도 다른 장소를 썼을 때 겪을 불편함 때문에 도서관을 적었던 것이다. 최근에는 장소에 자택 등을 입력하기도 한다. 집에서 조용히 연구하겠다는 것이다. 꼭 공공기관에 가지 않아도 되고, 개인이 연구하기 편안한 장소에 가면 된다. '도서관 및 자택 등'으로 기재하여 운신의 폭을 넓힐 수 있다.

교사는 전문직이다. 전문직의 특성 중 하나는 그 직업의 전문성 유지하기 위해 끊임없이 연구한다는 것이고, 이에 따라 교사도 전문성 유지와 발전을 위해 노력을 게을리하면 안 되겠다.

연수 여비 지급

교사의 연수비 지급 규정은 공무원 교육훈련 업무처리 지침의 교육훈련 여비지급기준에 나와 있다. 학교에서는 연수자에게는 예산의 범위에서 연수에 필요한 실비實費의 전부 또는 일부를 지급하게 되어 있다. 교원이 연수로 인해 출장을 갈 때는 기존의 여비 지급규정과 다르게 공무원 교육훈련 업무처리 지침에 준해 여비를 지급한다.

연수는 근무지 내 연수와 근무지 외 연수로 구분해 제공하며, 근무지 외 연수는 숙박연수와 비숙박연수로 구분해 제공한다. 이 기준에 따르면 교장의 경우에는 근무지 외로 지역으로 합숙하는 경우이므로 운임, 일비, 숙박비(실비), 식비를 지급받는다. 다만 현실적으로 교사는 교장과 같은 기준으로 여비를 산정받지 못한다는 점이 어딘지 불편하다.

예를 들어 현재 근무하는 시, 군에서 5일 30시간 연수를 받는다면 운임(교통비)은 지급되지 않고, 일비는 7만 원(첫날과 마지막 날은 2만 원, 나머지 3일은 1만 원), 식비는 3만 5천 원(7,000원×5일)으로 총액 10만 5천 원을 여비로 받는다.

다른 시, 군, 도에서 합숙 또는 기숙사를 이용해 5일 연수를 받는 경우에는 운임은 통상 왕복 버스 교통비로 지급한다. 이를 지급받기 위해서는 증빙서를 제출해야 하고 톨게이트 영수증, 주유영수증으로 증빙할 수 있다. 자가용을 이용하더라도 버스요금으로 지급하며, KTX도 이용할 수 있으나 일반실 비용만 신청할 수 있다. 일비는 첫날과 마지막 날만 지급해 총 4만 원을 지급한다. 중간 날은 지급하지 않는다. 숙박료와 식비는 실제기관에서 청구한 금액을 지급한다. 교육훈련여비는 실제 사용한 금액의 보상 개념이다.

타 시, 군, 도에서 비합숙으로 5일 연수를 받는 경우에는 운임이 합숙과 동일하다. 일비는 총 7만 원(첫날과 마지막 날은 2만 원, 중간 3일은 1만 원)을, 식비는 10만 원(2만 원×5일), 숙박비는 실비(특별시는 7만 원, 광역시는 6만 원, 일반지역은 5만 원 한도 내)를 제공하며 영수증을 첨부해야 한다. 실제 숙박하지 않고 지인의 집에 가서 숙박할 경우에는 1일당 3만 원을 정액으로 지급받을 수 있다. 지인의 집에서 머물 경우에는 증빙서가 필요 없으며 총 15만 원(3만 원×5일)을 정액으로 받는다.

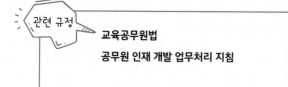

관련 규정

교육공무원법
공무원 인재 개발 업무처리 지침

교육공무원법 공무원 인재
개발 업무
처리지침

통지표

아이의 학교생활을 부모에게 보낸다

학교생활 통지표 VS 성적 통지표

어릴 적 방학하는 날, 떨리는 마음으로 가정통지표를 받았다. 과목마다 성적은 '수, 우, 미, 양, 가'로, 학교생활은 '가, 나, 다'로 표시된 성적표였다. 통지표와 방학 책을 들고 집에 가는 내내 부모님이 뭐라 하실까 기대 반, 걱정 반이었다.

학교생활 통지표는 30년 전이나 지금이나 여전히 존재한다. 다만 구성과 내용은 조금 바뀌었다. 과거의 '수, 우, 미, 양, 가' 대신에 과목마다 성적을, 태도를 나타낸 '가, 나, 다' 대신에 행동발달 및 종합의견을 서술한다. 그런데 고민스럽다. 학교생활 통지표에는 무엇을 담아야 할까? 현재처럼 NEIS 시스템에서 학적사항, 신체발달사항, 출석사항, 교과 발달

사항, 행동발달 및 종합의견을 체크하고, 출력해 가정에 배부하는 것이 최선일까, 혹은 이런 걸 법적으로 꼭 해야만 하는 것일까 등을 고민하는 과정은 학교가 긍정적으로 변화 중이라는 방증일 것이다.

학교생활 통지표에는 어떤 의미가 있고, 어떤 근거에 따라 작성해야 하는지 알아보자. 학교생활 통지표는 학생들의 학교생활을 가정에 알려주어 학생의 성장에 도움 주기 위한 도구이다. 따라서 학교에서의 교육활동, 학교생활을 학부모에게 구체적으로 알려야 한다. 그런데 현재의 통지표는 그런 기능을 하지 못한다. 선생님들은 자조 섞인 말로 "아버지를 아버지로 부르지 못한다"고 말하기도 한다. 학생의 학교생활을 있는 그대로 쓰지 못하고 가급적 좋은 말을 쓰려다 보니 생활지도, 교과지도가 힘든 학생의 생활도 미화하느라 통지표가 왜곡되기도 하는 것이다.

학교생활기록부는 평생 남을 자료인데 나중을 위해서 좋게 써주자는 관행인 것이다. 그런데 따지고 보면 대부분의 사람은 졸업 후 초등학교 통지표를 볼 일이 없다. 그냥 입에서 입으로 내려오는 교직의 구설이고, 관행 그 이상도 이하도 아니다.

학교생활 통지표의 구성과 제공시기는 학교마다 다르다

학교생활 통지표의 구성과 형식에 대한 법적인 양식은 없으며, 훈령에 따라 학교의 학업성적관리위원회에서 통지표의 형식 및 내용을 결정해 운영하도록 한다. 우리 학교는 NEIS 통지표를 출력해서 제공한다고 결정하면 그렇게 할 수도 있다. 다른 형식도 얼마든지 가능하다.

학교에서 협의하여 월별, 분기별, 방학식 날 등으로 제공주기를 결정할 수도 있다. 학교에 따라서는 매번 평가할 때 시험지로 제공하는 경우도 있다. 그럴 경우 시험지 외에 학교생활도 안내해야 한다.

학교생활 통지표의 구성과 제공내용을 학부모와 협의한다

학교생활 통지표는 학생의 학교생활에 대한 정보를 학부모에게 제공하는 도구이다. 수요자가 요구하는 정보를 제공해주는 것이 그 목적에 가장 부합한 통지표일 것이다. 학교에는 학부모와 협의체인 학교운영위원회가 있거나 교사, 학부모, 학생 세 주체가 학기, 학년도마다 대토론회를 개최하니 이때에 학교생활 통지표의 제공시기, 내용, 구성을 협의하고 결정된 사항에 따라 제공하기를 권한다.

가정 통지표 양식

가정 통지표의 법적인 양식은 없으며, 모든 결정은 학교 학업성적관리위원회에서 결정하여 시행한다. 통지표를 학기당 두 번 배부하는 학교의 사례를 보자. 5월과 10월의 1차, 3차 통지표는 과목별 성취기준에 대한 평가기준, 자기태도평가, 가정에서 학교로, 지필평가지, 수행평가지를 보낸다. 학기 말 2차, 4차 통지표에는 담임교사가 학생에 대한 이야기를 편지형태로 제공한다. 학생들의 생활모습 자체를 학부모에게 제대로 전달하자는 취지이다.

가정 통지표 구성

학기	1학기		2학기	
회수	1차	2차	3차	4차
시기	5월	7월	10월	12월
나의 배움 모습 알아보기(과목별 평가 결과 리스트)	O	O	O	O
학습태도 및 학교생활(학교생활 자기평가)	O	O	O	O
학교에서 가정으로(담임 편지)	X	O	X	O
가정에서 학교로(학부모 의견)	O	O	O	O

'나의 배움 모습 알아보기'는 분기별로 실시한 전체 교과의 평가 결과를 안내한다. 학기 초에 세운 평가계획서에 따라 가정 통지표가 배부되는 시기를 고려해 평가 결과 제공 범위를 결정한다. '나의 배움 모습 알아보기'는 지필평가지, 수행평가지의 요약서로도 기능한다. 학부모가 앞쪽의 평가 결과에 대한 근거를 보고 싶다면 뒤에 첨부된 평가지를 직접 확인하면 된다.

'학습태도 및 학교생활'은 학생들 스스로 자신의 학교생활 모습을 자기평가하고, 성찰하고, 계획을 수립할 수 있도록 돕는다. 자기 자신의 학교생활을 가장 잘 아는 사람은 자기 자신이다. 따라서 스스로 자신의 생활모습을 되돌아보고, 성찰할 수 있는 공간을 마련한 것이다. 자기평가의 문제인 학생마다 평가 기준이 달라 스스로를 높게 평가하거나 지나치게 낮게 평가하는 경향을 가진 학생에게는 자기평가 전에 평가 기준을 함께 공유하면 좋다. 또 이 부분의 신뢰성 문제는 추후 '학교에서 가정으로'를 통해 보완할 수 있다.

'학교에서 가정으로'는 담임교사가 학부모에게 보내는 편지형식으로 구성한다. 학교에서 학생들의 생활모습을 주로 행동 발달 및 종합의견으로 제시한다. 통지표는 생기부에 남는다는 이유로 실제 모습을 보여주기 어려운 면이 있어 편지 형식으로나마 실제 모습을 전달하기 위해 노력했다.

'가정에서 학교로'는 통지표를 받아본 학부모가 학교나 담임교사에게 의견을 제시하는 공간이다. '고맙습니다', '아이의 부족한 부분은 가정에서도 지도하겠습니다' 등의 긍정적인 글도 있지만, 구체적인 평가 결과 및 피드백에 대한 학부모의 의견 등도 볼 수 있다.

이와 같은 양식의 통지표는 현장에서 많이 활용하는 양식이다. 물론 이 양식이 가장 완벽하지는 않을 것이다. 그렇지만 통상적으로 학부모에게 전달하고자 하는 정보들을 진술하게 쓸 수 있어 두루 사용하기 좋다. 꼭 이 양식이 아니더라도 학교 구성원이 서로 합의해 학생들의 학교생활 모습을 정확하고, 구체적으로 제시할 수 있는 통지표가 가정에 전달되면 통지표의 소기 목적을 달성했다 할 수 있다.

NEIS에 입력된 학생의 성적을 가정 통지표로 변환해주는 시스템이 있다. 일선 학교에서 가장 많이 활용하는 시스템이기도 하다. 학교 담당자가 학교에서 결정한 형식을 NEIS 시스템에 설정해 놓으면 담임교사는 '통지표 만들기' 버튼 클릭으로 통지표를 출력할 수 있다.

NEIS로 출력된 통지표는 학교생활기록부와 연동되어 학생의 상황을 제대로 안내하기 어려운 경우가 많다. 교사는 이런 경우에 "아버지를 아버지라 부르지 못한다"고 이야기하고, 학부모는 "그래서 우리 아이가 잘한다는 건지 못한다는 건지 확인할 수가 없다"고 비판하기도 해 대안적 통지표에 대한 고민도 깊어지고 있다. 이에 따라 특색 있는 통지표를 만들어 활용하는 학교도 늘고 있다.

교사 365

2019 가정 통지표(2차)

○○초등학교   학년   반 (   )번 이름 (   )

나의 배움 모습 알아보기

평가기준 : 우수 / 보통 / 기초

교과	단원/영역	교육과정 성취기준	평가방법	평가기준
국어	9.추론하며 읽기 (읽기)	- 글의 제목이나 삽화, 차례 등을 보고 글의 내용을 추론할 수 있다.	논술형	우수
	4.작품에 대한 생각 12.문학에서 찾는 즐거움 (문학)	- 자신이 인상깊게 읽은 문학작품에 대하여 이야기할 수 있다.	프로젝트	우수
도덕	2. 감정, 내안의 소중한 친구 (도덕적 주체로서의 나)	- 다양한 감정이 발생하는 원인을 알고 자신의 감정 표현의 결과를 합리적으로 예측하여 때와 장소 및 상대에 따라 바람직하게 감정을 표현할 수 있다.	자기 보고법	우수
	3.책임을 다하는 삶 (도덕적 주체로서의 나)	- 책임의 의미와 중요성을 알고, 일상생활에서 책임을 다하려는 마음을 가질 수 있다.	자기 보고법	우수
사회	4. 우리 사회의 과제와 문화의 발전 (일반사회)	- 경제 성장 과정에서 나타나는 여러 문제(예, 빈부 격차, 노사 갈등, 자원 고갈 등)를 확인하고 이에 대한 해결 방법을 모색할 수 있다.	조사 보고서	우수
		- 우리 전통문화의 우수성을 이해하고, 우리 전통문화를 창조적으로 계승·발전시켜 세계 문화에 기여할 수 있는 방안을 모색할 수 있다.	조사 보고서	우수
수학	4. 분수의 덧셈과 뺄셈 (수와 연산)	- 분모가 다른 진분수의 덧셈과 뺄셈의 계산 원리를 이해하고 그 계산을 할 수 있다.	논술형	우수
	5.다각형의 넓이 (측정)	- 평행사변형, 삼각형, 사다리꼴, 마름모의 넓이를 구하는 방법을 다양하게 추론하고, 이와 관련된 문제를 해결할 수 있다.	논술형	우수

교과	단원/영역	교육과정 성취기준	평가방법	평가기준
과학	3. 식물의 구조와 기능	- 뿌리, 줄기, 꽃의 구조와 기능을 알고 식물의 잎에서 광합성이 만들어지는 물질에 대해 설명할 수 있다.	논술형	보통
		- 광학 현미경의 구조와 기능 및 사용 방법을 알고 양파 표피 세포를 관찰하여 그림을 그릴 수 있다.	실험 보고서	우수
실과	3. 나의 자립적인 의생활 (가정생활)	- 옷의 종류와 용도에 맞는 정리, 보관, 간단한 수선 방법을 알고 옷 관리를 실천 할 수 있다.	실습	우수
체육	2.도전 활동 ② 더 멀리, 더 높이 뛰기 (도전활동)	- 육상종목을 배우고 멀리뛰기를 할 수 있다.	실기	보통
	3.경쟁 활동 ① 발야구형 게임 (경쟁활동)	- 발야구게임전략을 알고 공정하게 경쟁하며 발야구게임에 참여할 수 있다.	실기	우수
음악	1. 꿈을 키우며 (표현)	- 바른 자세와 호흡으로 노래 부를 수 있다.	실기	우수
	2. 마음을 담아 (감상)	- 다양한 문화권의 음악을 듣고 악곡의 특징에 대해 이야기할 수 있다.	논술	우수
미술	5. 오감으로 느끼는 자연(표현)	- 주제의 특징과 느낌을 살려 표현할 수 있다.	포트 폴리오	우수
	4.함께 걷는 길 (표현)	- 여러 가지 재료와 용구, 표현 방법, 표현과정 등을 알고, 활용할 수 있다.	실기	우수
영어	4. Whose watch is this? (듣기/말하기)	- 간단한 말이나 대화를 듣고 의도나 목적을 이해한다.	논술형	우수
		- 일상생활에 관한 간단한 말이나 대화를 듣고 세부 내용을 묻고 답한다.	논술형	우수

학년   반 (   )번 이름 (   )

학습태도 및 학교생활

영 역	내 용	자기 평가		
		우수	보통	기초
학습 태도	교과서와 준비물을 잘 갖춥니다.			
	과제 처리를 제때 잘합니다.			
	공책 정리를 바르고 보기 쉽게 잘 합니다.			
	선생님과 친구들의 말을 주의 깊게 듣습니다.			
	적극적으로 수업에 참여합니다.			
	친구들과 협력하여 학습활동을 합니다.			
	주어진 시간 내에 학습활동을 합니다.			
생활 태도	자기 주변을 깨끗하게 정리정돈 합니다.			
	학급에서 맡은 일을 책임 있게 잘합니다.			
	식사 습관과 예절이 바릅니다.			
	교통질서와 학교생활규칙을 잘 지킵니다.			
	인사를 잘하고 예의 바르게 행동합니다.			
	욕을 하지 않고 고운 말씨를 씁니다.			
	어려움에 처한 친구를 잘 도와줍니다.			
자기 반성 및 계획				

학교에서 가정으로

○○이 부모님께

안녕하세요. ○○이 담임교사 ○○○입니다.

○○이와 만난지 벌써 다섯 달이 되어 갑니다. ○○이를 처음 봤을 때 "자기주장이 뚜렷하고, 야무진 친구겠구나." 생각했습니다. 이후 함께 생활하며 동생을 살뜰히 살피고, 친구들을 배려하고, 자기를 희생할 줄 아는 친구라는 것도 알게 되었습니다. 특히 3~4월 쉬는 시간에 찾아온 동생을 아껴주고, 사랑스러운 눈빛으로 안정감을 주는 모습은 누나를 넘어 엄마처럼 보일 만큼 따뜻했습니다.

○○이는 모든 수업시간에 최선을 다하는 친구입니다. 혼자만 열심히 하는 것이 아니라 주변 친구들을 격려하면서 함께 과제를 수행했습니다. ○○이는 이런 모습 덕에 다른 친구들에게 신뢰를 얻어 2학기 여자 부회장으로 당당히 당선되었습니다. 저 역시 이런 ○○이를 보면서 힘을 얻곤 했기에 함께할 2학기가 벌써 기대됩니다.

○○이는 다른 장점도 많은 아이이니 가정에서 계속 격려와 응원 부탁드립니다. 벌써 1학기가 마무리되어 여름방학입니다. ○○이와 함께 즐겁고 행복한 시간 보내세요.

여름방학에 즈음하여 ○○이 담임교사 ○○○올림

가정에서 학교로

※ 평가 결과 통지를 통해 생각하신 점이나 평소 학교나 학급운영에 의견이 있으시면 적어 주세요.

학부모명 :   (인)

8월

세상으로
교재연구를
떠나는 열정

온작품읽기

온작품읽기가 내게로 오다

확 바뀐 학교 독서교육…서울교육청 교육과정 설명회 개최*

서울시교육청은 18일 서울 중구 충무아트센터에서 '독서·인문 교육과정 체계화 사업 설명회'를 개최한다고 밝혔다.

전문가들이 학생 성장단계에 맞는 독서·인문 교육과정을 새롭게 구성한 결과물을 현장교사들에게 소개하는 자리다. 이날 설명회에는 교사 150여 명이 참여한다.

새 독서·인문 교육과정은 학교단계별로 구성된다. 1단계가 초등학교 대상이다. 놀이와 체험 중심 독서활동에 초점을 맞췄다. 또 독서를 습관화할

---

* http://news1.kr/articles/?3599966

수 있는 교육방법도 담았다.

2단계 중학교 대상 교육과정에서는 협력적 책 쓰기에 중점을 둔다. 학생들이 함께 진로나 관심사를 바탕으로 주제를 선정하고 자료 수집, 전문가와의 만남 등을 추진해 하나의 책으로 완성하는 과정을 교육한다.

3단계 고등학교 대상 교육과정은 '사람 책'이 핵심 주제다. 학생들이 전문지식과 경험을 가진 인사를 직접 만나 소통할 기회를 가질 수 있도록 유도한다.

올해 사업에 참여할 학교에는 최대 500만 원의 예산을 지원한다. 내년부터는 대상 학교 수와 지원 규모도 점차 확대한다는 계획이다.

강연흥 서울시교육청 중등교육과장은 "학생들의 미래 역량을 키우기 위해서는 학교현장의 독서·인문교육에 대한 변화가 필요하다"며 "앞으로도 독서·인문교육의 중요성을 강조하고 지속적으로 지원하겠다"고 밝혔다.

온작품읽기가
내게로 오다

온작품읽기. 낯설지만 익숙한 단어이다. 최근 현장에서 자주 회자되는 온작품읽기에 대해 알아보도록 하자.

> ### 온작품읽기란?
>
> 온(전체의, 모두의/ 꽉 찬, 완전한) +작품(가치 있는 하나의 작품) + 읽기(제대로 읽기)

'온작품읽기'는 온전한 하나의 작품을 아이들에게 그대로 전해주고 자 하는 문학교육의 한 방법이다. '온전하다'는 것은 쪼개지거나 훼손되 지 않은 원래의 형태를 뜻한다. 여기에서 '작품'은 그 자체가 하나의 완 벽한 예술성을 가지는 작품을 의미한다. 그리고 그것을 전달하는 방법 이 '읽기'인 것이다. 가장 손쉬운 방법으로 자기 혼자 읽기가 있고, 교사 나 부모, 또는 친구가 읽어줄 수도 있으며, 짝을 지어 서로 나누어 번갈 아가며 읽을 수도 있다. 또한 작품을 다 읽고 독후활동에 초점을 두던 방식에서 벗어나 책을 읽기 전부터 읽는 중, 읽은 후까지 함께 한 권의 책을 제대로 읽어보자는 의미이기도 하다. 결국 '온작품읽기'란 문학적 가치가 있는 책 한 권을 분절하거나 훼손하지 않고 있는 그대로 마주하 는 활동이라고 할 수 있다.

최근 들어 온작품읽기에 대한 관심이 더욱 커진 배경은 2015 개정 교육과정 3~6학년에 개설된 '한 학기 한 권 읽기' 단원에서 찾을 수 있 다. 이러한 교육과정 변화는 학생들에게 '세상을 바라보는 다양한 시선 과 인간에 대한 본질적 이해'를 길러주겠다는 취지가 담겨 있는 것이다. '한 권의 책'을 통해 학생들은 세상을 다양한 시각으로 바라볼 수 있는 기회를 가지게 되고, 타자의 삶에 담긴 이야기를 만나며 공감 능력을 키울 수 있다.

'한 학기 한 권 읽기'는 온작품의 일부인 토막글로 수업하면서 생긴 여러 한계와 교육현장의 문제제기가 반영된 결과이다. 제한된 교과서 지면에서 벗어나 온전한 하나의 작품을 제대로 읽을 수 있는 기회를 국가수준에서 제안하고 실시하게 된 유의미한 변화이다.

이미 2105 개정 교육과정에서 작품으로서의 책 읽기가 반영되기 전에도 많은 교사가 다양한 방법으로 책 읽기에 대한 고민과 성찰을 계속해왔다. 원작 찾아 읽기, 대체 텍스트로 활용하기, 온작품읽기, 슬로리딩 등의 방법으로 책 읽기에 대한 새로운 실천을 이어왔다.

온작품읽기를 위해 가장 먼저 고민할 부분은 책 선정이다. 그림책이나 어린이책을 많이 접해보지 않은 교사는 이 부분부터 어려움을 겪는다. 교사 개별적으로 어린이책을 읽고 선정할 수도 있지만 그보다는 동학년교사와 함께 책을 선정해보기를 권한다. 온작품읽기를 위한 책 모임의 형태로 함께 이야기를 나누며 자연스럽게 수업에 어떻게 적용할 것인지 이야기를 나눌 수 있다. 이 부분은 전문적학습공동체와도 맞닿아 있다. 혼자 가는 열 걸음보다 함께 가는 한 걸음의 따뜻함과 위대함의 의미를 깨달을 수 있을 것이다.

학교와 마을의 작은 도서관에 방문해보는 것도 좋다. 좋은 책을 발견하기 위한 답사로 우리 학교의 학생들이 책을 빌리는 공간에 교사가 직접 방문해보는 것이다. 이러한 과정을 통해 좋은 책을 고르는 안목이 생겼다면 책과 함께하는 수업계획을 세워보자.

온작품읽기를 통한 활동은 크게 읽기 전/ 중/ 후 세 단계로 나눠 진행된다. 여타의 자세한 사항은 해당 학년의 선생님끼리 협의를 거쳐 만들어나가도 충분하다.

읽기 전 활동

- 책의 제목으로 내용 상상하기
- 책의 표지 그림으로 내용 추측해보기
- 책의 제목이나 표지 그림으로 인물의 마음 떠올리기
- 작가에 대해 소개하고 알아보기

읽기 중 활동

- 이야기의 다음 장면을 예상하기
- 인물의 대사 실감나게 따라 하기
- 이야기 속 인물의 마음 공감하기
- 이야기 속 문제를 나라면 어떻게 해결할지 이야기하기
- 이야기의 다음 이야기를 그림으로 표현하기

읽기 후 활동

- 이야기 다음의 이야기 꾸미기
- 이야기의 결말을 다르게 바꾸기
- 인물의 마음에 공감하며 편지 쓰기
- 이야기를 역할극으로 만들어 표현하기
- 인상 깊었던 장면을 그림으로 그려보기
- 이야기 중 인상 깊었던 문구나 장면 써보기
- 이야기 속 인물들이 했던 활동 따라 하기
- 이야기를 읽고 독서 감상문 작성하기

온작품읽기를 위한 추천도서

1~2학년 추천도서			
1	돼지책	엔서니 브라운	웅진주니어
2	똥벼락	김회경	사계절
3	책 먹는 여우	프란치스카 비어만	주니어김영사
4	틀려도 괜찮아	마키타신지	토토북
5	어두운 계단에서 도깨비가	임정자, 이형진	창비

3~4학년 추천도서			
1	짜장 짬뽕 탕수육	김영주	재미마주
2	일수의 탄생	유은실	비룡소
3	축구왕 차공만	성완, 유지희	비룡소
4	잔소리 없는 날	안네마리 노르덴	보물창고
5	엄마 사용법	김성진	창비

5~6학년 추천도서			
1	마당을 나온 암탉	황선미	사계절
2	마사코의 질문	손연자	푸른책들
3	만국기 소년	유은실, 정성화	창비
4	클로디아의 비밀	E.L. 코닉스버그	비룡소
5	불량한 자전거 여행	김남중	창비

9월

몸도 마음도
자라라!
응원한다!

운동회

영차! 영차! 힘을 합쳐, 영차!

모두가 참여하는 운동회로! 초등 학년별 체육대회 증가*

충북 지역 초등학교 운동회가 학년별 체육대회로 바뀌고 있는 것으로 조
사됐다.

충북교육청은 체육활동주간(4월 22일~26일)을 시작으로 초등학교 운동회
가 연이어 개최되는 시기에 맞춰 2018~2019학년도 청주 지역 초등학교
운동회 운영 현황을 11일 발표했다.

도교육청은 2019 학교체육 활성화추진기본계획에서 '모두가 참여하는
다양한 체육활동 제공'을 도내 학교에 추진과제로 제시했다.

---

* http://www.eduinnews.co.kr/news/articleView.html?idxno=14339

기존 초등학교 운동회는 반별, 학년별 대표 학생을 중심으로 소수가 참여하고, 다수의 학생이 관전하는 방식으로 진행됐다. 그러나 학생 모두가 참여할 수 있는 학년별 체육대회로 운동회를 대체하는 학교의 수가 점차 증가하고 있다.

운동장 하늘에 만국기가 걸리면 아이들의 마음도 한껏 들뜬다. 그렇지만 전교생이 함께 뛰고 웃으며 경쟁하던 대운동회의 모습을 요즘은 찾아보기 힘들다. 학년 단위의 스몰스쿨small-school제 운영과 맞물려 교육과정 운영의 단위가 학년 중심으로 바뀐 영향이다. 학교 운동장의 크기가 작아진 이유도 있다. 전 학년이 나와 줄을 서기에도 비좁은 운동장은 대운동회에 어울리지 않는다. 미세먼지의 영향으로 야외활동에 대한 우려가 커진 탓도 있다. 대운동회 날을 잡아 열심히 준비했는데 운동회 당일에 미세먼지 농도가 높아 야외 활동이 어려워지면 여간 곤혹스러운 게 아니다. 이러한 이유들로 대운동회 대신 학년 운동회를 하는 학교가 점차 늘어가는 추세이다.

운동회
시기 선정

운동회는 시기가 중요하다. 예전에는 학부모의 참여를 독려하기 위해 근로자의 날을 운동회 날로 잡아 대운동회를 하는 경우가 많았다. 혹은 날씨가 선선해지는 9월 하순쯤에 가을 운동회를 하곤 했다. 하지만 앞서 언급한 여러 이유로 학년 운동회를 실시하게 되면서 선호하는 특정시기가 있다기보다는 학년 교육과정 운영계획에 따라 적절한 시점을 정하는 분위기이다.

운동회
장소 선정

최적의 장소는 물론 운동장이다. 넓은 공간을 활용해 다양한 종목의 경기를 치를 수 있어 가장 많이 사용하는 장소이기도 하다. 하지만 미세먼지, 우천 같은 기상상황에 큰 영향을 받는 단점이 있다. 특히 봄철에는 미세먼지 농도가 높은 날이 많아 처음부터 운동회 장소를 실내체육관으로 정하기도 한다. 운동장에서 진행되는 경기는 대부분 넓은 공간이 필요해 갑작스레 변경된 실내 체육관에서는 계획했던 경기를 못하는 불상사가 발생하기도 한다. 그렇기에 처음부터 실내 체육관을 운동회 장소로 선정해 그에 적합한 경기종목을 준비하는 경우가 많다.

운동회 종목 선정 및
운영방식

운동회 시기와 장소가 선정되면 그다음으로 운동회 경기 종목을 구상해야 한다. 레크리에이션 업체 섭외로 운동회를 진행하는 경우에는 업체에서 경기 종목과 그에 필요한 준비물 일체를 가지고 오기에 교사들은 업체에서 제공하는 경기 종목 목록 중에서 학년 수준에 맞는 종목을 선택하기만 하면 된다. 운동회 당일에도 교사는 학생지도에만 전념할 수 있어 좋다.

초등학교 인근에 있는 대학생들의 재능기부 형태로 운동회를 진행하는 방법도 있다. 학생동아리나 총학생회 등을 통해 대학생들을 섭외해 일일선생님으로 초빙하는 방법이다. 특히 예비교사인 교대생들에게는 초등학생을 실제로 지도해볼 수 있는 기회가 된다. 경기 종목은 초등교사와 함께 협의해 선정하는데, 이 과정에서 현장 실무경험도 쌓을 수 있기에 교대생들에게는 더없이 좋은 봉사활동이 될 수 있다.

담임교사가 직접 경기를 선정하고 진행하는 경우에는 '박 터트리기', '큰 공 굴리기', '줄다리기', '계주' 등과 같이 전통적으로 많이 진행하던 경기 종목부터 교육과정과 연계해 실시하는 '코딩 운동회', '전래놀이 운동회' 등 다양한 경기 종목을 선정할 수 있다. 운동회 경기 종목으로 활용할 수 있는 운동 경기를 몇 가지 소개하면 다음과 같다.

운동회 프로그램 예시

구분	프로그램		소요시간		내용	비고
1	명랑운동회 1	유치원	25		**두더지 굴 & 썰매(학부모 참여 경기)** 두더지 굴을 통과하여 학부모님이 끌어주는 썰매 타고 반환점 돌아오기	
		1학년			**ECO 릴레이** 매트 위 앞구르기 3회 후 재활용품 분리수거함에 올바르게 넣기	
		2학년			**볼 풀공 난장** 볼 풀 공을 상대팀 진영으로 던지기	
		3학년	20		**콩주머니 농구** 콩주머니를 던져서 바구니에 넣기	
		4학년			**피라미드 탑 쌓기** 2인 1조로 사각바구니를 들고 피라미드 모양으로 탑 쌓기	
		5학년	20		**주사위 릴레이** 2인 1조로 주사위를 던져 나온 번호에 해당되는 반환점 돌아오기 & 미션 수행	
		6학년			**홉 레이스** 2열 종대로 발 아래로 지나가는 장애물 피하며 사회자 지령 수행하기	
		어르신 경기	50		**돼지몰이 게임** 할머니 & 할아버지 참여 게임	
		지구 나르기			**팀 전체** 4열 종대로 머리 위로 애드벌룬 옮기기	
		영치기 영차~!!			**청백 줄다리기** 1회전: 유치원, 1~2학년 2회전: 3~4학년 3회전: 5~6학년	
2	명랑운동회 2	3~4학년	13:10 ~13:30	20	**학년별 100개의 풍선을 불어 대형** 풍선사탕 만들기 **팀 별 2개 풍선사탕**	
		기차 릴레이	13:30 ~13:45	15	**학부모 / 교사 참여 경기** 대형 풍선 사탕을 이용한 릴레이 경기	
		5~6학년	13:45 ~14:00	15	**지네발 릴레이** 6인 1조로 게임 소품에 한쪽 발을 넣고 협동해 반환점 돌아오기	
		계주	14:00 ~14:15	15	**팀 이어달리기** ※ 팀별 반 남녀 대표 각 1명씩	

모두가
1등인 운동회

학생들을 청군과 백군으로 나눠 누가 더 잘하는지 경쟁하는 운동회에서는 경기마다의 승패가 매우 중요한 관심사이다. 경기를 진행하는 심판의 입장에서는 어느 한쪽이 너무 잘해서 점수 차이가 심하게 벌어지면 상대편에게 응원 점수를 후하게 주어 어느 정도 균형을 맞추는 등의 노련함이 필요하다. 하지만 교육의 흐름이 경쟁보다는 협력으로 함께 나아가는 방향을 지향한다는 점에서 볼 때, 운동회 역시 상대편과 싸워 이기는 것보다는 함께 협력해서 무엇인가를 성취해나가는 것을 목표로 하는 것이 좋다.

경기도의 한 초등학교에서는 목표를 '모두가 1등인 운동회'로 설정해 모든 경기의 승패를 없앤 운동회를 실시해서 지역신문에 기사가 실리기도 했다. 그 학교의 사례를 살펴보면 커다란 온도계를 만들어 운동경기를 마칠 때마다 온도계의 눈금을 하나씩 올려서 마지막에는 온도계 끝에 있는 풍선들을 하늘로 날려 보내며 운동회를 마무리하는 방식으로 진행했다. 학생들이 운동경기에 열심히 참여해 정해진 목표(예: 정해진 시간 안에 모든 인원이 반환점 돌아오기 등)를 달성하면 온도계의 눈금이 하나씩 올라가는 형식이다. 학생들은 힘을 합쳐 목표를 달성하기 위해 노력하고, 그 결과로 모두의 꿈을 이루는 운동회야말로 협력의 교육이라 할 수 있다.

그 밖에
확인할 것들

민원

요즘에는 초등학교가 넓은 공간보다는 아파트 사이에 좁은 공간에 위치하는 경우가 많다. 그 때문에 운동장 행사 때마다 신경 쓰이는 부분이 바로 소음에 따른 민원이다. 물론 아파트 주민이 학부모인 경우가 많지만, 그렇지 않은 주민에게는 하루 종일 흘러나오는 운동회 노래와 마이크 소리가 분명 소음일 것이다. 이런 민원의 소지를 미연에 방지하기 위해 일부 학교에서는 해당 학구에 있는 아파트 관리소에 공문을 보내 운동회 실시 안내 방송을 하는 경우도 있다. 음악소리가 학교 담장을 넘어가지 않을 정도로 트는 것은 물론이고 학생들이 단체로 환호성을 지르는 경우도 최소화하기 위해 노력해야 한다.

교사의 자세

운동회를 준비하면서 각 종목에 필요한 준비물을 미리 준비하는 것은 당연히 담당교사의 몫이다. 다만 진행자 한 명이 모든 경기를 준비하고 진행하기에는 물리적으로 어려움이 있어 주변의 도움을 받는 것이 좋다. 체육 전담교사나 스포츠강사가 있다면 준비나 진행에 큰 도움을 받을 수 있다. 그렇지 않더라도 동학년교사들이 힘을 모으면 어렵지 않은 일이기에 모든 교사가 함께 준비하고 진행하는 것이 좋다. 내 담당 종목이 아니라는 이유로 소극적인 자세를 보인다면 모두가 힘들어질 수 있다. 다음 경기가 무엇인지 미리 확인하고 학생들을 정렬시키는 등의 작은 준비가 전체적인 분위기를 매끄럽게 만들 수 있다.

준비운동

운동회는 준비 체조로 시작해서 마무리 체조로 끝난다. 옛날에는 국민체조를 시작과 마무리 체조로 활용했는데 요즘에는 다양한 체조가 많이 보급되었다. 유튜브 등에서 '준비체조', '운동회' 등으로 검색하면 초등학생 수준에 맞는 쉽고 재미있는 준비 운동이 많이 있다. 고학년의 경우에는 플래시몹^{flash mob}* 영상을 활용해도 좋다. 특히 10월 25일 독도의 날 즈음에 운동회를 실시하는 경우에는 독도 플래시몹 영상을 활용하면 더욱 의미 있는 시간이 될 것이다. 그 외에도 광복절 플래시몹, 아리랑 플래시몹 등 교육과정과 연계해 지도할 만한 내용도 여러 개 있다.

외부음식 반입

운동회를 준비하다 보면 학부모로부터 문의 전화를 받는 경우가 있는데, 운동회 날 아이들에게 음료수나 아이스크림 같은 간식을 제공해도 되느냐는 내용이 많다. 외부음식을 교내로 반입해 학생들이 취식하

---

* 불특정 다수의 사람들이 이메일과 휴대전화 문자메시지를 통해 특정한 날짜, 시간, 장소를 정한 뒤에 모인 다음, 약속된 행동을 하고 아무 일도 없었다는 듯이 흩어지는 모임이나 행위

는 경우에는 안전상의 문제가 발생할 수 있어 조심해야 한다. 학교에 정해진 외부음식 반입절차를 확인하고 절차에 맞게 외부음식을 취식할지라도 혹시 누구 하나 배탈이라도 나면 불필요한 사후처리를 맡아야 해 되도록 거절하는 것이 좋다. 또 부정청탁 및 금품 등 수수의 금지에 관한 법률 시행 이후로 학부모가 제공하는 음식을 교사가 먹는 것은 불법이다.

사전에 담임교사에게 외부음식 반입 여부를 문의하는 경우에는 정중히 거절할 수 있으나, 사전협의 없이 음식을 들고 오는 경우는 꽤 난감하다. 이럴 경우에는 외부음식을 받을 수 없는 이유를 상세히 설명하고 음식을 돌려보내는 것이 좋지만, 음식을 준비한 학부모의 난처한 입장을 생각하면 대처가 곤란하다. 이런 상황을 사전에 방지하기 위해 운동회 실시 안내장 등으로 사전에 안내하는 것이 좋다.

학부모회 참여

대운동회 준비로 인한 교육과정 침해 사례를 이유로 학예회와 운동회를 격년제로 실시하는 학교가 늘어나고 있다. 홀수년에는 운동회를, 짝수년에는 학예회를 하는 방식이다. 학예회를 실시하는 짝수년에는 토요일을 이용해 학부모회에서 주관하는 가족운동회를 하는 경우도 있다. 교사의 업무 부담은 줄이고 학생들의 교육기회는 확대하자는 취지로 일부 학교에서 실시하는 방법이다. 경기 종목과 운영은 학부모회에서 기획, 주관하며 학교는 안내와 모집, 장소 제공 등을 맡는 수준이다. 물론 업무 담당교사는 기획단계부터 학부모회와 교육적 행사가 되도록 협조하며 행사 당일에도 일부 교사의 참여가 있어야 하지만, 학생들에게 다양한 교육의 기회를 제공한다는 측면에서 충분히 고려해볼 만하다.

동아리, 스포츠클럽
교사, 학생 모두 행복한 시간 만들기

나신규 강부장님. 학생들이 찾아와서 동아리 담당교사가 되어 달라고 하는데 동아리는 담임교사들이 맡는 것 아닌가요?

강부장 아마 학생들이 자율동아리를 만들고 싶은가 봐요. 자율동아리는 정규 교육과정에서 운영하는 동아리하고는 다르거든요.

나신규 동아리도 여러 종류가 있나 보네요. 자율동아리와 정규교육과정에서 운영하는 동아리는 어떤 차이가 있나요?

학생들마다 학교에서 좋아하는 과목, 시간은 조금씩 다르겠지만 많은 학생이 좋아하고 기다리는 시간이 체육시간과 동아리활동 시간이다. 특히 동아리활동 시간은 자기가 좋아하는 활동을 비슷한 성향의 친구들과 함께할 수 있어 더 특별하게 생각하는 것 같다.

위 대화에서도 언급되었지만 동아리활동은 누가 주체가 되어 운영하는지, 어떤 성격을 가지고 있는지, 학교계획에 반영되었는지 등에 따라 운영방법 및 생활기록부 입력 여부가 다르다. 따라서 교사는 학교에서 운영하는 동아리가 어떤 종류에 속하는지를 알고 그에 맞게 운영과정과 결과를 기록해야 한다.

스포츠클럽은 10여 년 전, 서구화된 식습관 및 운동 시간 부족으로 학생들의 건강과 비만에 대한 문제가 제기되던 시기에 체육교육 강화 방안 중 하나로 도입되었다.

학교스포츠클럽은 학생들의 자발적 참여와 교사의 자율적 운영을 강조하지만 운영에 현실적인 어려움이 있어 자의 반 타의 반으로 운영하는 학교도 있다. 스포츠클럽이 도입된 초기에는 티볼, 피구, 줄넘기, 뉴스포츠 등 지역별 리그 대회가 형성되어 본래 취지와 다르게 경쟁을 유발하고, 학생의 흥미와 관심보다는 대회가 있는 종목에 집중하는 모습을 보이며 엘리트 체육화되는 분위기가 있기도 했지만 지금은 학교 자체적으로 운영을 내실화하고 학교별 경쟁은 자제하는 편이다.

동아리
운영 및 방법

동아리활동 운영시간 및 방법은 지역 및 학교마다 차이가 있지만 크게 다섯 가지로 나눌 수 있다.

정규 교육과정 내 동아리활동

창의적 체험활동 수업 시수 내에서 이루어지는 동아리활동으로, 전학생이 참여한다. 학급별로 동아리활동을 운영하기도 하고 학생의 요구를 반영해 학년별 또는 학교 단위로 부서를 조직해 운영하기도 한다. 운영 방법에 따라 장단점이 있으니 학교 상황에 맞게 선택해 운영하면 된다. 생활기록부에는 동아리명과 활동내용 등을 기록한다.

학교교육계획에 의한 자율동아리활동

정규교육과정에는 들어가지 않지만 학교 계획에 의거해 동아리를 조직하고 원하는 학생들만 참여하는 경우이다. 학교 방송반이 대표적이다. 정규교육과정에 편성되어 있지 않으므로 모든 학생이 참여하거나 수업시간에 이루어지지 않고 수업 전후에 필요에 따라 운영한다. 생활기록부에는 동아리명과 동아리에 대한 간략한 소개가 기록된다.

정규 교육과정 내 청소년단체활동

청소년단체는 스카우트, 아람단, RCY 등 학교 상황에 따라 다양하게 운영된다. 의무사항이 아니기 때문에 없는 학교도 있다. 청소년단체는 정규 교육과정 내에서 운영할 수도 있고 학교교육계획에 의해 운영할 수도 있는데 정규 교육과정 내에서 운영할 경우 창의적 체험활동 동아리 부서로 등록해 운영한다. 이 경우 정규 교육과정 내 다른 동아리 부서처럼 생활기록부에 단체명과 학생의 활동내용을 기록한다.

학교교육계획에 의한 청소년단체활동

정규 교육과정 내 청소년단체활동과 내용이 비슷하지만 정규 교육
과정 내에서 이루어지지 않고 수업 전후에 따로 운영된다는 차이가 있
다. 이럴 경우 생활기록부에 활동내용은 쓰지 않고 단체명만 기록한다.

정규 교육과정 이외의 학교스포츠클럽활동

학교스포츠클럽 파트에서 자세히 다루겠지만 초등학교 학교스포
츠클럽은 중학교와 달리 정규교육과정 이외의 시간에만 운영하도록 되
어 있다. 따라서 원하는 학생들을 대상으로 수업 전, 점심시간, 수업 후
에 많이 운영한다. 한 사람이 두 개 이상의 학교스포츠클럽에 가입할
수 있으나 활동시간이 겹쳐서는 안 된다. 생활기록부에는 스포츠클럽
명과 활동시간이 기록된다.

동아리 부서 조직 및
운영의 실제

정규 교육과정 동아리활동

동아리 부서를 조직해 운영하기 위해서는 우선 학생들의 동아리 선
호도 조사를 해야 한다. 학생들이 원하고, 실질적으로 운영 가능한 동
아리들을 정리해 교사와 학생들이 충분한 시간 동안 협의하고 최종적

으로 부서를 정한다. 부서가 정해지면 각 부서별 동아리 학생을 모집하고 적절히 인원을 배분한다. 중학년 운영계획은 교사가 중심이 되어 학생들과 협의하고, 고학년은 학생 주도로 계획을 수립하고 교사는 보조적인 역할을 한다. 학생 간 갈등이 생기지 않도록 조율하고 즐겁게 배우는 분위기를 조성한다. 교사가 주도적으로 나서기보다는 학생들이 활동하는 시간을 많이 주는 것이 좋다. 교사는 동아리활동을 관찰하며 학생들의 참여태도, 역할, 활동성 등을 메모하고 NEIS에 입력한다. 동아리활동 마지막 시간에는 그동안 동아리 시간에 활동하거나 만들었던 산출물을 전시 및 발표하는 시간을 가져보자. 동아리활동을 뜻깊게 마무리할 수 있다.

자율동아리활동

학년 초 1학년 우리 반 교실의 문을 두드린 5학년 학생이 있었다. 처음 보는 이 학생은 자율동아리 계획서를 내밀며 자신이 계획한 '코딩동아리'의 지도교사가 되어 달라고 부탁했다. 자율동아리 신청서에는 회원명과 필요한 예산 금액, 예산 사용처, 동아리활동 목표 등이 적혀 있었다. 학교가 끝난 뒤 자율동아리를 운영하고 싶은데 고학년 교실은 수업 후에 교실을 빌리기가 쉽지 않아 저학년 교실을 찾아왔다며 선생님이 교실 사용과 안전 지도, 예산 사용을 도와주신다면 나머지는 컴퓨터 전문가인 학부모를 초빙해 공부하고, 학교 축제를 위한 홈페이지도 만들고 싶다는 포부를 밝혔다. 학생이 적어낸 계획서 그대로 심의를 거쳐 자율동아리로 선정되어 예산을 지원받았다. 코딩동아리는 아이들 스스로 만든 자율동아리였기에 동아리활동을 하는 날마다 스스로 주제를 정해서 활동했다.

이처럼 정규교육과정으로 편성되지는 않았으나 학교교육계획에 의해 이루어지는 학생의 자율적 동아리활동은 가입에 제한을 두지 않는다. 그러나 기재 동아리 개수를 학년당 1개로 제한하고, 객관적으로 확인 가능한 사항(동아리명 및 간단한 동아리 설명)만 기재한다.

학교교육계획에 따른 자율동아리 구성절차

담당부서		학생		담당부서		담당부서		학생/지도교사
학교 교육계획에 자율동아리 계획 수립	→	동아리 구성, 지도교사 섭외, 동아리 운영계획서 작성 및 제출	→	동아리 담당 교사 취합 및 결재	→	학교장 승인, 교육정보 시스템에 자율동아리 부서명 등록	→	동아리활동 전개, 학교생 활기록부 기재

스포츠클럽 조직 및 운영의 실제

스포츠클럽은 어떻게 운영될까? 먼저 스포츠클럽의 운동 종목을 정하고 부서를 만들고, 학부모들의 동의를 얻은 후 학생 선수를 가입시켜서 운영해야 한다. 이때 가장 어려운 문제 중 하나는 정규시간 이외의 스포츠클럽 운영시간을 확보하는 것이다. 즉, 스포츠클럽은 정규 수업시간 외의 시간에 운영해야 한다. 보통 수업시간 전 아침활동시간이나 방과 후에 운영해야 하는데 학생들의 적극적인 참여와 의지가 없다면 정상적인 운영이 쉽지 않다. 아침에 늦잠 자거나 방과 후 학원 등의 이유로 스포츠클럽 활동을 꺼리기 때문이다. 따라서 대개 쉬는 시간이나 점심시간을 활용할 수 있다. 학교에 따라 학생들에게 중간놀이시간을 확보해 2교시와 3교시 사이에 20분 쉬는 시간을 두는 경우가 있다. 이러한 시정표로 운영되는 학교에서는 이 시간을 활용해 스포츠클럽 운영이 가능하다. 또한 점심식사 후 20분 정도를 확보해 운영할 수 있다. NEIS에서는 이렇게 20분씩 2회 입력하면 합산해 40분(1시간) 활동으로 입력한다.

학생 관리 및 안전도 신경 써야 한다. 교사가 체육수업이나 스포츠클럽 활동을 기피하는 이유 중 하나는 학생들의 안전사고 문제 때문이다. 모든 안전사고를 완벽하게 예방할 수는 없지만 안전사고 예방을 위해서는 몇 가지를 미리 점검하고 확인해야 한다.

우선 스포츠클럽 활동 자체가 학생 수준을 넘어서는 무리한 활동은 아닌지 확인한다. 또한 되도록 체육관이나 정비가 잘된 운동장에서 실시하도록 한다. 활동 전에는 안전교육, 환자 파악, 준비운동 등 체육수업에서 하는 것처럼 매뉴얼에 따라 운영하고, 활동 후 정리 운동도 필수이다. 비상상비약을 챙겨놓고, 응급상황에 따른 비상연락망, 가까운 병원 등도 미리 파악해둔다.

스포츠클럽 운영은 원칙적으로 수익자 부담으로 운영해야 한다. 대회에 출전하거나 학교에서 미리 체육 관련 예산을 편성하지 않았다면 스포츠클럽 예산을 확보하기가 어렵다. 따라서 학교 예산 중 스포츠클럽 예산으로 책정된 부분이 있는지 반드시 확인해야 한다. 필요한 경우 체육 업무 담당자에게 추경을 요청해서 필요한 예산을 확보할 수 있다.

스포츠클럽 활동시간은 하루에 평일은 2시간, 토요일 및 공휴일은 4시간까지만 인정되므로 정해진 시간을 초과해서 입력하지 않도록 한다. 계획할 때 스포츠클럽 선수 명단에 있었으나 활동 당일에 참여하지 않은 학생의 활동시간은 제외한다.

NEIS 기재요령

동아리활동을 시작하기 전 NEIS에서 동아리 부서 개설 및 학생 등록을 해야 한다. 활동내용은 학생의 실제적인 활동과 역할 위주로 입력한다. 스포츠클럽 활동내용은 동아리활동 영역에 입력되는데 2018학년도까지는 17시간 이상 참여한 학생 각각 활동내용의 특기사항을 줄글로 기록했다. 그러나 2019학년도부터 생활기록부 지침이 개정되어 스포츠클럽의 활동명과 시간만 입력하도록 간소화되었다. 자세한 내용은 2019 학교생활기록부 기재요령을 참고하면 된다.

관련 규정

2019 학교생활기록부 기재요령

교육부 홈페이지-정책정보공표-초·중·고 교육

급여

월급이 궁금해요

발령동기선생님과 월급이 달라요!

나신규 부장님, 첫 월급을 받아서 너무 기분이 좋아요. 그런데 함께 발령받은 남자 선생님이 저보다 월급이 많아요. 제 월급이 잘못된 걸까요? 제 급여명세서 살펴주세요.

강부장 선생님의 급여명세서는 잘못된 부분이 없는데요.

나신규 어라, 이상하다. 분명 나보다 그 선생님께서 더 많이 받으시는데…….

사회에서 가장 궁금하게 생각하는 것이 공무원의 월급이다. 매년 새해가 되면 '공무원의 기본급'이 인터넷 실시간 검색어 1위를 차지할 정도다. 기본급이 공개됨에도 일반인들이 궁금해하는 이유는 기본급이 월급의 전부가 아니기 때문이다. 공무원에게 급여는 본봉과 수당을 합산하는 것을 뜻한다. 본봉체계는 표 한 장으로 간단하게 제시할 수 있지만 수당은 공무원 월 급여에서 가장 복잡한 부분이라 도식화하기 쉽지 않다. 교사에 따라 너무나 다양한 사례가 있다. 그래서 공무원의 월급을 정확하게 알 수가 없다. 심지어는 교사 자신도 자신의 월급에 대해 잘 모르는 경우도 많다.

이런 이유로 교사의 월급이 잘못 지급되는 경우도 꽤 있다. 특히나 발령 전 경력이 있는 공무원은 본인의 월급명세서를 꼼꼼하게 살펴야 한다. 그런데 뭘 살펴야 하는지 모르는 경우가 많다. 자신이 받는 급여에 대해 명확하게 아는 게 직장인 생활의 시작일 것이다.

급여명세서 예시(2019년 2년차, 담임교사)

급여내역		세금내역		공제내역	
본봉	2,052,500	소득세		일반기여금	
정액급식비	130,000	지방소득세		건강보험	
교직수당	250,000			노인장기요양보험	
교직수당 (가산금4)	130,000			급식비	
시간 외 근무수당 (정액분)	108,720				
교원연구비	70,000				
급여총액	2,741,220	세금총액		공제총액	
실수령액					

본봉(기본급)

공무원인 교사의 월급은 기본급(호봉)과 수당으로 구성된다. 기본급은 호봉에 따른 급여로 현재 교사의 호봉이 같다면 모두 같은 급여를 받는다. 발령을 함께 받았다고 해서 모두 호봉이 같은 것은 아니다. 호봉은 기본호봉에 가산호봉을 더해 결정된다. 즉, 해당 교사의 발령 전 경력, 대학교의 사범대와 비사범대, 특수교사 여부에 따라 다를 수 있다. 일반적으로 교사의 첫 호봉은 교대와 사범계를 졸업한 유치원, 초등학교, 중등학교 교사는 9호봉이며, 비사범계 중등교사는 8호봉이다. 사범계 특수교사는 10호봉, 비사범계 특수교사는 9호봉부터 시작된다.

발령 전의 경력을 유사경력으로 인정하여 호봉으로 인정하는 경우도 있다. 발령 전 경력이 전부 인정되는 것은 군경력과 대학원, 공무원 근무경력이다.

나신규 선생님과 동료교사의 호봉이 다르다면 동료교사는 군대를 다녀왔거나, 대학원을 졸업했거나 발령 전 기간제 교사를 했을 가능성이 있다. 이와 관련한 자세한 사항은 교육공무원법 호봉획정 유사경력 환산표에서 확인할 수 있다. 최근에 교직외 경력인정 비율이 상향되는 추세이다.

수당

수당에는 교사만 받는 수당과 일반 공무원과 동일하게 적용되어 받는 수당이 있다. 교사만 받는 수당은 교직수당과 교직수당 가산금, 연구업무수당, 교원보전수당(교원연구비)가 있다.

교직수당과 교직수당가산금

교직수당은 학교에 근무하는 모든 교사에게 같은 금액으로 월 250,000원이다. 교직수당가산금은 해당 업무 및 근무기간에 따라 별도로 지급되는 수당으로 교직수당 1~9까지 구분해 지급한다.

교직수당과 교직수당가산금

월급명세서 기록내용	교직수당 가산금	금액		비고
교직수당	교직수당	25만 원		전체 교원
교직수당(가산금1)	원로교사 수당	5만 원		경력 30년 이상 & 만 55세 이상
교직수당(가산금2)	보직수당	7만 원		부장교사
교직수당(가산금3)	특별 교육수당	3-7만 원		특수학교 근무교사
교직수당(가산금4)	담임 업무수당	13만 원		담임교사
교직수당(가산금5)	실과담당 교원수당	호봉	금액	노, 수, 해운, 공업계 학과 고등학교 교장, 교감 및 특정 교원 자격증 가지고 해당 과목 담당하는 실과 담당교사
		31-40호봉	5만 원	
		22-30호봉	4.5만 원	
		14-21호봉	4만 원	
		9-13호봉	3.5만 원	
		5-8호봉	3만 원	
		1-4호봉	2.5만 원	
교직수당(가산금6)	보건교사 수당	3만 원		고등학교 이하 각 급 학교에 근무하는 보건교사

교직수당(가산금7)	병설유치원 겸임수당	교장	10만 원	병설유치원 원장, 원감 겸임하는 초등학교 교장, 교감
		교감	5만 원	
교직수당(가산금8)	영양교사 수당	3만 원		고등학교 이하 각 급 학교에 근무하는 영양교사
교직수당(가산금9)	사서교사 수당	2만 원		

교원보전수당(교원연구비, 교원보전수당)

교원연구비는 유치원, 초등학교, 중등교원은 교원연구비를 수당으로 지급받으며, 고등학교에 다니는 교원은 교원보전수당을 받는다. 교원연구비는 교육부가 아닌 시·도에서 지급하는 수당으로 지역에 따라 초등과 중등교사의 수당이 5천 원 차이가 있는 지역이 있는가 하면 동일한 지역(광주, 전북)이 있다. 월급명세서에는 표기되어 있지만 실제 급여통장에서는 별도로 지급된다. 월급은 교육지원청에서, 교원연구비는 학교에서 지급한다. 또 5년 미만 교사 중에서 도서벽지 근무자의 경우는 3천 원의 가산금을 지급한다.

교원연구비 내역

구분		유, 초 등	중등	비고
교장		7.5만 원	6만 원	월급은 교육지원청에서 지급하나, 교원연구비는 학교에서 지급함
교감		6.5만 원		
수석교사		6만 원		
보직교사				
교사	5년 이상	5.5만 원		
	5년 미만	7만 원	7.5만 원 (7.8만 원)	5년 미만 교사는 도서벽지 근무 시 3천 원이 가산됨

정근수당

정근수당의 지급기준은 현재 1월 1일에 근무하고 있으면, 지급금액은 작년 7월 1일부터 현재까지의 근무했던 기간을 비율로 제시한다. 작년 9월에 육아휴직에서 복직했다면 1월에 정근수당은 전체 금액을 받지 못하고 4개월분(4/6)만 지급된다.

정근수당 지급 비율

근무연수	지급액	근무연수	지급액
1년 미만	미지급	7년 미만	월봉급액의 30%
2년 미만	월봉급액의 5%	8년 미만	월봉급액의 35%
3년 미만	월봉급액의 10%	9년 미만	월봉급액의 40%
4년 미만	월봉급액의 15%	10년 미만	월봉급액의 45%
5년 미만	월봉급액의 20%	10년 이상	월봉급액의 50%
6년 미만	월봉급액의 25%		

정근수당가산금

정근수당가산금은 5년 이상인 근무자부터 지급되며 근무경력에 따라 차등으로 지급한다.

정근수당 가산금 지급액

근무경력	금액	비고
20년 이상	100,000원	
15년 이상 20년 미만	80,000원	매월 지급 (추가 가산금)
10년 이상 15년 미만	60,000원	근무연수가 20년 이상 25년 미만인 사람에게는 월 10,000원을, 25년 이상
5년 이상 10년 미만	50,000원	인 사람에게는 월 30,000원을 가산해 지급한다.
5년 미만		

성과상여급

성과상여급은 매년 5월경에 지급하며 2019년 등급별 지급금액은 다음과 같다. 성과상여급은 매년 3월1일부터 다음 해 2월 28일을 기준으로 한다. 성과상여급의 등급은 S, A, B로 나누고 전체 교원 수에서 S:A:B=30:40:30의 비율로 산정한다. 차등지급률에 따라 금액이 상이하며, 통상 학교에서는 차등지급률을 최소화한다. 2019년 차등지급률은 50퍼센트가 대부분이고, 학교 홈페이지에 공개한다. 교원성과급제도 개선을 위해 교원성과급 수당화를 교원 단체 중심으로 제안하며 조만간 수당화되기를 기대해본다.

성과상여급 초기에는 근무기간에 대한 차등이 없었다. 2개월 이상 근무자 모두에게 동일한 금액을 지급했다. 하나 최근에는 연중 근무일을 기준으로 지급한다. 따라서 중간에 근무 상황의 변화(휴직, 복직, 신규교사)에 따라 근무개월수를 기준으로 지급한다. 예를 들어 9월 복직한 교사의 등급이 B인 경우 3,278,330원인데 여기에 근무한 기간이 12개월 중 6개월이므로 1,639,165원이 된다.

$$성과급액 = 해당\ 등급\ 금액 \times \frac{근무개월수}{12}$$

기간제교사도 성과급 대상자이다. 한 학교에서 2달 이상 근무한 기간에 대해서만 성과상여급을 지급하며 정규교사의 약 61퍼센트의 금액을 지급한다. 근무했던 학교의 전체 기간제교사 간 등급을 결정하고, 결정 금액을 1년을 기준으로 근무일에 대한 비율로 지급한다. 학교를 달리해 기간제를 근무한 경우에는 각 해당 학교별로 지급한다.

가족수당

현재 주민등록을 함께하는 가족에 한해 가족수당을 지급한다. 부부 공무원인 경우에는 두 명 중 한 명에게 지급되며, 대상은 부부가 선택할 수 있다. 부정수급 문제가 많아 매년 해당기관에 중복지급 여부를 공문을 통해 확인한다. 지급금액은 배우자는 4만 원, 배우자와 자녀를 제외한 부양가족은 2만 원, 자녀는 첫째 2만 원, 둘째 6만 원, 셋째 이후는 10만 원이다. 다자녀가정을 우대한다.

가족수당 지급금액

대상자		금액
배우자		40,000원
자녀	첫째	20,000원
	둘째	60,000원
	셋째 이상	100,000원
그 외 부양가족		20,000원

자녀학비보조수당

고등학교 자녀를 둔 공무원에게 지급되며 실비를 제공한다. 부부 공무원인 경우에는 한 명에게 지급된다. 공립학교 기준으로 지급되며 그 이상을 학비로 지출한 경우라도 추가로 지급하지 않는다. 고등학교가 2019년 2학기부터 고3 학생을 대상으로 고등학교 무상교육을 실시했는데, 2년 이내에 없어질 것으로 보인다.

육아휴직수당

육아휴직 공무원에게 지급되는 수당이다. 육아휴직수당은 자녀 1명당 휴직기간 1년까지만 지급이 된다. 출산장려정책으로 육아휴직수당은 매년 상향되고 있다.

2019년 현재 육아휴직수당은 육아휴직 시작 일부터 3개월까지는 월봉급액의 80퍼센트 지급되고, 4~12월까지는 월봉금액의 50퍼센트를 지급받는다. 월봉급액은 호봉에 따른 기본급을 의미한다. 다만 첫 3개월의 육아휴직수당 상한액은 150만 원이며 하한액은 70만 원이다. 나머지 4개월의 상한액은 120만 원, 하한액은 70만 원이다.

매월 지급되는 금액은 해당 육아휴직수당의 85퍼센트로, 나머지 15퍼센트는 복직하면 일시불로 지급한다.

육아휴직 정책 중에서 가장 많이 바뀐 것은 부모가 모두 육아휴직하는 경우인데, 두 번째 육아휴직 공무원은 최초 3개월의 육아휴직 수당이 월봉급액 그대로 나오고 상한액은 250만 원을 지급해, 육아휴직에 따른 경제적 부담을 줄이고, 육아휴직을 장려한다.

특수지근무수당(도서벽지수당)

교통이 불편하고 문화/교육시설이 거의 없는 지역이나 근무환경이 특수한 기관에 근무하는 공무원에게 지급되는 수당이다. 교원의 경우에는 도서벽지수당으로 지급된다.

초과근무수당

초과근무수당은 정상 근무시간을 초과한 시간에 대한 보상비다. 시간 외 근무/야간/휴일수당으로 구분되나 교원에게는 야간/휴일수당이 지급되지 않고, 근무 발생 시 시간 외 근무수당만 지급된다.

시간 외 근무수당은 정액분과 초과분으로 구분해 지급한다. 초과분은 1일에 1시간을 공제하고 최대 4시간까지 인정하며, 월 최대 57시간을 초과할 수 없다. 금액은 경력에 따라 다르며 단가표는 호봉을 기준으로 산정되기 때문에 매년 약간씩 오른다.

학교에서 시간 외 근무 명령을 NEIS에서 상신해 사전에 결재받아야 하며, 사전에 결재받지 못할 경우에는 추후 적색표시가 되고 학교장이 사유를 작성해야 한다. 따라서 현실적으로 추후 승인받기 어려우니 사전에 꼭 승인받아야 한다.

시간 외 근무 명령에 따라 1일 1시간 이상 시간 외 근무한 경우에 평일은 1시간을 공제한 후 분 단위까지 합산한다. 예를 들어, 실제 4시간의 시간 외 근무를 했다면 1시간을 공제하고 3시간만 시간 외 근무수당을 지급한다. 1일 최대 4시간은 결국 5시간 시간 외 근무를 했을 때 받을 수 있다. 다만 휴일 및 토요일은 1시간의 공제 없이 분 단위까지 합산해 월간으로 계산해 지급한다. 수당 지급을 위해 월 단위로 최종 합산할 때 분 단위 이하는 제외한다. 또한 조기출근이나, 지각, 외출 및 반일연가 사용자의 경우에도 근무시간 외 근무하는 경우 시간 외 근무수당을 인정하며, 계산방식은 평일과 동일하다.

시간 외 근무수당 정액분은 매월 15일, 8시간 이상 정상 근무한 공무원에게 지급되는 수당으로, 별도의 시간 외 근무명령이나 승인 없이 월 10시간분을 지급한다. 방학 때 출근 근무일수가 15일 미만이면 15일에 미달하는 매 1일마다 15분의 1의 금액을 감액해 지급한다.

출근일수는 연가, 병가, 공가, 특별휴가, 방학, 결근 등의 사유가 있어 근무하지 아니한 경우는 출근 근무일수에 포함하지 아니하며, 반일 연가, 외출 등은 사용한 시간을 제외하고 당일에 1일 근무시간(8시간)을 모두 근무하는 경우에만 인정한다. 다만, 육아시간 1시간 또는 모성보호시간 2시간을 사용하더라도 나머지 시간을 모두 근무했다면 근무일로 포함한다.

시간 외 근무수당은 후불제 수당이다. 3월에 첫 발령한 신규교사에게는 3월 월급에서 제공되지 않는다. 당황하지 말자. 3월 시간 외 근무 정액분은 4월 월급에서 지급한다. 12월에는 시간 외 근무수당(정액분)을 2배로 받게 된다. 이유는 11월분과 12월분이다. 예산으로 인해 인건비를 내년으로 이월시킬 수 없기 때문에 2배로 받는 것이다. 정상적으로 주는 것뿐이다. 물론 1월에는 지급하지 않는다.

학교에서 시간 외 근무수당은 교감 이하 교사에게 지급되고 교장에게는 지급하지 않는다. 시간 외 근무수당 대신에 교장에게는 관리업무수당을 지급하며, 금액은 본인의 본봉의 7.8퍼센트를 지급한다.

시간 외 근무수당 단가표

경력(호봉)	단가	지급대상
19호봉 이하	10,872원	교감, 수석교사, 교사 (교장은 제외, 별도의 관리수당 지급 본봉의 7.8%)
20~29호봉	12,076원	
30호봉 이상	12,964원	
교감	13,850원	

정액급식비

모든 공무원에게 공통으로 월 13만 원씩 지급된다.

명절휴가비

명절(추석, 설)이 있는 해당 달에 지급하며 봉급액의 60퍼센트이다. 본봉이 200만 원이면 명절휴가비는 120만 원이다.

연가보상비

연가는 공무원 정신적·신체적 휴식을 취함으로써 근무 능률을 유지하고자 개인생활의 편의를 위해 사용하는 것을 말하며, 일반 직장에서는 연차라고 부른다. 요즘은 연가를 의무적으로 사용하라고 해 연가보상비 지급을 줄이고 있다. 그럼에도 연가를 다 사용하지 않은 공무원에게는 보상비를 지급한다. 다만 교사처럼 방학이 있는 기관에 근무하는 교육공무원은 지급에서 제외된다. 교사라 하더라도 방학이 없는 파견근무 교사는 지급받을 수 있다.

또 다른 월급,
맞춤형 복지

공무원의 다양한 복지수요를 효과적으로 충족시키고, 공무원이 건강하고 활기차게 근무할 수 있는 여건을 조성해 정부의 생산성을 높일 목적으로 도입되었다. 맞춤형 복지점수는 기본복지점수, 근속복지점수, 가족복지점수, 추가복지점수로 구성되어 있다.

기본복지점수

기본복지점수는 각 기관마다 예산편성에 따라 약간씩 다를 수 있다. 그 이유로 시도에 따라 맞춤형 복지점수가 다르다. 점수는 P 단위로 편성하며 1P는 1천 원이다. 인사혁신처 표준안에 따르면 400P를 지급한다. 해마다 기본점수가 상향된다. 지역마다 다르게 편성되고 있으며 대략적으로 600~700P로 편성된다.

근속복지점수

근속복지점수는 1년에 10P(1만 원) 책정되며, 해당년도 1월 1일을 기준으로 제공된다. 중간에 근속 연수가 증가해도 추가 지급되지 않는다. 또한 근속점수는 30년까지 최대 300P(30만 원)이다.

가족복지점수

가족복지점수는 가장 변동이 큰 항목이다. 배우자는 100P(10만 원), 부모 및 형제는 50P(5만 원)이다. 최대 인원은 4명까지이다. 여기에서 배우자, 부모, 형제는 현재 본인이 가족수당을 받는 사람에 한해 지급한다.

가족수당을 받을 요건이 되더라도 별도로 신청하지 않은 경우에는 지급
되지 않는다.

자녀는 인원수와 관계없이 지급한다. 첫째 자녀 50P(5만 원), 둘째 자
녀 100P(10만 원), 셋째 자녀 이상 1인당 200P(20만 원), 첫째 자녀가 만
19세 이상이 되어 가족수당을 지급받지 못하는 경우에는 지급하지 않
으며, 둘째, 셋째 자녀의 금액은 변동 없이 지급한다.

추가복지점수

추가복지점수는 지역 교육청마다 다르다. 경기도의 경우는 다음과
같다. 가족 복지점수에는 출산축하 복지점수가 있다. 셋째 자녀 이상
출산 시 자녀당 3,000P(300만 원), 둘째 자녀 출산 시 2,000P(200만 원)
가 배정된다. 이 복지점수는 출산 다음 해에 교사 본인이 신청하여 배

복지점수 부여기준 표준안

구분	내용
기본점수	• 400P 배정
근속점수	• 근무연수 1년당 10P 배정 • 최고 30년까지 최대 300P 배정 가능
가족점수	• 배우자 포함 4인 배정 ※ 단, 자녀는 인원수에 관계없이 모두 배정 가능 • 배우자 100P, 직계 존·비속 등 1인당 50P 배정 ※ 단, 직계 비속 중 둘째 자녀는 100P, 셋째 자녀부터는 1인당 200P 배정
추가복지점수	• 운영기관의 장은 맞춤형 복지제도의 운영수익 범위 내에서 소속 공무원에게 추가 복지점수 배정 가능(지역마다 복지점수 차이가 있음) • 출산축하 복지점수, 건강검진 지원점수 등 ※ 맞춤형복지 시스템에서는 '조정점수'로 표현됨

정한다. 부부교사의 경우에는 가족점수 중 자녀 점수를 배정받고 있는 교사에게만 배정되며 중복해 지급되지 않는다.

3월 및 중간에 신규발령받거나 복직한 교사는 자신이 받을 복지점수에 실제 근무기간인 9/12를 곱해 지급한다.

복지점수의 사용

복지점수는 현금으로 지급되지 않고 점수로만 사용이 가능하다. 복지점수 중 일부는 필수적으로 단체보험가입, 전통시장상품권을 구입해야 한다. 남은 복지점수 사용은 교사가 자율항목 4개의 영역인 건강관리, 자기계발, 여가활용 가족 친화를 위해 사용한 영수증을 복지점수 담당자인 행정실 주무관에게 제출하면 된다. 최근에는 사이트에서 직접 신청이 가능하며, 월말에 월급통장에 지급된다.

복지점수 사이트에 본인이 많이 사용하는 카드를 등록하면 편리하게 점수를 사용할 수 있다. 사이트에서 카드 내역 불러오기를 하면 자율항목으로 적용 가능한 카드 내역이 나온다. 내역에 체크한 후 신청하면 편리하게 복지점수를 사용할 수 있다.

공무원 보수규정
공무원수당 등에 관한 규정
공무원 맞춤형 복지 사이트

공무원
보수규정

공무원수당
등에 관한
규정

공무원연금공단
맞춤형
복지시스템

10월

꿈과 끼를
펼치기 위한
노력들

학예회

학예회를 Re디자인하라

가을이 되면 나무들이 저마다 열매를 맺듯 아이들과 함께한 1년의 교육활동도 결실을 맺는다. 학교에서는 이를 공유하고 서로의 성장을 격려하는 학예회를 준비한다. 일부 학교에서는 운동회와 학예회를 격년으로 번갈아 실시하기도 해서 교직생활을 시작하고 몇 년이 지나도 학예회 준비가 낯설게 느껴질 수 있다.

당장 내일부터 우리 반 아이들과 함께 학예회를 준비해야 한다고 상상해보자. 어떤 장면이 그려지는가? 예전의 학예회에서는 학급 학생들이 단체로 무대에 설 수 있는 춤이나 합창 등의 주제를 정해 반별로 공연하고, 특별히 제작한 작품을 전시했다. 이렇게 수업과 상관없는 보여주기 식의 행사를 준비하면서 교육과정 침해가 발생했고, 교사와 학생에게는 크고 작은 부담이 되었다. 대다수는 소외된 채 일부 학생을 중심으로 행사가 치러졌고, 관객의 이목을 끄는 무대를 만들기 위해 학예회용 학원 프로그램이 생길 정도였다. 그래서 이 같은 부작용을 최소화하고자 최근의 학예회는 예전의 모습을 버리고 새롭게 거듭나고 있다. 학교현장에서는 교육과정과 연계해 수업이 곧 학예회 준비가 되며 학예회가 수업의 일부인, 서로의 작품에 관심을 갖고 함께 즐기는 학예회를 기획하는 추세이다. 교육과정의 정상운영이라고 할 수 있겠다. 그렇다면 어떻게 해야 교육과정과 학예회를 잘 연계할 수 있을까?

예전의 학예회 & 지금의 학예회

예전의 학예회는 학교의 큰 행사였다. 내빈을 초청하고, 교장 선생님과 지역 인사의 축사로 학예회를 열었다. 반별 작품을 무대에 올리면 학생들은 우리 반이나 친구가 공연하는 무대에만 관심 있을 뿐 나머지 시간은 공연순서를 기다리거나 장난치며 억지로 자리를 지켰다. 학예회의 주인공이어야 할 학생은 수동적인 관객일 뿐이었다. 학예회 업무를 담당하는 교사는 무대 장식이며 내빈 초대, 식전 행사까지 준비했고, 행사 며칠 전부터는 학교 구성원 전체가 움직여야 했다.

하지만 학교 중심의 학예회에서 학년 중심, 학급 중심의 학예회로 변화하면서 학생들은 나와 같은 것을 공부하고 비슷한 생각을 하는 또래의 작품을 즐기고, 자신들의 배움을 깊이 있게 나누며 성장할 수 있게 되었다. 게다가 성대한 학예회를 준비하고 무사히 행사를 치러야 하는 교사의 수고도 덜게 되었다.

알찬 학예회,
고정관념 버리기

학예회 공연이나 전시 주제를 수업과 동떨어진 것으로 하면 교사는 수업 진도도 나가야 하고, 학예회 지도도 해야 하니 스트레스를 받는다. 학생들도 체육, 음악 시간마다 카드섹션이나 수화를 반복 연습해야 하는 학예회 준비에 즐겁게 참여하기 어렵다. 고정관념을 버리자. 학예회는 멋지게 완성된 결과물을 뽐내는 자리라는 인식은 이제 놓아도 된다.

요즘 학예회는 그간 학습한 결과를 공유하는 장으로 변하며 교육 과정과 가까워지고 있다. 학예회 즈음에 공부하는 학습 주제를 전시하고 관련 내용으로 공연한다면 수업이 곧 학예회 준비시간이고, 학예회가 수업의 일부가 된다. 학예회가 다가오면 주제별로 활동을 진행해온 동아리, 방과 후 수업이 주제 선정에 어려움을 겪지 않듯이 교실에서 이루어진 학습활동 중 무대에 올릴 만한 것, 전시할 만한 것을 찾아보면 된다. 부담을 내려놓으면 즐길 수 있다.

다음은 교육과정과 연계해 교과내용을 비롯한 학년 특색활동이나 창의적 체험활동 시간의 결과물을 전시한 학예회 프로그램 예시이다. 공연도 학교에서 배운 것을 학생 스스로 변형, 발전시켜 자율적으로 준비하며 배움의 깊이를 더하는 시간으로 만들었다. 학급 단체 공연의 경우 학급 회의에서 주제를 선정하고 연습시간과 공연내용 등을 정한다. 교사는 교육과정 내에서 학생들이 전시, 공연할 수 있도록 가이드 라인을 만들어 제시하고, 곡 선정이나 연극 대본 짜기 등의 세부사항은 학급이 직접 준비하도록 지도하면 학생이 주인공으로 자리매김하는 학예

전시회 프로그램 예시

학년	전시내용	관련 교육과정
1	청사초롱, 나무젓가락과 털실을 이용한 직조물	통합교과-우리나라 학년 특색활동-손끝 활동
2	가을 느끼기-시화, 우리 마을의 가을 모습	통합교과-가을
3	지끈(종이끈)으로 만든 그릇, 붓글씨 족자	사회-옛날과 오늘날, 미술
4	한글 협동 작품, 문패	사회-우리나라 지역 축제, 미술
5	한지공예, 캘리그라피, 방패연	미술-미술관 만들기
6	빛 상자, 몰라MOLA 디자인	창체-진로
동아리	만화부, 페이퍼크래프트 동아리 등 작품 전시	동아리활동 결과물
방과후	각 부서별로 부서 소개 및 사진, 결과물 전시	방과 후 특기적성 활동 결과물

학급 학예회 프로그램 예시(저학년)

	공연 분야	공연내용	관련 교육과정
1	태권도	태권도 품새	개인 특기
2	기악	바이올린	방과 후 특기적성
3	줄넘기	양발 모아 뛰기, X자 줄넘기	스포츠클럽
4	로봇	직접 만든 로봇으로 로봇 대결	방과 후 특기적성
5	노래와 율동	숫자송	통합교과, 수학
6	인형극	나랑 함께 놀자	통합교과
	…중략…		

학년 학예회 프로그램 예시(고학년)

	공연 분야	공연 내용	관련 교육과정
1	합주, 합창(학급)	마법의 성-리코더, 멜로디언, 피아노, 합창	음악-기악, 합창
2	티니클링	Cheer up	체육-표현
3	리코더 합주	할아버지 시계	음악-기악
4	연극	새로 꾸민 흥부와 놀부	국어-희곡
5	가야금 합주	홀로 아리랑	음악+지역문화사업
6	댄스(학급)	붐바스틱	체육-표현
	…중략…		

회를 만들 수 있다.

그 외에도 국어과의 동시 암송이나 연극, 음악과의 기악(단소, 리코더), 합창, 체육과의 태권도, 표현활동 등을 학예회에서 발표하면 교사는 공연 자체를 평가 장면으로 활용할 수 있다. 또, 지역에서 실시하는 문화예술 사업, 학교 특색 사업 등의 결과를 모아 학예회를 더욱 풍성하게 만들 수 있다. 학예회 즈음의 교과활동들을 구슬 꿰듯 하나로 모은다고 생각하면 무슨 내용을 어떻게 구성해 학예회를 할 것인지 얼개를 짤 수 있을 것이다.

학예회
준비 꿀팁

학예회 MC를 선발하자

학예회 진행자를 공개 선발한다. 학년 학예회라면 학년 전체에 공지해 방과 후 시간에 공개 심사한다. 희망자에게는 대본 작성능력, 전달력, 자신감 등의 선발 기준을 알려주고 학예회 프로그램의 오프닝, 클로징, 공연 중 두세 꼭지를 소개하는 대본을 작성해오게 하자. 진행자 공개 선발과정을 거치면 자신이 보완할 부분이 무엇인지, 진행자로서 바람직한 태도가 무엇인지 등을 스스로 깨달을 수 있고, 선발된 진행자는 더욱 책임감 있게 학예회를 준비할 수 있다. 희망자가 많다면 1부, 2부 진행자를 따로 뽑아 많은 학생에게 기회를 주자.

소극적인 학생도 함께하자

무대에 올라가는 것이 부끄럽거나 부담스러워 학예회에 참여하지 않는 학생이 있다면 단체 프로그램을 만들어 멍석을 깔아주자. 영어시간에 배운 팝송이나 음악시간에 배운 기악도 좋다. 학생들이 따로 시간을 내어 연습하지 않아도 수업시간에 몇 번 더 연습해 무대에 오를 수 있도록 부담을 덜어주자.

아이들을 스태프로 활용하자

마이크, 보면대, 의자 등 무대마다 필요한 준비물이 다르다. 스태프를 뽑아 특별한 학예회로 만들어보자. 자존감이 낮은 학생이나 친구와 갈등을 겪고 난 후 회복기에 있는 학생에게 역할을 주면 자기 효능감을 느낄 수 있고, 자연스럽게 친구 관계도 개선된다.

학예회
정리하기

학예회에 사용된 공간 정리, 시간 운영에 급급해 학예회를 마친 뒤 교실에서 마무리를 소홀히 하고 넘어가서는 안 된다. 수업시간에 배운 내용을 정리하고 배움의 정도를 확인하는 것이 중요하듯 큰 행사를 마쳤다면 학생들과 함께 이를 돌아보는 시간을 가져야 한다. 학예회를 마친 소감, 인상 깊었던 점, 아쉬웠던 점 등에 대해 이야기 나누자. 서로의 수고를 칭찬하고 되돌아보는 성찰의 시간을 거치며 아이들은 한 뼘 더 성장할 것이다.

저학년은 인상 깊었던 장면 그리기나 짧은 일기로 축제를 잘 치른 것을 기념할 수 있고, 고학년은 학예회를 주제로 학급회의를 열 수 있다. 이 과정에서 교사는 학생들의 만족도를 알아볼 수 있으며, 다음 해 학예회를 준비하는 기초자료로 활용할 수 있다.

화려하지 않은 학예회

나의 초임시절 첫 학예회는 준비에 지쳐서 정작 우리 반 아이들이 어떤 표정으로 공연했는지 들여다볼 겨를이 없었다. 행사 전날 불 꺼진 학교 구름다리에서 손전등을 비추어가면서 늦은 시간까지 작품 전시를 수정했던 기억, 학예회의 첫 무대가 시작될 때까지 지역 인사의 축사를 듣느라 지루했던 기억만 흐릿하게 남았다. 행사를 치르느라 바빠 우리 반 아이들과 진심으로 함께하지 못한 것이 지금도 아쉽다.

어떤 학교에서는 행사마다 걸리는 그 흔한 현수막, 학부모 참관, 다른 학년의 관객도 없이 학년끼리만 학예회를 열기도 한다. 고정관념 속 학예회의 이미지와는 정반대의 모습이다. 교사는 학급 공연 주제 선정을 위한 학급회의를 열고 준비를 도울 뿐, 거의 모든 과정이 학생의 손에서 이루어진다.

학예회의 멋진 무대 장식이나 의상은 시간이 흐르면 기억에서 서서히 잊힐지 몰라도 학교에서 배운 것을 '우리 것'으로 만들어 함께 즐긴 시간은 오래도록 기억될 것이다. 교사와 학생 그리고 수업도 살아 숨 쉬는 '화려하지 않은 학예회'를 만들어보자.

출결

학생이 학교에 안 나와요

> **나신규** 강부장님. 우리 반 학생이 한 달 동안 필리핀으로 어학연수를 간다고 하는데 교외체험학습으로 신청할 수 있냐고 문의를 하시네요. 가능한 건가요?
>
> **강부장** 어학연수 같은 미인정 유학은 교외체험학습의 사유가 되지 않습니다. 결석으로 처리해야 한다고 말씀드리세요.
>
> **나신규** 알겠습니다. (조금 뒤 NEIS 화면을 보며) 결석도 종류가 많네. 질병 결석은 아닌 것 같고… 미인정 결석과 기타 결석 중에 어떻게 처리해야 하지?

담임교사로서 학생들과 1년 동안 함께 지내다 보면 여러 상황으로 학생들의 출결처리와 관련해 학부모들의 다양한 문의를 받게 된다. 매년 하는 담임 업무 중 한 가지이지만 워낙 상황이 다양하다 보니 각 상황에 따른 출결처리에 혼란을 겪기도 한다.

담임교사로서 학생 출결처리 방법에 대해서 얼마나 잘 알고 있는
지, 다음 각 상황을 보고 네 가지 결석 중 어느 것에 해당되는지 표시
해보자.

학생 출결처리 방법 테스트

질병(♡), 미인정(♥), 기타(▲), 출석인정(△)

상황	결석 종류
• 법정 감염병으로 인한 결석	
• 외증조부 사망으로 인한 결석	
• 학교장이 인정한 가족 봉양 등 부득이한 개인사정으로 인한 결석	
• 학교장 허가를 받은 교외체험학습으로 인한 결석	
• 학교 대표 대회 및 훈련 참가로 인한 결석	
• 공납금 미납 사유로 인한 결석	
• 범법행위로 인한 책임 있는 사유로 결석	
• 해외 어학연수로 인한 결석	

※ 정답은 각주 참고*

8문제 중 6개 이상을 맞추었다면 웬만한 경력교사 못지않은 출결처
리 관련 지식을 갖추었다고 볼 수 있다. 물론 현장에서 실무를 처리할
때는 6개가 아니라 모든 상황에 맞는 정확한 학생 출결처리 방법을 알
아야 한다. 출결처리는 담임교사로서 수업일수 동안 매일 처리해야 하
는 중요 업무라는 것을 잊지 말아야 한다. 만약 놓친 부분이 있다면 이

----

* 정답: 출석인정, 출석인정, 기타, 출석인정, 출석인정, 기타, 미인정, 미인정

기회에 정확히 숙지하자.

이외에도 학생 출결과 관련된 규정이 많아서 잘 파악하고 대응하지 않으면 여러 문제가 발생할 수 있다. 그렇다면 훈령에서 규정하는 출결 상황은 어떤 것들이 있으며 이를 학교현장에서는 어떻게 적용하면 좋을지 확인해보도록 하자.

수업일수

2019 학교생활기록부 기재요령에 따르면 주 5일 수업을 전면 실시하는 경우 매 학년 190일 이상 수업일수를 정하도록 되어 있다. 다만, 학교의 장은 천재지변, 연구학교의 운영 또는 105조에 따른 자율학교의 운영 등 교육과정의 운영상 필요한 경우에는 10분의 1의 범위에서 수업일수를 줄일 수 있다. 대부분의 학교가 이 규정에 의거해 매년 190일 이상 수업일수를 편성한다. 또한 학생의 각 학년과정의 수료에 필요한 출석일수는 「초·중등교육법 시행령」 제45조의 규정에 의한 수업일수의 3분의 2 이상으로 한다. 예를 들어 수업일수가 190일일 경우, 127일 이상은 등교해야 해당 학년을 수료할 수 있는 것이다. 단, 귀국학생 및 중도 재취학·편입학생의 해당 학년 수료 기준 수업일수는 입급일로부터 학년 종료일까지 수업일수의 3분의 2 이상 출석으로 해당 학년을 수료한다. 미인정 유학으로 재취학하는 학생은 당해 학년 수업일수의 3분의 2 이상 남은 시점까지는 수시로 입급할 수 있지만 3분의 2 미만이 될 경우 재취학이 불가능하므로 수업일수를 잘 확인해야 한다.(단, 학생과 학부모가 원하면 재

취학할 수는 있지만 수업일수 부족으로 수료 및 졸업이 되지 않으며 학년 말 유급처리한다.)

결석

결석과 관련된 규정은 담임교사로서 반드시 정확하게 숙지하고 그에 따라 처리해야 한다. 즉, 학생이 해당 날짜에 출석하지 않았을 경우 상황에 따라 출석인정 결석, 질병 결석, 미인정 결석, 기타 결석으로 나누어 처리한다.

출석인정 결석

학교장 허가 교외체험학습

출석인정 결석의 대표적인 것으로는 학교장 허가 교외체험학습을 들 수 있다. 이외에도 법정 감염병, 대회 및 훈련 참가 등의 경우 출석인정 결석으로 처리한다. 학교장 허가 교외체험학습 허가 일수는 교육과정 이수에 지장이 없는 범위 안에서 학칙으로 정한다. 현장체험학습, 친인척 방문, 가족동반 여행, 고적답사 및 향토 행사 참여 등의 내용으로 신청할 수 있다.

학교장 허가 교외체험학습을 하기 위해서 우선 출발 전 학생은 담임교사에게 교외체험학습 신청서 및 학습계획서를 제출해야 한다. 학교장 심사 후 승인 여부를 학부모에게 통보하고 승인되면 가정에서 교외체험학습을 실시한다. 돌아온 뒤에는 교외체험학습 보고서를 담임 교사에게 제출하고, 담임교사는 사실 확인 후 출석으로 처리한다. 이때 학교 대표 스포츠 활동 외의 사교육 기관 주체 체육활동 참여나 대회 는 학교장 허가 교외체험학습 신청을 하더라도 출석인정 결석으로 처리할 수 없으며 미인정 결석으로 처리해야 한다. 이 부분은 학기 초에 미리 학부모에게 안내해 추후 민원이 발생하지 않도록 해야 한다.

경조사

경조사는 상황에 따라 출석인정일 수가 다르므로 각각의 상황에 따른 출석 인정일수를 적용해야 한다. 경조사 사안 발생 당일뿐 아니라 전후에 출석하지 못한 경우에도 가능 일수 내에서 출석으로 인정할 수 있다.

경조사별 출석 인정일수

구분	대상	일수
결혼	형제, 자매, 부, 모	1
입양	학생 본인	20
사망	부모, 조부모, 외조부모	5
	증조부모, 외증조부모, 형제·자매 및 그의 배우자	3
	부모의 형제·자매 및 그의 배우자	1

법정 감염병

법정 감염병은 완치될 때까지 출석인정이 가능하다. 이때 법정 전염 병에 감염된 학생의 증상이 호전을 보이더라도 학부모 임의로 출석 여부를 결정하는 것이 아니라 반드시 의사의 진료확인서 등 감염병 완치

확인을 받아야 등교할 수 있다. 학교에 보건교사가 있다면 환자가 발생했을 때 협의하며 절차를 진행할 수 있다. 법정 감염병의 종류는 질병관리본부*에서 확인 가능하다.

대회 및 훈련 참가

대회 및 각종 훈련 참가와 관련해 학교장 허가를 받은 '학교·시·도(교육청)·국가를 대표한 대회 및 훈련 참가'로 출석하지 못한 경우 출석인정이 가능하다. 하지만 개인 자격의 훈련 및 대회 참가는 미인정 결석으로 처리된다. 대회 훈련 및 참가에 따른 학부모 문의와 민원이 많은만큼 담임교사는 정확하게 확인하고 기록할 필요가 있다.

기타 출석인정 결석

기타 출석인정의 경우 교사가 임의로 판단하는 것이 아니라 다음 사항일 경우에 한해 기타 출석인정으로 처리한다. 학교폭력 피해자 보호 조치가 필요할 경우, 여학생 중 생리통이 극심해 출석이 어려운 경우(월 1일), 보호관찰소에서 명한 사회봉사 및 특별교육 등의 수강기간, 대안교육 기간, 교환학습 등의 경우 출석으로 인정한다.

---

* http://www.cdc.go.kr/npt/biz/npp/portal/nppLwcrIcdMain.do

질병 결석

질병 결석은 감기, 복통, 두통 등 질병으로 인해 등교하지 못한 경우이다. 결석한 날로 5일 이내에 의사소견서, 진료확인서 등의 증빙자료를 첨부해 결석계를 제출하고 학교장 승인을 받아야 하지만 상습적이지 않은 2일 이내의 결석은 보통 담임교사확인서로 대체해 처리할 수 있다.

최근 미세먼지 때문에 대기의 질이 나쁜 날에는 학교에 출석 관련 문의가 많이 들어오는데 이러한 경우도 질병 결석이 가능하다. 단, 당일 등교시간 실시간 미세먼지 농도가 '나쁨' 이상이고 학부모가 사전에 연락해야 한다.

미인정 결석

미인정 결석은 학교폭력 등 출석정지 징계를 받았을 때, 학원 수강, 해외 어학연수 등의 사유로 결석을 했을 때, 학칙으로 정한 교외체험학습 기간을 초과했을 때, 기타 합당하지 않은 이유 등으로 결석을 했을 때 기록한다. 예전에는 무단결석으로 불리었으나 '무단'이라는 어감이 주는 거부감, 명칭에 대한 학부모의 항의, 민원 등의 이유로 명칭이 미인정 결석으로 바뀌었다.

기타 결석

기타 결석은 부득이한 개인사정에 의한 결석임을 학교장이 인정하는 결석인데, 인정되는 경우의 수가 많지 않은 편이다. 학생이 출석인정 사유를 충족하거나 아픈 경우가 아니라면 대부분 미인정 결석으로 처리하면 된다. 기타 결석으로 판단되는 경우에는 담임교사가 혼자 결정하기보다 담당부장이나 관리자와 상의해 판단하는 것이 좋다.

지각·조퇴·결과

결석은 아니지만 수업에 일부 참여하지 못한 경우 상황에 따라 지각, 조퇴, 결과로 기록한다. 지각은 학교장이 정한 등교시각까지 출석하지 않은 경우이다. 조퇴는 학교장이 정한 등교시각과 하교시각 사이에 하교한 경우로 보통 수업 중 몸이 좋지 않거나 개인사정으로 일찍 귀가하는 경우를 뜻하고, 결과는 수업시간에 불참하거나 교육활동을 고의적으로 방해한 경우로, 학교에는 있었지만 여러 사정으로 교육과정에 참여하지 않은 것으로 볼 수 있다. 지각, 조퇴, 결과의 사유도 결석과 동일하게 질병, 미인정, 기타로 처리하며 같은 날짜에 지각, 조퇴, 결과가 동시에 발생한 경우 학교장이 판단해 한 가지 경우로만 처리한다. 전학을 가더라도 이전 학교에서 있었던 지각, 조퇴, 결과 횟수는 합산된다.

그 외
출결사항

소년원학생의 학적과 성적 처리방법

보호소년이 소년원학교에 입교하면 입학·전학 또는 편입학한 것으로 보고 소년원학교에서 학적을 관리한다. 따라서 입소 시 담임교사가 따로 관리할 것은 없다. 다만, 소년원학교장은 보호소년의 학적 기록사항을 매 학기 또는 매 학년이 종료되기 이전까지 전적 학교의 장에게 보내도록 되어 있으므로 이에 대한 지속적인 확인은 필요하다. 또한 보호소년이 전적 학교의 졸업장 취득을 희망할 경우 소년원학교의 학적을 전적학교의 학적사항으로 보기 때문에 사안이 발생하면 담당부장 및 관리자와 협의해 규정에 따라 처리하면 된다. 그 외 자세한 규정 및 내용은 「보호소년 등의 처우에 관한 법률」 제31조, 제32조, 제34조, 「보호소년 등의 처우에 관한 법률 시행령」 제64조의 2, 제85조를 참고하도록 한다.

대안교육 위탁 교육기관 위탁 학생의 학적과 성적 처리방법

「초·중등교육법」 제28조, 「초·중등교육법 시행령」 제54조에 따르면 성격장애나 지적기능의 저하 등으로 인해 학습에 제약을 받는 학생 중 학습장애를 지닌 특수교육 대상자로 선정되지 않은 학생, 학업 중단 학생에 대해 교육상 필요한 시책을 마련해야 하며, 교육감이 인정하는 교육기관 등에 위탁해 교육을 실시할 수 있다고 명시되어 있다. 따라서 위탁 교육기관이 학생을 선발해 데려가는 것이 아니라 학교와 학부모,

학생이 필요에 따라 선택하고 학교장이 판단해 위탁교육기관에 맡기는 것이다. 위탁교육기관의 출석·수업·평가를 모두 인정받고 수료할 경우 소속 학교의 졸업장을 수여한다.

정보통신매체를 이용해 수업받은 학생의 학적과 성적 처리방법

「초·중등교육법 시행령」제48조 제4항은 '학교의 장은 교육상 필요한 경우에는 원격수업 등 정보통신매체를 이용해 수업을 운영할 수 있다. 이 경우 교육대상, 수업운영 방법 등에 관해 필요한 사항은 교육감이 정한다'이다.

교육감이 지정한 교육기관 등에서 정보통신매체를 이용한 수업을 진행할 경우 적용된다. 병원학교 및 원격수업 등 정보통신매체를 이용해 수업받는 건강장애학생의 경우도 위의 내용과 유사하며 연결되는 부분이 있다. 자세한 내용은 시·도교육청마다 조금씩 다르기 때문에 각 지역의 상황별 운영지침을 확인해야 한다.

출결 NEIS*
입력방법

출결 관리는 먼저 '결석', '지각', '조퇴', '결과'를 선택하고 출결 사유에 따른 구분('질병', '미인정', '기타', '출석인정')을 선택해 입력한다. 입력 후 저장버튼을 누르면 '출결비고입력' 팝업창이 뜨는데 이곳에는 각 출결에 따른 참고정보(현장체험학습, 몸살감기 등의 사유)를 입력한다. 이곳에 '출결비고'를 입력해놓으면 학기 말 성적표에 기록해야 하는 '출결'에 대한 '특기사항' 입력 시 참고**가 된다.

매월 마지막 날에는 월별로 출결을 마감하는데 이때 한 번에 출결 상황을 입력하면 누락이 발생할 수 있으니 출결은 매일 입력하는 것을 권장한다. 월별 마감 이후 출결사항에 대한 수정이 필요할 경우에는 '마감 취소'해야만 수정할 수 있다.

출결 관련
알아두면 좋은 것들

학생이 해외로 나간대요

종종 학부모로부터 해외로 길게 나가는데 어떻게 하면 되겠느냐는 문의를 받을 때가 있다. 짧은 가족여행 정도라면 학교장 허가 교외체험학습으로 처리하면 되지만 몇 개월에서 몇 년을 나가야 한다면 대응방법이 달라진다.

의무교육이 면제되는 정당한 해외출국은 이민, 부모의 해외취업, 공무원 및 상사주재원인 부모의 해외파견, 연구수행 목적의 교환교수 등에 의해 가족(부 또는 모)이 동행해 외국으로 출국한 경우로 규정한다.

---

* [NEIS]-[학적]-[출결관리]
** 출결 특기사항 등록 시 '비고 가져오기'를 통해 참고내용을 불러올 수 있다.

이 중 부 또는 모 등 부양의무자 중 1인과 출국해 외국에 체류하기 위해서는 ① 부 또는 모의 공무상 해외파견 및 이에 준하는 경우, ② 증빙자료(해외파견 관련 소속 기관 공문 등), 거주 기간(재외국민등록부등본상의 체류기간), 실제 체류 기간(출입국사실증명서), 재학 기간 등 증명이 가능한 경우로 제한한다. 이에 해당하지 않는 상태에서 어학연수 등의 이유로 해외에 장기간 머문다면 미인정 유학으로 처리된다. 미인정 유학으로 한 달 정도 학교에 나오지 못한다면 미인정 결석으로 기록해 관리할 수 있지만, 수업일수 3분의 1 이상 장기 결석한 학생에 대해서는 학칙이 정하는 바에 따라 교육정보시스템에서 유예처리 후 정원 외로 학적을 관리해야 한다.

의무교육관리위원회는 무엇인가요

의무교육관리위원회는 학생의 취학 및 입학 유예 등에 대한 신청이 들어왔을 때 이를 심의하는 기관으로 「초·중등교육법 시행령」 제25조의2(의무교육관리위원회의 설치)에서 관련 내용을 규정한다.

이 위원회는 학생이 이전에 장기간 해외 연수 및 유학, 대안학교 진학 등의 사유로 취학 의무의 면제 또는 유예를 받으려고 할 때 심의를 통해 결정하는 역할을 한다. 신청이 들어오면 학교장이 개최 여부 및 시기를 결정하되 신청 후 10일 이내에 개최해야 한다. 또한 회의록 및 결과보고서를 작성하고 결정사유에 대한 근거를 상세히 남겨야 한다. 「초·중등교육법 시행령」 제28조의 내용을 참고하면 취학 의무의 면제 또는 유예의 절차와 의무교육관리위원회의 역할을 자세히 알 수 있다.

전학을 간대요

학부모로부터 며칠 뒤 이사 때문에 전학 가야 한다는 연락이 오면 무엇부터 해야 할까? 우선, 학생의 NEIS 성적입력을 확인해야 한다. 보통 연말에 한꺼번에 하기 위해 미뤄두고 평소에 입력하지 않는 경우가 많은데 전학생은 반드시 그 시점까지의 평가기록, 창의적 체험활동 활동기록 등을 모두 입력해야 한다. 그렇지 않으면 학생이 전학 간 학교에서 보내달라는 요청이 온다.

또한 학생이 사용한 사물함, 책상 서랍을 정리해서 무거운 물건은 미리 보내고 짐 정리를 해서 두고 가는 물건이 없도록 하고, 하루 전에 반 친구들에게 전학 사실을 알리며 마지막으로 인사할 수 있도록 안내한다. 전학 가기 며칠 전 학적 담당 선생님에게 사전에 전학 예정임을 통지하고 혹시 마무리할 서류 작업이나 도서관 책 반납, 우유 급식 등 스쿨뱅킹 관련 문제가 남아 있지는 않은지 확인하는 것이 좋다.

전학을 왔어요

전학생은 보통 당일에 예고 없이 불쑥 찾아온다. 학년에서 우리 반학생 수가 가장 적다면 특별한 일이 없는 한 우리 반으로 오기 때문에 언제든 전학생이 올 수 있다는 마음의 준비를 해야 한다.

전학생이 오면 담당선생님이 학생에 대한 정보를 알려주신다. 보통학생과 보호자가 함께 오기 때문에 바로 알아야 할 중요 내용은 그 자리에서 학부모와 이야기할 수도 있고, 특별한 내용이 없는 경우 인사만하고 학생과 함께 교실로 돌아온다. 반 친구들에게 전학생이 간단한 소개와 인사를 하도록 하고 앉을 자리, 사물함 등을 안내해준다. 전학생이 잘 적응할 수 있도록 학급임원이나 붙임성 좋고 성실한 친구와 짝꿍을 지어주는 것도 좋다.

국정교과서는 그대로 사용하고, 검인정교과서는 이전 학교 교과서와 다를 수 있으므로 확인해 새로 나눠준다. 이전 학교의 전학생 NEIS 정보가 우리 학교로 넘어오면 지금까지의 성적이나 누가기록, 기타 정보 등이 잘 입력되었는지 꼼꼼히 확인하고, 정보가 부족하거나 잘못 입력된 경우 다시 입력해서 보내줄 것을 요청한다. 새로 이사 온 주소로 NEIS 누가기록 입력을 마치면 전학생 맞이 기본적인 준비는 끝이 난다.

2019 학교생활기록부 기재요령
교육부 홈페이지-정책정보공표-초·중·고 교육

보호소년 등의 처우에 관한 법률
국가법령정보센터

보호소년 등의 처우에 관한 법률 시행령
국가법령정보센터

초·중등교육법
국가법령정보센터

초·중등교육법 시행령
국가법령정보센터

11월

나누고 공유하고
공감하는
우리의 자세

프로젝트

프로젝트 수업 따라잡기

그럼에도 나는 '프로젝트 수업'*

(전략)

프로젝트 수업의 어려움을 다 감안하더라도 프로젝트 수업에 대한 나의 생각은 '그럼에도'이다.

'그럼에도 프로젝트 수업' 이것이 나의 결론이다. 그런 결론을 내린 가장 큰 이유는 아직은 프로젝트 수업이 과정중심평가에 가장 적절한 형태라고 생각하기 때문이다.

과정중심평가는 성취기준에 근거해 수업 진행과정에서 지속적이고 형성

---

* http://www.eduinnews.co.kr/news/articleView.html?idxno=15097

적으로 이루어지는 평가를 말한다. 수업 활동을 통해 학생들의 성장을 지원하는 평가이므로 교사는 피드백 등을 통해 학생들의 활동을 개선하고 수정 및 보완할 수 있도록 미리미리 수업을 디자인해야 한다.

이러한 과정중심평가의 핵심 내용을 구현하기 위해서는 다양한 활동 속에서 협력적 의사소통이 일어날 수 있도록 수업을 계획해야 하는데, 거기에 필요한 활동이 프로젝트 수업과 맞닿아 있다.

학생들이 수업 과제를 해결하고 재구성하며 새롭게 재창조해내는 프로젝트 수업 과정이 학생의 성장을 지원하는 평가와 연결되어 너무나 매력적이라 생각한다.

앞서 프로젝트 수업에 대한 어려움을 두서없이 제시했다. 모든 문제의 해결은 문제의 인식에서 시작한다. 이제 문제인식을 시작했으니 다음은 문제 해결방법에 대한 고민이 뒤따라야 할 것이다. 그래서 프로젝트 수업이 부담보다는 친근함으로 다가올 수 있도록 지속적인 개선과 효율적인 적용 방안을 마련해야 한다.

프로젝트 수업은
무엇이고 어떻게 하나요?

현장을 중심으로 프로젝트 수업에 대한 관심이 매우 높다. 프로젝트 수업은 무엇인가? 프로젝트 수업은 엄밀히 말하면 '프로젝트 기반 학습project based learning'을 어원으로 한다. 줄여서 프로젝트 학습 또는 PBL

이라는 약어로도 사용된다.

프로젝트 수업, 프로젝트 학습이란 학생들이 스스로 자기 삶의 영역에서 문제를 발견하고, 발견한 문제의 해결방안을 찾아내는 과정에서 협력적인 관계성에 기반한 탐구활동이라고 할 수 있다. 이때 교사는 학생과 함께 적극적으로 교육과정을 재구성하고 수업기획의 조력자 역할을 한다. 교사와 학생의 적극적인 교류와 소통으로 교실수업의 한계를 벗어나 참여자 모두가 세상과 맞닿을 수 있는 기회를 가지게 되며, 함께 성장할 수 있다.

프로젝트 수업을 시작하려는 교사에게 전하는 단상

일단 몸으로 부딪쳐라

'프로젝트 수업이 뭘까? 어떻게 해야 할까?' 고민만 하다 보면 아무것도 시작할 수 없다. 여기서 분명한 것은 단 몇 차시, 아니 단 한 차시라도 교사의 수업에 대한 고민이 반영되었다면, 그것 역시 프로젝트 수업이라는 점이다.

담을 수 있는 것만 담아라

프로젝트 수업을 진행하면서 너무 많은 것을 담으려고 하면 교사도 학생도 지치기 마련이다. 꼭 담고 싶었던 것들을 선정해 그것을 기반으로 활동과 연결시키는 것이 좋다. 이 부분에서 교사는 교과서 진도에 대한 압박을 느낄 수 있다. 하지만 그 압박에서 벗어나야 한다. 교과서를 넘어 내용을 재구성해서 프로젝트를 진행하고 있다는 확신을 가져야 한다.

언제든 변할 수 있기에 프로젝트다

생각했던 것과 다르게 흘러가는 프로젝트의 모습에 당황하기도 할 것이다. 어쩌면 이런 현상은 너무나 당연하고, 바람직하다고 할 수 있다. 학생과 교사가 끊임없이 반성적으로 사고하며 만들어가는 활동이기에 프로젝트는 항상 변화하고 진화하기 마련이다. 오히려 아무런 변화가 감지되지 않는 프로젝트를 경계해야 한다. 다만 이 변화의 지점에서 목표하고자 한 지향점은 지켜야 한다.

인디언의 주문이 필요하다

비가 올 때까지 기우제를 지낸다는 인디언의 주문처럼 프로젝트 수업도 끝까지 기다려줄 수 있는 믿음이 필요하다. 학생들의 성장 속도는 제각기 다르다. 모든 아이가 정시에 정확한 속도로 목표지점을 통과할 수는 없다. 프로젝트를 통해 개별 학생에게 어떤 성장을 기대하는지 명확한 목표를 정해보자.

교육과정 재구성과 프로젝트 수업의 관계

교육과정 재구성과 프로젝트 수업은 다른 것일까? 아니다! 프로젝트 수업이라는 말 자체에 이미 교육과정 재구성의 의미가 담겨 있다. 교육과정 재구성은 방법이나 내용, 형태에 따라 매우 다양하다. 하나의 차시 안에서 어떤 내용을 먼저 수업할 것인가를 고민하고 변화시키는 것도 교육과정 재구성의 범주에 들어간다. 이 책의 두 번째 꼭지 〈만들어가는 교육과정〉의 '교육과정 재구성 이해하기' 부분에서도 다루었으니 관련 내용을 다시 확인해보자.

다음으로 실제 이러한 교육과정 재구성을 통해 프로젝트 수업이 적용된 사례를 살펴보자.

사례

3학년 1학기 교육과정 재구성

학년 (3)학년 (1)학기

교육기간 총 (42)차시

주제 [성장], [Grow UP!!!], [成長]

과목 국어(20차시), 과학(12)차시, 창체(10차시)

선정 이유 성취기준과 연계된 자연(동, 식물)의 변화를 통해 성장이라는 키워드를 꺼내어보았다. 앎과 삶이 결국 이어져야 한다면 생명이 자연의 변화와 함께 성장하고 결국 자신도 자연의 일부로서 성장했다는 것을 알게 될 것이다.

3학년 아이들과 함께 꼼꼼하게 봐야 하는 성취기준은 아래와 같다.

프로젝트 수업 관련 성취기준 조망하기

성취기준	수업내용	교과영역	평가방법
[4과10-01] 동물의 암수에 따른 특징을 동물별로 비교해보고, 번식과정에서 암수의 역할이 다양함을 설명할 수 있다.	동물의 암수에 따른 특징을 비교해 번식과정에서 암수의 역할이 다양함을 설명하기	생명의 연속성	구술
[4과10-02] 동물의 한 살이 관찰 계획을 세우고, 동물을 기르면서 한 살이를 관찰하며, 관찰한 내용을 글과 그림으로 표현할 수 있다.	동물의 한 살이 관찰하기	생명의 연속성	보고서법
[4과10-03] 여러 동물의 한살이 과정을 조사해 동물에 따라 한 살이의 유형이 다양함을 설명할 수 있다.	동물의 한 살이 과정 비교하기	생명의 연속성	보고서법
[4국05-05] 재미나 감동을 느끼며 작품을 즐겨 감상하는 태도를 지닌다.	재미나 감동을 느낀 부분을 찾으며 작품 감상하기	문학	역할놀이
[4국05-01] 시각이나 청각 등 감각적 표현에 주목하며 작품을 감상한다.	감각적 표현의 효과 느끼기	문학	자기 보고법/ 시연

프로젝트 수업과 관련된 성취기준을 살펴보면서 3학년 아이들과 교사, 학부모까지 함께 성장케 하는 주제를 발견할 수 있다.

	교과	단원	시수	성취기준
성취 기준	국어	3-1-1 3-1-10	20	- 시각이나 청각 등 감각적 표현에 주목하며 작품을 감 상한다. - 재미나 감동을 느끼며 작품을 즐겨 감상하는 태도를 지닌다.
	과학	3-1-3	12	- 동물의 한 살이 관찰계획을 세우고, 동물을 기르면서 한 살이를 관찰하며, 관찰한 내용을 글과 그림으로 표 현할 수 있다. - 여러 동물의 한 살이 과정을 조사해 동물에 따라 한 살이의 유형이 다양함을 설명할 수 있다. - 동물의 암수에 따른 특징을 동물별로 비교해보고, 번 식 과정에서 암수의 역할이 다양함을 설명할 수 있다.
	창체	자율 활동	10	-범교과 연계학습(컴퓨터 활용교육 등)
	+α	필요에 따라 시수 증배 및 기타 교과활용		
주제 선정이유	-국어와 과학 인문과학 융합 프로젝트 구안 -아이들의 흥미와 참여동기를 높일 수 있는 연계성 있는 구성의 용이성			

활동	관련 교과	시수	활동내용	평가
1 단계	국어 창체 과학	1~5	•우리의 성장 이야기 나누기 •온책읽기 속 성장 이야기 •동물들의 한 살이 알아보기	평가 안내
2 단계	국어 창체	6~8	•이야기 속 성장 시나리오 즉흥 극 만들기 •키우고 싶은 동(식)물 선정하기 +연극 주제 확인	과정중심평가. 1-1 : 역할놀이 즉흥극 발표태도
3-1 단계	국어	9~22	•성장 이야기 연극 준비하기(연극 강사 팀티칭) •연극 대본 만들기 •연극 역할 정하기 •연극 기본 자세 배우기 •역할 오디션 •동선 짜기 및 무대 시연	과정중심평가. 1-2 : 정의적 능력 평가 (참여도)

11월 | 나누고 공유하고 공감하는 우리의 자세   351

3-2 단계	과학	23~32	• 동물의 한 살이 계획 및 성장 기 록 관찰일지 남기기 • 동물 선정하기 • 관찰하기	과정중심평가. 2-1 : 연구보고서 작성
4 단계	창체 국어	33~38	• 연극 무대 준비하기 • 의상 만들기 • 온책읽기를 통해 작품 감상하 는 법 배우기 • 책 읽어주기 시간 • 시나리오 다듬기 및 연습	과정중심평가. 2-2 : 연구보고서 작성
5 단계	창체 국어	39~42	• 연극 발표회 • 관찰기록물 전시회	과정중심평가. 1-3 : 역할놀이 시연 과정중심평가. 2-3 : 역할놀이 시연

　사례에서 보았듯 프로젝트 수업은 주제를 잘 선정하고, 사전 계획을 명확하게 가지고 시작하면 수업의 흐름이나 시수에 변화가 있을지라도 어렵지 않게 목표에 도달할 수 있다. 결국 프로젝트 수업은 학생들이 수업에 관심과 흥미를 가지고 참여할 수 있게 하는 교사의 노력이다.

12월

좋은 추억을
남기는 방법들

종업
1년 농사를 마무리하며

전담선생님이
이제 안 들어오신다고?

종업식을 1~2주 정도 남긴 시기가 되면 담임교사에게는 한줄기 오아시스 같은 전담시간도 시수가 다 되어 담임시간만 남게 된다. 설상가상으로 담임교과 수업 진도도 끝나간다. 아직 1~2주의 시간이 남았는데 어떻게 해야 할까?

연초에 연간시간계획표를 짜긴 하지만 과목별 연간 수업시 수를 맞추다 보면 마지막 일주일 남짓은 하루에 한 과목이 3시간 들어가기도 하는 등 일반적이지 않은 시간표가 된다. 이럴 때는 종업식을 약 한두 주 정도 남긴 시점부터 세부 수업계획표를 다시 짠다. 학생들과의 아름다운 추억을 정리할 수 있는 1년 마무리를 위한 학습활동 계획은 다음과 같다.

마무리 활동 운영계획서

D-14 ~ D-4	-학급문집(신문) 만들기 -추억의 앨범 만들기 -동영상 만들기
D-3	-학급 발표회 -학급 전시회
D-2	-편지 쓰기
D-1	-롤링페이퍼

마지막 주를 의미 있게 운영하기 위한 활동들을 구체적으로 하나씩 살펴보자.

D-14~4
1년 동안 있었던 일을 정리하는 프로젝트 활동

학급문집(신문) 만들기

1년 마무리 활동 중 가장 많은 예산과 노력이 들어가는 활동이다. 앨범 만들기와 비슷하지만 앨범은 사진이 주로 구성된다면 학급문집은 학생 소개, 작품, 글, 설문조사 등 텍스트 요소가 더 많이 들어간다. 학년 말에 갑자기 프로젝트를 시작하기보다는 학년 초부터 꾸준히 자료를 모으고 준비해야 양질의 학급문집을 만들 수 있다.

예산도 권당 적게는 몇천 원에서부터 많게는 만 원을 훌쩍 넘는다. 아날로그 학생 작품 등을 디지털화해서 편집해야 하기 때문에 많은 시간과 노력이 필요하다. 고학년의 경우 문집 편찬팀을 구성해 학생들과 역할을 나누어 작업하면 교사는 학기 말의 부담을 덜 수 있고, 학생들은 작업에 직접 참여했다는 보람도 느낄 수 있다.

학급문집이 부담스럽다면 학급신문을 만들어보는 것도 좋다. 학급문집처럼 많은 내용을 넣을 수는 없지만 비교적 적은 비용과 노력으로 학급문집 못지않은 훌륭한 추억의 작품을 만들어낼 수 있다.

추억의 앨범 만들기

1년 동안 찍은 사진들을 모아서 행사별로 분류한다. 특정 아이들 사진만 몰리지 않고 반 아이들이 골고루 나오도록 분배를 잘해야 한다. 예전에는 사진을 아이들 수만큼 인화해 미니 앨범에 끼워서 나눠줬지만, 요즘에는 앨범 제작 전문 사이트에서 앨범 디자인, 사진 크기, 배치, 문구 등을 직접 편집해 책처럼 만들기도 한다.

사진의 양이 많고 시간적 여유가 된다면 학생 개인별로 각각 다르게 만들 수도 있지만 단체로 하나의 틀로 제작해도 무방하다. 6학년 졸업앨범처럼 학급의 추억이 담긴 학급앨범을 제작해 학생들에게 나누어주면 오래 보관할 수 있고, 아날로그 감성도 느낄 수 있다. 하지만 교사의 준비 시간, 노력이 많이 들고 비용이 발생한다는 점은 감안해야 한다.

동영상 만들기

예산을 많이 사용하지 않아도 훌륭한 작품을 만들어낼 수 있다. 교사의 동영상 편집 및 제작 능력에 따라 작품의 질이 달라지겠지만 예전보다 쉽고 간편하게 동영상을 만들 수 있는 소프트웨어가 많이 보급되었다. 사진과 노래만 넣으면 간단하게 편집해서 동영상을 만들어주는 프로그램도 있기 때문에 예전처럼 동영상 제작에 며칠 동안 매달리지 않아도 된다. 또한 스마트폰 보급의 확산으로 학생들도 간단한 동영상 편집 및 제작이 가능하므로 중학년 이상은 각자 동영상을 제작하고 함께 시청하는 시간을 가져도 좋다.

D-3
그동안의 배움을 표현하고 나누는 활동

학급 발표회

학교 학예회 행사의 학급 축소판이라고 생각하면 된다. 외부인들에게 보여주는 것이 아니라 우리 반만의 축제이기 때문에 학예회에서 하기 어려웠던 것들도 자유롭게 표현해볼 수 있다. 적어도 1~2주 전에는 미리 학생들에게 안내하고 준비할 시간을 주어야 한다. 고학년의 경우 발표회 전담팀을 구성해 학급회의를 통해서 세부내용을 스스로 계획하고 진행하도록 할 수도 있다. 학급 분위기가 자기주도적이고 활발하다면 교사가 조금만 도와주어도 멋진 학급 발표회를 볼 수 있을 것이다.

학급 전시회

학급 구성원들의 성향이 비교적 조용하고 무언가 만드는 것을 좋아한다면 학급 전시회를 여는 것도 좋은 방법이다. 학급 발표회에 비해 비교적 차분하게 진행할 수 있고 다른 반 친구들을 초대해 작품 소개 시간을 가질 수도 있다. 전시회를 하기 위해서는 적어도 1~2달 전부터는 전시할 작품들을 만들어야 하는데, 학년 초부터 미리 계획을 세우고 전시할 만한 작품들을 모아둔다면 더욱 풍성한 전시회를 열 수 있다.

D-2
선생님, 친구들에게 마음을 전하는 활동

편지 쓰기

1년 동안 지내면서 기억에 남는 친구나 선생님에게 자신의 마음을 전달할 수 있다. 또한 다른 활동에 비해 비교적 큰 준비 없이 1년 마무리활동을 할 수 있다. 편지를 주고 싶은 친구에게만 쓰라고 하면 편지를 많이 받는 친구와 한 개도 못 받는 친구가 생길 수 있기 때문에 개인당 두 통의 편지를 쓰되, 하나는 짝꿍에게 쓰고 다른 하나는 주고 싶은 친구에게 쓰도록 하면 모든 학생이 1통 이상의 편지를 받을 수 있다.

D-1
모든 친구를 되돌아보고, 내년을 기약하는 활동

롤링페이퍼

한 해 마무리, 작별 인사의 정석, 가성비 끝판왕 롤링페이퍼다. 1년 마무리 계획을 미처 세우지 못했거나 예산이 모자랄 때 활용하기 좋다. 종이와 펜만 있으면 추억과 사랑, 정성 어린 마음이 가득한 롤링페이퍼를 만들 준비는 끝이다. 개인별로 일반 도화지를 사용해도 되지만 요즘엔 롤링페이퍼용 도안도 많기 때문에 교사가 예쁜 시안을 B4 크기로 출력해서 줄 수도 있다.

우선, 각자 종이를 받고 자기 이름을 쓴 다음 배경을 꾸민다. 배경을 다 꾸몄으면 모둠 안에서 서로 바꿔가며 그 친구에게 한마디씩 써준다. 단 친구를 칭찬하거나 격려하는 등 긍정적인 말만 쓰도록 안내해야 한다.

모둠 내에서 모두 썼다면 모아서 다음 순서의 모둠으로 전달한다. 예를 들어 1모둠은 2모둠으로, 2모둠은 3모둠으로… 6모둠은 1모둠으로 전달한다. 모둠 내 활동이 끝날 때마다 같은 방향으로 계속 넘기다 보면 마지막에는 자기 자신에게 돌아오고 완성된 롤링페이퍼를 받게 된다.

종업식

아이들과의 이별

종업식의 사전적 의미는 '학교에서 한 학기 또는 한 학년 동안의 학업을 마칠 때 행하는 식'이다. 학업을 마친다는 의미인데, 학생은 학업을 마치고 교사는 가르치는 일을 마무리한다는 뜻이다.

대부분의 학교에서 학교 주관으로 종업식을 한다. 국민의례를 거쳐 학교장의 훈화 말씀을 듣는 등의 식순으로 진행하고, 학교 주관의 종업식이 끝나면 담임교사와의 시간을 갖는다. 담임은 미리 준비한 작은 선물이나 학급문집 등을 나누어 주며 한 해를 되돌아보고, 아쉬운 작별의 시간을 마무리한다. 이때 시원섭섭함, 아쉬움, 서운함, 해방감 등의 복잡하면서도 다양한 감정이 든다.

일부 학교에서는 학교 주관의 종업식을 생략하고 담임교사와의 시간을 더 많이 갖는 경우도 있다. 담임교사가 준비할 일이 늘어 힘든 점도 있지만 아이들과 충분한 이별의 시간을 가질 수 있다는 점은 분명히 긍정적이어서 조금씩 증가하는 추세이다.

업무와의 이별

학생과의 이별이 교사가 준비할 전부는 아니다. 종업일이 곧 방학일이기 때문에 방학 전에 처리해야 하는 업무 준비도 필요하다. 먼저 본인이 맡은 1년간의 업무를 잘 정리해서 다음 업무 담당자에게 인계할 준비를 한다. 담당 업무와 관련해 본인이 생산한 공문서나 참고자료를 정리해 다음 인수자가 쉽게 알아볼 수 있도록 하는 것은 효율적인 업무 인수인계 및 내년도 업무 추진을 위해 꼭 필요하다. 올해 맡은 업무를 다시 담당하더라도 한 해 동안 처리한 업무를 잘 정리해두면 내년 업무에 크게 도움이 된다.

교실도 깔끔하게 정리한다. 교사 개인의 물건들은 상자에 담아놓으면 교실을 이동할 때 편리하다. 특히 학기말에 학생들에게 교과서를 배부하고 남는 종이박스(교과서 포장용)는 짐 정리에 활용하기 좋다. 그리고 교실을 깨끗이 청소해야 한다. 학급 곳곳에 붙어 있는 교실환경 게시물(게시판 제목 등)을 모아두고 학급 게시판 등에 붙어 있는 각종 작품도 정리한다.

컴퓨터에 남아 있는 자료도 잊으면 안 된다. 필요한 파일은 백업해두고 필요 없는 파일은 삭제한다. '휴지통'까지 비우고 때에 따라서는 컴퓨터를 초기화해도 좋다. 특히 개인정보가 담긴 파일은 더욱 신경 써서 관리해야 한다. 내년에도 써야 할 파일에 암호를 설정하면 혹시 저장장치를 분실해도 미연의 불상사는 방지할 수 있다. 개인 저장장치가 없는 경우에는 간편하게 클라우드* 서비스를 이용할 수도 있다. 단 일부 시·도교육청에서는 특정 클라우드에 대한 접속을 보안상의 이유로 차단하는 경우가 있으니 미리 확인하자.

---

* 클라우드(cloud), 데이터를 인터넷과 연결된 중앙컴퓨터에 저장해서 인터넷에 접속하기만 하면 언제 어디서든 데이터를 이용할 수 있는 것

1월

이젠 안녕!
그리고
새로운 시작!

반 편성

모두가 행복한 동시에 불편한 반 편성

반 편성은 신입생 및 재학생의 고른 학급 편성 조직을 통해 학급운
영의 효과를 극대화하고 새로운 학년도의 학급을 편성하는 과정이다.
반 편성은 보통 2학기 성적처리가 끝나고 교육활동이 마무리되는 학년
말에 실시한다. 학년별로 담임교사들과 교과 전담교사들이 모여 논의
하며 학생들의 반을 배정한다. 이렇게 배정한 반은 생활통지표에 기재
되며 종업식 날 학생들에게 공개한다.

보통 가, 나, 다 등의 형식으로 반을 표기하며 정확한 반 배정 결과
는 새 학기가 시작되는 3월 첫날에 알 수 있다. 따라서 3월 첫날에 임
시 반명을 교실에 반드시 표기해두어야 한다. 초등학교에 처음 입학하
는 1학년 학생들의 경우에는 보통 주소지나 생년월일 등을 기준으로
반 배정을 하며 예비소집 후 2월경에 학교 홈페이지에 안내한다.

반 편성,
이것만은 놓치지 말자

개인별 학업능력, 학습태도 등을 기준으로 분포가 고른 동질 학급으로 편성될 때 이상적인 반 편성이라 할 수 있다. 학생들의 성격, 생활태도, 교우 관계 등 여러 변수를 아무리 고려해도 예상하지 못한 상황은 생길 수 있다. 단, 이상적인 반 편성을 위해 다음과 같은 점들은 유의해서 반 편성을 실시하자.

첫째, 동명이인은 한 반에 편성하지 않도록 유의한다. 특히 최근에는 중성적인 이름이 인기가 있다 보니 같은 성별뿐만 아니라 남학생과 여학생 간에도 동명인 경우가 있다. 따라서 반 편성을 실시하기 전에 현재학년의 같은 이름을 가진 학생들을 미리 파악해두면 반 편성을 수정하는 번거로움을 피할 수 있다.

둘째, 개인별 학업능력자료를 기준으로 하되, 학생들의 종합 특성을 고려한다. 초등학생의 경우 학업능력뿐 아니라 학생의 인성, 생활태도, 학부모 성향 등도 함께 고려해야 한다. 일차적으로 반 편성을 실시한 후에 새로운 학급 구성원 전체 집단의 모습을 그려보자. 즉, 한 반에 편성된 학생들 간에 따돌림, 학교폭력 등이 일어날 위험은 없는지 등을 고려해야 한다.

또한 비고란을 활용해 학생에 대한 기초학습 부진, 특이 성향 등의 정보를 표기해 다음 학년도 학생지도 등에 참고할 수 있도록 한다. 다만 학생에 대한 지나친 선입견이 생기지 않도록 교사 개인의 자의적인 판단은 배제하고 객관적인 정보를 바탕으로 작성해야 한다. 이때 학생에 대한 개인정보가 담긴 자료는 차후에 학생 인권과 관련해 문제의 소지가 될 수 있으므로 어떠한 경우에도 외부에 유출되지 않도록 해야 한다.*

셋째, 특수교육 대상 학생 등은 학교에 따라서 별도의 규정을 마련해 특별 배정하기도 한다. 예를 들어 특수교육 대상 학생이 배정된 반의 경우 동 학년 평균 학생 수보다 학생 수를 1~2명 정도 적게 편성할 수 있다. 또 한 특수교육 대상 학생과 교우 관계가 원만해 한 반이 되어 서로 좋은 영향을 주고 도움이 되는 학생은 같은 반으로 우선 배정하기도 한다. 또한 교실 배치 역시 엘리베이터나 보건실이 가까운 교실로 배정해 해 당 학생을 배려한다.

넷째, 쌍둥이 자녀를 둔 가정의 경우 학부모의 의견을 고려해 같은 학급 혹 은 다른 학급에 배정할 수도 있다. 각 가정의 상황에 따라서 쌍둥이 자녀 가 한 학급을 원하기도 하며 그렇지 않기도 하다. 따라서 사전에 학부 모 상담 등으로 학부모의 의사를 미리 확인하고 반을 배정하는 것이 좋다.

다섯째, 반 편성에는 전담교사의 협조가 필요하다. 각 반의 담임교사는 우리 반 학생들의 성향은 잘 파악할 수 있지만, 다른 반 학생들의 특성 을 파악하는 데는 한계가 있다. 따라서 반 편성을 할 때는 여러 반을 동 시에 수업했던 전담교사의 도움을 받아서 학생의 인성, 교우 관계 등을 종합적으로 고려해야 한다.

---

* 따라서 학교에서 공무로 작성하는 모든 관련 서류는 보안을 철저히 유지하고 캐비닛 등에 관련 서 류를 잘 보관해야 한다. 또한 관련 서류들을 폐기할 때에도 파쇄기 등을 이용해서 관련 정보가 외 부에 유출되지 않도록 해야 한다.

여섯째, 전입 또는 전출 예정 학생들을 미리 파악해둔다. 이때 비고란에 '전출예정'으로 표시해서 반 편성과정 중에 관련 사실이 누락되지 않도록 해야 한다. 현재까지 예상 가능한 전입과 전출 상황을 고려하고, 최종 편성된 학급 간 재적수 및 남녀 성비를 비교해 두 명 이상 차이가 나지 않도록 편성해야 한다. 또한 학급편성 이후에 전입 학생이 생길 경우 재적수나 남녀 비율 등을 고려해 앞 반부터 순차적으로 배정한다.

반 편성의
일반적인 방법

반 편성은 내년도 배정 학급 수를 기준으로 편성한다. 이때 기존 학급 학생들은 남녀를 구분해 개인별 학업성취수준에 대한 자료를 기준으로 편성한다. 예전에는 반 배치고사 시험을 따로 치르기도 했으나 최근에는 반 편성을 위한 별도의 시험보다 국어, 수학, 사회, 과학 같은 주요과목의 교육활동 결과를 활용한다. 즉, 수행평가나 지필평가의 결과를 점수로 환산해 이를 기준으로 학생들을 고르게 편성한다. 이때 남녀 각각 순위를 정해 일자형, ㄹ 자형 등 학교마다 정한 원칙에 의해서 다음의 예시와 같이 반 배정을 한다. 동점자가 발생한 경우는 보통 학교에서 마련한 반 배정 원칙에 따르는데 국어, 수학 교과목 순으로 점수의 서열을 정하거나 생년월일이 빠른 학생을 선순위로 정할 수도 있다.

처음 입학하는 1학년 학생들의 경우 성적에 대한 정보가 없기 때문에 집 주소, 생년월일 등을 반영해 고르게 분배되도록 한다.

반 편성 사례

반 편성 유형	1반의 경우	2반의 경우
일자형	가반, 나반, 다반 (1등) (2등) (3등) 가반, 나반, 다반 (4등) (5등) (6등) 가반, 나반, 다반 (7등) (8등) (9등) 가반, 나반, 다반 (10등) (11등) (12등) 가반, 나반, 다반 (13등) (14등) (15등)	가반, 나반, 다반 (1등) (2등) 가반, 나반, 다반 (3등) (4등) (5등) 가반, 나반, 다반 (6등) (7등) (8등) 가반, 나반, 다반 (9등) (10등) (11등) 가반, 나반, 다반 (12등) (13등) (14등)
ㄹ 자형	가반, 나반, 다반 (1등) (2등) (3등) 가반, 나반, 다반 (6등) (5등) (4등) 가반, 나반, 다반 (7등) (8등) (9등) 가반, 나반, 다반 (12등) (11등) (10등) 가반, 나반, 다반 (13등) (14등) (15등)	나반, 다반, 가반 (1등) (2등) (3등) 나반, 다반, 가반 (6등) (5등) (4등) 나반, 다반, 가반 (7등) (8등) (9등) 나반, 다반, 가반 (12등) (11등) (10등) 나반, 다반, 가반 (13등) (14등) (15등)

반 편성 결과
NEIS에 입력하기

NEIS로 신학년도 진급 관리를 하는 방법은 다음과 같다. 반 편성 내역을 입력하기 위해서는 먼저 진급대상자를 생성해야 한다. 진급대상자 생성방법은 [학적]-[진급관리]-[진급대상자]-[진급대상자생성] 탭에서 진급학년도를 설정한다. 이때 조회버튼을 클릭하면 학년별로 진급할 대상자의 수가 나타나며 진급대상자를 생성하고자 하는 학년의 생성 버튼을 클릭하면된다.

반 편성은 일괄 반 편성과 개별 반 편성 두 가지 방법으로 할 수 있는데, 보통은 개별 반 편성방법을 활용한다. 개별 반 편성방법은 [학적]-[진급관리]-[개별 반 편성]-[반 편성내역개별등록] 탭을 선택한다. 학년도와 학년 반을 선택하고 학생들을 조회한 후 학생별로 진급 반을 지정하거나 변경할 수 있다. 반 편성 자료 저장 후 반 편성 결과 조회 메뉴에서 확인이 가능하다. 또한 당해 학년도(이전 반) 기준과 내년도(배정 반) 기준으로 조회가 가능하며, 바로 수정할 수도 있다.

반 배정 결과에 이상이 없다면 반 번호를 부여할 수 있다. 신학년에 전출 예정 학생인 경우에는 출석 번호를 마지막 번호로 배정하는 것이 좋다. 또한 3월 2일 자로 전학생이 있을 때 역시 반 번호 수정 메뉴에서 고칠 수 있다. 학교에 따라 반 번호를 부여하는 기준은 남녀순, 여남순, 혹은 성별 무관으로 번호를 부여하는 등 방법이 다양하다. 따라서 학교에서 정한 기준대로 NEIS에 조건을 설정하고 번호를 부여하면 된다.

더
궁금한
것들

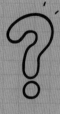

대학원 ☼

대학원 꼭 가야 하나요?

나신규 부장님, 제 동기들은 졸업하고 바로 대학원에 진학하기도 하더라고요. 지역 이동이나 승진에도 대학원 점수가 필요하다고 해서 저도 내년에 대학원에 가야 하나 고민이에요.

강부장 선생님 말처럼 대학원을 졸업하면 지역 이동이나 승진에 도움이 되지요. 하지만 이런 이유에서 대학원에 진학하는 것보다 선생님의 교직생활에 큰 그림을 그려보고 진학하는 것이 좋아요. 나 선생님은 더 공부해보고 싶은 분야가 있나요?

나신규 사실 학교생활에 적응하느라 아직은 잘 모르겠어요.

강부장 대학원은 교대 4년과는 많이 달라요. 자기 전공만 공부하기 때문에 내가 정말 공부하고 싶은 것이 어떤 것인지, 나에게 도움이 될 만한 전공이 무엇인지 고민이 필요해요.

나신규 아이들을 가르치다 보면 자연스럽게 내가 더 잘 가르치고 싶은 과목이 생긴다거나, 관심 있는 분야가 생길까요?

강부장 맞아요. 선택해서 하는 공부라면 이왕 하는 것 내가 좋아하고, 관심 있는 것을 공부하는 것이 좋지 않을까요? 알아두면 좋으니 대학원에 대해서 이야기해줄게요.

'어렸을 때 공부해야 한다', '나이가 들어서는 글이 머리에 들어오지 않는다. 그러니 한 살이라도 어렸을 때 대학원에 가는 것이 좋다', ' 이왕 할 거라면 빨리 끝내는 것이 좋다' 학교생활에 적응하기도 바쁜 신규 선생님들의 마음에 채찍질하는 말일 것이다. 틀린 말은 아니지만 그렇다고 전부 맞는 말도 아니다. 대학원은 본인의 전공을 깊이 공부하는 단계이므로 나에게 맞는 전공이 무엇인지 찾아야 하고, 대학원 커리큘럼을 살피고 비교해 결정하는 등 고민이 필요하다.

대학원을 다니다 보면 첫 학기 수업 도중에 자신이 생각했던 것이 아니라서 자퇴를 고민하는 선생님도 있고, 반대로 석사를 마치고 박사과정을 준비하는 선생님도 만날 수도 있다. 같은 대학원인데 왜 이렇게 만족감은 다를까? 본인이 의욕적으로 공부할 수 있는 전공을 찾았느냐, 아니냐의 차이가 가장 클 것이다. 대학원에 진학하면 보통 4~6학기라는 결코 짧지 않은 기간 동안 공부를 이어가기 때문에 조급한 마음으로 결정하기보다 시간을 가지고 자신의 관심 분야를 찾은 뒤 진학하기를 권한다.

전공

　교육대학원의 전공은 크게 교육학과 교과교육학, 그 외의 전공 세 가지로 나눌 수 있다. 교육학은 교육행정, 교육상담 등 교대에서 교육학과 과목의 심화 과정이라고 볼 수 있다. 교과교육학은 국어, 수학교육처럼 초등에서 다루고 있는 교과에 대한 교육론과 교육방법에 대한 전공이다. 그 외의 전공은 사회 변화에 발맞추어 새로이 만들어지는 전공으로 기존 교육학, 교과교육학에서 융합·발전된 전공이다. 다문화교육, 융합교육, 영재교육, 한국어 교육 등이 이에 해당된다. 전공과 커리큘럼은 대학원마다 다르므로 지원 전 희망하는 전공에서 어떤 수업이 개설되는지 확인해보면 대학원 공부의 청사진을 그려볼 수 있다.

교육 대학원 전공 분류

분류	전공
교육학	교육행정, 교육사회, 교육방법, 교육상담 등
교과 교육학	윤리인성교육, 국어교육, 사회과교육, 수학교육, 과학교육, 체육교육, 음악교육, 미술교육, 생활과학교육, 영어교육 등
그 외의 전공	다문화교육, 융합교육, 영재교육(수학, 과학), 한국어교육 등

대학원 모집

　대학원은 한 해에 두 번 신입생을 모집하는데 시기에 따라 전기, 후기 신입생 모집이 있다. 전기는 1학기부터, 후기는 2학기부터 수업을 시작한다. 계절제를 수강하면 전기는 여름방학 수업, 후기는 겨울방학 수업이 첫 학기가 된다. 보통 전기 신입생 모집에서 마감된 전공은 후기에서 지원할 수 없다.

본인이 전기에 마감이 되는 전공에 관심이 있다면 2학기 10월 중순~11월 교육대학원 신입생 모집 관련 공문을 주의 깊게 살펴보아 전기 신입생 모집에 지원하는 것이 좋다. 단 혁신교육전공 대학원, 대학원 파견 등 교육청 지원 대상을 선발하는 공문은 일찍 오는 편이기 때문에 9~10월 중에도 공문을 잘 챙기면 좋다.

대학원의 종류

많은 교사가 개별적으로 대학원에 진학하지만 교육청의 선발과정을 거쳐 대학원 수업비를 지원받는 방법도 있다. 같은 전공이어도 전일제 대학원과 계절(야간)제 대학원에는 큰 차이가 있다. 전일제 대학원을 수강하면 학교 대신 대학원에서 근무하며 급여를 받지만 계절(야간)제 대학원은 개별적으로 등록금을 지불하고, 근무시간 외에 대학원에서 공부한다. 교사가 주로 진학하는 대학원의 형태를 교육비 지원 형태에 따라 개인형과 교육청 지원형으로 구분할 수 있다.

교육비 지원형태에 따른 대학원 분류

교육비	수강형태		수강시기	해당 대학
개인형	교육대학교 교육전문 대학원	야간제	학기 중 주 2일	교대 교육전문대학원
		계절제	방학 중 2~3주	
		글로벌 교사교육	국내 대학원+ 해외 대학원	교원대, 경인교대, 경북대, 제주대 교대·사대
	일반 대학교 교육대학원		각 대학원별 상이 주로 야간제	일반대학교 교육대학원
교육청 지원형	전일제 (파견)		대학원에 근무하며 연구	서울대, 교원, 교대 교육전문대학원
	혁신대학원 (등록금 지원)		대학원별 야간제, 계절제 상이	서울, 경기, 부산 지역교육청 업무협약 대학

개인형(교육대학교 교육전문대학원)

희망 대학, 학과에 직접 지원하고 학비를 개인 부담하는 유형이다. 개인형에는 일반대학의 대학원도 있지만 여기서는 각 교대의 교육전문 대학원을 중심으로 살펴보자.

교육대학교 교육전문대학원에는 초등교사에 특화된 전공이 있고, 많은 선생님을 만나고 교류할 수 있어 교육 이슈에 대해 심도 있게 토론하며 안목을 넓힐 수 있다. 특히 방학 동안 대학원 수업을 수강하는 계절제가 개설되어 많은 교사가 교육대학교 교육전문대학원에 진학한다.

야간제와 계절제

야간제는 학기 중 일주일에 2회 퇴근 후 대학원 수업을 듣는다. 보통 한 학기에 2과목(보통 과목당 3학점, 학기 당 총 6학점)을 수강하는데, A수업은 화요일, B수업은 목요일에 수강하는 식이다. 근무를 끝내고 바로 이동해 3시간의 강의를 듣는 것이 생각만큼 녹록하지 않다. 학기 중 대학원 수업을 수강하면 대학원 과제와 발표 준비도 추가로 해야 하니 굉장히 바쁜 나날을 보내게 된다. 수학여행이나 출장 때문에 결석하는 경우도 있다. 그만큼 학업과 일의 병행은 어렵다. 하지만 대학원 대부분이 6, 12월 중에 종강하므로 방학시간을 자유롭게 활용할 수 있다는 장점이 있다. 대학원과 통학 거리가 가깝거나 교통이 편리하다면 부지런히 학기를 보내고 가벼운 마음으로 방학을 맞이하는 것도 좋다.

계절제는 방학 중에 수업이 진행된다. 수업은 하루 동안 야간제 한 주 분량의 수업을 소화한다. 오전에 A수업 3시간, 오후에 B수업 3시간을 하고 퇴근시간 무렵에야 수업이 끝난다. 15주 커리큘럼이라면 방학과 동시에 2~3주 동안 대학원 수업을 수강한다. 야간제 수업과 비교해 체력적으로 부담이 덜하고 전공 공부에만 집중할 수 있다는 것이 장점이나, 진도가 굉장히 빠르고 수강과목의 발표와 과제를 수강기간 내로 소화해야 하기 때문에 부담스러운 학습량이 단점이라 할 수 있다. 이 때문에 학과별 상황에 따라 학기 중에 출석 모임(수업)을 두어 차례 앞당겨 진행하고 방학 중 수업일수를 줄이기도 한다.

통학 거리가 멀다면 계절제 수업 동안 교대 기숙사를 이용할 수 있다. 단, 방학 중 1정 연수와 같이 중요한 일정과 겹쳐서 등록해두고 대학원 수업을 수강하지 못하는 불상사가 생길 수도 있으니 이런 경우 미리 해당 학과 사무실에 문의하여 수업을 야간제로 변경하거나 휴학하는 등 방법을 찾자.

글로벌 교사교육

교육부가 지정한 글로벌 교사 양성 거점 대학(GTU^Global Teacher's University)
은 제주대(교대, 사대), 경인교대, 경북대, 교원대 4개 대학으로 해외교사
자격취득(미국, 캐나다 등)과 복수석사학위과정을 운영한다. 글로벌 교사
교육과정을 마치면 교사로서 해외에 진출할 수 있고, 국내의 국제학교
에서도 근무할 수 있다.

경인교육대학교의 복수석사학위 과정을 살펴보면 교육대학원에서
1년(15학점 이상)을 공부하고 나머지는 미국에서 1년(18학점 이상)의 대학
원 과정을 거친다. 수업 연한은 2년 이상인데 개인의 영어능력, 수학修學
능력 및 학부 전공 등에 따라 연장될 수 있다. 2019년 모집을 기준으로
글로벌교사교육 전공 대학원생은 교대뿐만 아니라 미국 대학원에서도
공부해야 하므로 선발 과정에서 어학성적과 영어 면접고사의 비중이
80퍼센트로 높다. 비용은 국내 학기당 교육비 650만 원, 미국에서의 학
기당 교육비 약 3,900달러, 여기에 학기당 기숙사비·교재비·건강보험
등의 비용 약 4,000달러 내외가 더 소요된다.

교육청 지원형

대학원 파견

학업에 매진하기 위해 대학원 파견 선발에 지원하는 교사도 있다.
대학원 파견은 기존 소속 학교에 적을 두고 수학 기간 동안(보통 2년) 대
학원으로 교육 파견되는 것을 의미하는데, '대학에서 지정한 장소에 출
근해 대학원장이 정하는 바에 따라 연구소의 공동 연구 등을 수행'한

다. 학교 대신 대학원에서 근무하며 공부하는 것이다. 급여를 받으며 학위를 취득할 수 있다는 메리트가 있다. 파견이 가능한 대학원은 서울대학교, 한국교원대학교, 각 교육대학교 교육대학원의 종일제가 있다. 약 2년간 연구팀에 소속되어 공부하고 일하므로 연구에 뜻이 있다면 대학원 파견도 고려해보기를 바란다.

대학원 파견은 경기도를 기준으로 2019년 서울대 초·중등 통합 10명, 교원대 15명, 경인교대 8명을 선발하는 공문이 있었다. 대학원별로 지원 자격과 제출 서류 등이 각기 다른데, 서울대학교는 교육경력을 선발 기준(10년 이상 만점)에 포함하며, 교원대의 미술, 음악 교육과는 실기 시험이 전형에 포함되어 있다. 대학원별로 준비해야 할 것과 선발요강이 다르므로 파견을 희망한다면 해당기관에서 요구하는 사항을 꼼꼼히 살펴볼 필요가 있다. 급여와 학위라는 '일석이조'의 대학원 파견을 희망한다면 전공 관련 공부를 꾸준히 해야 한다. 대학원 교육 파견 공문은 타 대학원 모집 안내보다 먼저 온다. 그러니 9월부터 공문을 잘 살펴보자.

2019학년도 경기도교육청 대학원 파견

학교	인원(명)	자격	비고
경인교대	8	- 초등 1급 정교사 자격증 소지자 - 교직 경력 5년 이상인 자 - 소속 기관장의 추천을 받은 자	공동연구실적 연간 1편 이상 필수 (파견 기간 총 2편)
교원대	15	- 학사학위를 취득한 자 - 현직교원으로 소속 기관장의 추천을 받은 자	특별전형 합격자 입학금, 수업료 일부 면제
서울대	10 초·중등 통합	- 교육공무원으로 경기도에서 3년 이상 근무한 자 - 학교장 및 교육감 추천을 받은 자 - 영어 성적 일정 등급 이상 취득자	대학원으로부터 통보된 합격자 중 총 10명 선발

혁신대학원

서울, 경기, 부산에는 지역형 혁신교육 전문가를 양성하는 혁신대학원이 있다. 시·도교육청이 대학과 업무협약을 체결하고, 공립학교 교사를 대상으로(서울은 공·사립) 학비를 지원해 지역의 혁신교육 확산을 위해 노력하고 있다. 일반대학과 업무협약을 체결한 경우는 야간제를, 교육대학과 업무협약을 체결한 경우 계절제를 하는 것이 일반적이며 교육과정으로는 혁신교육론, 학교 조직 혁신, 현장교육연구, 교육정책 등이 있다. 혁신교육전공 대학원은 시·도교육청의 정책이어서 적극적인

2019년 혁신교육 전공 대학원 모집 현황표

지역	학비 지원	인원 (명)	지원자격	업무협약 대학교	학기	전공 및 교육과정	비고
경기	등록금 50% 이내 (학기당 150만 원 이내)	각 15	- 경기도 소속 5년 이상 재직 중인 자 - 졸업 후 혁신교육현장에 기여할 수 있는 자	건국대	5	(혁신)교육행정	야간
				경인교대	5	(혁신)교육행정	계절
				경희대	5	교사리더십	야간
				성공회대	4	인문창의교육	야간
				아주대	5	(혁신)교육행정	야간
				단국대	5	융·복합인재	야간
				교원대	6	학교혁신실행연구	계절
서울	등록금 85% 이내 (학기당 260만 원 이내)	초등 20	- 5년 이상 재직 중인 자(군 경력, 파견, 기간제 경력 제외)	건국대	5	교육행정	야간
				성공회대	4	민주시민교육	야간
				교원대	6	교육혁신	계절
부산	등록금 전액	초등 15	- 부산시 소속 공립 교사로서 교육경력 5년 이상인 자 - 정년 잔여기간이 7년 이상인 자	부산대	5	교육과정수업혁신, 학생생활교육혁신, 세계교육혁신동향, 학교조직문화혁신	야간

지원을 받을 수 있고, 졸업자는 혁신교육현장에 기여할 수 있다. 하지만 대학원 과정 중 일정 조건을 충족시키지 못하면 지급된 교육비를 환수하기도 하는데 정당한 사유 없이 중도에 포기하는 경우, 연한 내에 학위를 취득하지 못한 경우, 학위 취득 후 일정 기간 이내 퇴직이나 타시, 도로 전출해 지역 소속 공무원 자격이 소멸되는 경우에 교육비 환수가 이루어진다.

교단에 선 교사에게 끊임없이 배우고자 하는 태도는 매우 중요하다. 아이들은 시시각각 변하며 시대의 흐름은 점점 가속화되고 있는데, 이에 발맞추어 학생을 교육하고 어떻게 세상을 살아야 하는지를 보여주기 위해서는 학생과 세상에 대한 공부가 필요하다. 책도 좋고, 대학원도 좋다. 시간이 흘러 경력교사가 되어도 이 책을 펼쳐 든 지금처럼, 선생님의 마음속에 배움에 대한 열정이 뜨겁기를 바란다.

1학년 담임

극한직업 1학년 담임

몇 년 전 EBS 다큐 「극한직업」에 1학년 담임 편이 방송되었다. 다음 날 연구실에서 그 방송은 말 그대로 핫 이슈였다. 각 반에서 일어났던 웃지 못할 극한상황을 주제로 이야기꽃이 피었다. 힘든 직업을 밀착 취재하는 프로그램이 '1학년 담임'을 방송으로 만들다니, 현장을 경험해보지 않으면 상상하기도 힘든 1학년 담임의 어려움을 조금이나마 공감받은 것 같아 어딘지 모르게 유쾌했던 분위기는 지금도 잊히지 않는다. 방송에 나온 선생님은 등교시간부터 하교시간이 지나서까지 쉴 새 없이 아이들을 보살폈다. 그런 모습을 보니 안쓰럽기도 하고, 아이들과 이야기를 나누느라 허리도 펴지 못하는 모습에 웃음이 나오기도 했다. 요즘은 6학년보다 힘든 학년이 1학년이라고 말하는 선생님도 많다. 1학년 담임이라는 극한직업 앞에 용기 있게 선 선생님을 진심으로 응원하며, 이제부터 극한직업을 함께 극복해보자.

입학식 날

요즘 입학식은 학교라는 낯선 공간에서 초등학교생활을 시작하는 신입생들에게 '학교는 즐거운 곳'임을 느끼게 해주고, 선생님들과 선배들이 이들의 입학을 축하하는 행사이다. 또한 학교 입장에서 입학식은 학교에 대한 첫 인상을 심어주는 중요한 행사이기에 1학년 담임교사들은 입학식을 준비하며 바쁜 2월을 보낸다.

학교에 따라 선배 학년의 축하공연이나 선물 증정, 부모님의 메시지판*·포토 존 등의 이벤트로 환영하기도 한다. 입학식장에서의 1부 행사가 끝나면 담임교사는 아이들을 교실로 인솔해 2부 행사를 진행한다. 반별 입학식에서는 담임교사 소개, 교과서 배부, 학교생활 안내를 한다. 그래서 2부 행사를 위해 교사는 ㄷ 자로 책상을 배치하거나, 책상에 개별 이름표를 붙이고 입학을 환영하는 플래카드를 걸기도 한다. 하지만 이에 앞서 무엇보다 입학식 날 학생들에게 나누어줄 것**을 잘 챙기고 정리해두어야 한다.

1학년은 많은 것을 동학년 협의회에서 긴밀히 협의해 함께 운영한다. 그래서 교실 행사에서 사용할 PPT, 활동내용 등 큰 틀은 함께 세우고, 세부사항은 교사 재량권을 발휘하면 된다. 입학식을 준비하며 1년 내내 든든한 버팀목이 되어줄 동학년 선생님들에게 많이 묻고 배우며 학년 분위기를 익히고 1학년을 맞이할 마음의 준비를 하길 바란다.

---

* 입학식 행사장 입구에서 부모님이 포스트잇에 축하 메시지를 적어 붙이는 판
** 교과서, 방과 후 특기적성 안내장, 1학년 생활 안내, 주간 학습 등

교사 365

이제 교실 입학식 순서다. 먼저 선생님을 따라 교실로 들어와 부모님의 손을 놓고 자리에 앉는 순간 잔뜩 긴장된 표정으로 교사를 바라보는 아이들을 둘러보자. 그리고 아이의 첫 학교생활에 대한 기대 반걱정 반인 가족들 앞에서 첫인사를 할 때는 긴장되겠지만, 밝은 목소리로 정중히 인사하며 1학년이 된 것을 축하해주자. 간단하게 담임을 소개하고 등교시간, 수업시정, 쉬는 시간, 급식시간 등 하루일과를 안내한다. 당장 내일부터 아이가 등교해야 하므로 부모님들은 선생님의 이야기에 귀 기울인다. 따라서 담임으로서 꼭 하고 싶은 말이 있다면 이 시간에 짧게 전하는 것도 좋다. 교실 위치, 신발장과 자기 자리 기억해두기 등을 강조하며 입학식을 마무리 짓는다.

입학식이 끝나면 앞으로의 학교생활에서 특별히 걱정되는 것에 대해 묻는 부모님들이 있다. 예를 들면 "선생님, 아이가 아플 때 약을 학교로 보내면 챙겨주시나요?"같이 당연해 보이지만 누군가 일러주지 않으면 모를 수 있는 질문이 대부분이다. 1학년이 책상 정리, 화장실 이용방법처럼 기본적인 것을 차근차근 배워나가듯, 학부모도 마찬가지다. 모르는 것을 묻는다면 안내해주고, 교사가 일일이 챙기기 어려운 것을 요청한다면 "학교는 유치원과 달라요. 아이가 혼자 약 먹는 것을 어려워한다면 처음에는 도와줄 수 있으니 집에서도 약 먹는 것을 스스로 할 수 있게 연습시켜주세요"처럼 학교에서는 스스로 해야 할 부분이 있다는 것을 알려주자.

1학년
입학 적응기

입학식 다음 날, 아이들이 정식으로 등교하면서 극한직업 실전 편이 시작된다. 교실 앞까지 바래다주느라 함께 등교한 부모님들과 서투른 손으로 실내화를 갈아 신는 아이들로 복도가 북적거린다. 교실로 들어서는 아이들의 얼굴에는 학교생활에 대한 기대와 긴장감이 함께 어려 있고, 아이를 교실로 들여보내는 부모님들의 눈에는 기특함과 걱정이 교차된다.

유치원과는 다른 분위기에 민감한 반응을 보이는 아이들이 종종 있다. 일주일 전만 해도 유치원생이던 아이들이니 이해하고 기다리자. 부모님과 헤어지기 싫다며 우는 아이가 있어도 대부분 부모님이 가시면 이내 수업에 집중하고, 쉬는 시간도 친구들과 어울리며 서서히 학급에 적응한다. 담임교사는 우는 아이를 달래어 수업을 시작해야 하니 곤란하겠지만 아이를 교실로 들어오게 하려 조바심 내기보다는 아이가 편안하게 느낄 수 있는 분위기를 조성해 스스로 교실에 들어오게끔 도와주는 것이 좋다.

아이가 자리에 앉기를 거부하면 출입문 앞에 의자를 놓아주거나 교실 뒤편에 매트를 깔아주어 교실은 안전한 곳이며 친구들과 어울릴 수 있는 공간이고, 학교가 끝나면 부모님을 만날 수 있다는 것을 인식시켜 경계심을 누그러뜨릴 수 있다. 아이가 교실 문턱을 넘기만 한다면 며칠을 거치는 동안 서서히 새로운 환경에 적응할 수 있을 것이다.

1학년 학교적응
지원 제도

각 시·도교육청에서는 교육 환경 변화에 적응해야 하는 저학년 학생들을 돕기 위해 특별한 제도를 실시하고 있다. 학습 부담 최소화, 1~2학년 전문 담임교사제, 한글책임 교육, 협력교사제, 놀이시간 확보 등이 주요 내용이다. 서울시교육청에서는 이를 '안정과 성장 맞춤 교육과정(안성맞춤 교육과정)', 경기도교육청에서는 '성장·배려 학년제', 경상북도교육청에서는 '놀이수업 학기제'라고 한다.

1학년 학교적응 지원 제도

경기도교육청 학교적응 지원제도

- 학교별로 입학 전 학부모를 대상으로 학교생활 전반을 안내하는 오리엔테이션을 진행
- 학교 재량에 따라 1학년 담임이 2학년을 연임하면서 학생들이 새 학기에 편안하게 적응할 수 있는 1~2학년 전문 담임교사제 실시
- 1학년 1학기에 알림장 쓰기나 받아쓰기를 지양하고 공교육 내에서 한글 책임교육 강화

2019성장배려학년제 운영으로 행복한 성장의 학교를 꿈꾸다

1) 학생 발달단계에 맞는 교육활동 운영 정착
2) 1학년 학급 대상 학급운영비 총액 교부 예산 지원
3) 두드림학교 대상 초등학교 1학년 학생수 감축 운영

1) 「한글교육 지도 프로그램」
   활용 연수 개최
2) 성장배려학년제 원격직무연수
   개설 운영
3) 「성장배려학년제 학습공동체」
   조직 운영
4) 「초등기초수학지도 자료」 개발 보급

1) 학부모님께 알려드리는
   「행복한 초등 1학년 생활」자료
   개발 보급
2) 「신입생 학부모 대상 학교교육 설명회」
   단위학교별 개최

출처 - 경기교육 블로그*

---

* 경기교육 블로그 http://goedu.goe.go.kr/
** 초등학교 저학년 시기의 학생들을 위해 정규 교육과정(국어, 수학 교과) 시간에 담임교사와 함께
   학생 개인별로 진단, 처치, 보정을 지원하는 강사
*** 서울시교육청 블로그 https://blog.naver.com/seouledu2012/220800708314

서울시교육청 학교적응 지원 제도

- 초등 1~2학년 전문담임제, 연임제 등 안성맞춤 학년제 운영*
  한글과 수학교육 책임지도를 위한 협력교사제** 운영
- 학생의 부담을 덜고 학생 중심 학교 문화 조성을 위하여 1~2학년
  대상 '숙제 없는 학교' 조성
- 교실 안팎의 여유공간을 활용해 다양한 놀이환경을 조성하고 자
  유놀이 시간 확보

출처- 서울시교육청 블로그***

이에 따라 예전에는 입학 필수품이었던 알림장과 받아쓰기 공책
이 1학기에는 더 이상 필요하지 않게 되었다. 알림장에 쓸 내용을 인쇄
해서 나눠주거나 주간 학습 안내에 한 주의 전달사항을 미리 안내하기
도 한다. 급하게 공지할 상황이 생긴다면 네이버 밴드나 클래스팅과 같
은 온라인 소통방법을 사용할 수도 있다. 다만 온라인 소통방법이 순기
능만을 가지고 있는 것은 아니니 사용 여부와 활용 범위에 대해 신중히

고민하는 것이 좋다.

아무것도 모르는 1학년,
무엇을 지도하지?

새 학년이 시작되면 1학년 아이들은 모든 것이 새로워 어찌할 바를 모르고, 처음 1학년 담임이 된 교사는 무엇을 어디에서부터 가르쳐야 할지를 모른다. 이렇게 새로운 시작에 어려움을 느끼는 학생과 교사를 위해 각 시·도교육청에서는 학교 적응활동 교재를 개발해 도움을 주고 있다. 교사는 「두근두근 1학년」, 「학교야, 안녕」 등의 교재를 살펴보며 수업을 구상하고 필요한 자료를 미리 찾아 준비한다.

수업 전 학년 협의회에서 지도 방법과 활동 시간을 정하고, 정보를 공유한다. 또, '급식지도는 어떻게 할 것인지', '복도 통행 지도는 어떻게 할 것인지' 등에 대한 고민은 다년간의 풍부한 경험이 있는 선배교사에게 노하우를 전수받자. 그리고 복도 통행, 화장실 이용, 손 씻기 등의 생활습관은 입학 초기 적응활동 시간에 지도한 것만으로 다 배웠다고 하기에는 무리가 있다. 아이들의 생활에 녹아들어 습관이 되어야 하기 때문에 끊임없이 지도해야 한다. 1학년은 학교의 모든 것이 낯설고 새롭다. 원활히 적응할 수 있도록 작은 것 하나도 알려주고 도와주자. 1학년은 섬세한 손길이 필요한 학년이다.

급식시간

1학년에게 급식시간은 배우고 공부해야 할 도전과제이다. 처음 급식을 하는 1학년 학생은 낯선 배식과 커다란 수저에 적응하기까지 시간과 도움이 필요하다. 그래서 고학년 선배들이 1학년을 위해 급식 봉사를 하거나, 지역에서 지원해주는 실버 근로자의 도움을 받기도 한다.

교실 급식을 한다면 점심시간을 조금 일찍 시작해 서서히 적응할 수 있게 시간을 조절할 수 있다. 급식실이 있는 학교라면 첫 급식 전에 줄을 서서 이동하는 연습, 숟가락과 식판을 들고 배식 받는 연습을 미리 해보는 것이 좋다. 급식시간은 친구들과 함께 밥을 먹으며 사회성을 기르는 시간이기도 하지만 급식실은 여러 반이 한데 모이는 공간이므로 식사 예절을 잘 지키며 음식을 골고루 먹을 수 있도록 충분히 지도할 필요가 있다. 학교 적응기에 선배 학년과 한 명씩 짝을 지어 급식을 함께 먹고 교실까지 바래다주는 프로그램을 운영하면 1학년 학생들이 급식에 익숙해지는 데 큰 도움이 된다.

하교시간

1학년 담임은 학년 초 하교시간 이후에 방과 후 특기적성교실, 돌봄교실 등으로 학생을 데려다주기도 하고, 하교 후 각자의 일정대로 움직일 수 있을 때까지 촉각을 세우며 하교지도를 한다. 학교가 끝나면 곧장 집으로 가거나 부모님과 약속대로 움직일 것을 늘 강조하지만 종종 학생이 사라지는 예기치 못한 일이 생기기도 한다. 부모님께 학생이 집에 오지 않았다는 연락을 받으면 우선 운동장, 도서실, 보건실 등 학교 안에서 학생이 가볼 만한 곳을 확인해보고, "○○학생은 방송을 들으면 교무실로 오세요" 같은 교내 방송을 한다. 부모님은 친구 집에 연락해보고, 아파트 단지나 인근에 아이를 찾는 방송을 요청할 수 있다. 친구와 노느라 부모님의 허락을 받지 않아서 생기는 해프닝이 대부분이지만 학생을 찾을 수 없다면 신속하게 실종 신고를 해야 한다. 실종 방지를 위해서 전국적으로 지문등사전등록제*를 실시하고 있으므로 학교에 이와 관련된 공문이 오면 가정에 안내한다.

1학년과
소통하기

별일 없었는데도 교실에서 갑자기 울음을 터뜨리는 아이, 쉬는 시간이 끝났는데도 교실에 돌아오지 않는 아이 등 어른의 시선으로는 이해하기 어려운 일이 1학년 교실에서는 아무렇지도 않게 매 순간 벌어진다. 하지만 왜 그런 행동을 했는지 아이의 목소리에 귀 기울이다 보면 8살 꼬마도 저마다의 입장과 의견이 있다는 것을 알 수 있다. 아직 자신의 의사를 분명하게 표현하지 못해 이야기를 듣는 데 시간이 걸리기도 하지만, 아이의 마음을 받아주고 차분히 들어주면 학생은 선생님을 더

---

* 미리 지문, 사진, 보호자 인적사항 등을 등록해 놓고 실종되었을 때 등록된 자료를 활용해 신속히 발견하는 제도 http://www.safe182.go.kr

교사 365

욱 신뢰하고, 교사도 너그러운 마음으로 아이가 겪고 있는 문제를 해결하는 데 도움 줄 수 있다. 아이의 말을 들어보자.

눈을 반짝이며 곁에 다가오는 아이들의 순수함에 웃을 수 있다는 것이 1학년 담임의 큰 장점이다. 선생님의 손길이 닿는 대로 자라는 모습에서 보람을 느낄 때도 많다. 귀여운 아이들과 함께하는 극한직업, 손이 열 개라도 모자라 힘든 날도 많겠지만 그만큼 아이들 덕에 웃을 일도 많을 것이다. 『지구인이 되는 중입니다』(최은경, 교육공동체 벗, 2018)라는 책 제목처럼 1학년 아이들이 지구인으로 자라는 데 큰 몫을 할 선생님들에게 미리 박수를 보낸다.

극한직업을
극복하는 작은 팁

신발장에 빌려 신는 실내화를 준비하자. 190~220의 실내화를 하나씩 준비해두면 실내화를 안 가져온 학생에게 빌려줄 수 있다. 맨발로 교실과 복도를 돌아다니면 위험하다.

입학식 날 나누어준 이름표는 3~4주 정도 착용한 뒤 모아두자. 현장체험학습을 갈 때, 외부 강사가 왔을 때, 발표자 뽑기를 할 때 등 유용하게 사용할 수 있다.

비상용 속옷과 여벌옷을 준비하도록 안내하자. 저학년은 배변 실수 때문에 급히 부모님을 호출할 수도 있다. 이럴 때를 대비해 개인 사물함에 비상용 옷을 준비해두면 학생이 배변 실수를 했을 때 가정에서 옷을 가지고 올 때까지 기다릴 필요 없이 바로 상황을 수습할 수 있다. 1학년 연구실에 비상용 속옷과 옷을 준비해두는 것도 좋다.

아침인사를 하자. 등교한 학생과 얼굴을 마주 보고 인사를 하면 컨디션이 안 좋거나 도움이 필요한 학생을 파악할 수 있고, 일과 중 주의 깊게 살펴볼 수 있다.

우유는 꼭 자기 자리에서. 쉬는 시간 친구들과 놀고 싶은 마음에 우유를 들고 일어나 돌아다니며 먹는 아이들이 있다. 돌아다니며 우유를 마시면 쏟기 쉽다. 우유는 정해진 시간에 자기 자리에서 다 먹고 정리하도록 습관 들인다.

수 큐브는 좋은 놀잇감. 수 큐브는 100까지의 수를 배우는 수학시간뿐만 아니라 쉬는 시간에도 유용하게 활용된다. 다양한 모양으로 조립할 수 있고, 놀면서 수 개념을 익힐 수 있어서 수 큐브는 좋은 교재이자 장난감이다.

동화책을 읽어주자. 틈새 시간에 동화책을 읽어주면 돌아다니던 아이도 자리로 돌아와 책 속으로 빠져든다. 읽고 난 책은 교실 앞 칠판에 비치해두면 학급 인기도서가 된다.

6학년 담임
영원한 담임선생님

강부장 다음 주는 졸업앨범 촬영이 있습니다. 학생들에게 미리 안내해 주세요.

나신규 네, 부장님 알겠습니다. 6학년 담임교사가 되니까 다른 학년보다 챙겨야 할 것들이 더 많은 것 같아요.

강부장 그렇지요? 6학년에는 수학여행, 졸업앨범, 졸업식 등 다른 학년에서 하지 않는 활동이 많이 있습니다. 아마도 6년이라는 긴 시간을 마무리하는 학년이라서 그런 것 같아요. 그래도 6학년 담임선생님이 학생들 기억에 가장 오랫동안 남아 있을걸요.

1학년 5반, 2학년 5반, 3학년… 4학년… 5학년도 잘 생각이 나지 않는다. 6학년 2반. 가장 최근의 기억이라서 그럴까? 이렇듯 6학년 때의 일은 비교적 잘 생각이 난다. 수학여행에서 밤늦게까지 베개 놀이를 했던 일, 졸업앨범 촬영하는 날에 비가 와서 예쁜 옷이 다 젖어버렸던 일 등이 아직도 기억에 선명하다. 물론 6학년 때 담임선생님에 대한 추억도 생생하다. 학교에서 가장 무서웠던 선생님으로 손바닥이 엄청 크고 두꺼우셨다. 중학교에 간 후로도 스승의 날이면 꼭 6학년 담임선생님을 찾아뵙곤 했었다.

초등학교 6학년 때의 일은 학생들의 오랜 추억으로 남는다.

졸업앨범 제작

졸업을 기념하는 대표적인 상징은 졸업장이다. 그렇지만 졸업생들이 졸업장보다 더 많이 들춰보는 것은 졸업앨범이다. 졸업앨범에는 그 당시의 추억이 고스란히 담겨 있기 때문이다. 예전에는 정면을 응시하는 증명사진과 모둠별로 포즈를 취하는 단체사진 정도가 졸업앨범에 들어갔다. 거기에 더해 요즘에는 자신의 꿈과 장기를 살린 프로필 사진부터 특정한 콘셉트를 설정해 찍는 연출사진까지 다양하고 재미있는 앨범들이 탄생하고 있다.

6-1반 앨범 제작소(업체선정)

졸업앨범은 전문 업체를 섭외해 제작하는 것이 통상적이다. 촬영전문가가 정해진 양식에 맞게 촬영해 사진을 인화하고 앨범으로 만드는 과정이다. 퀄리티 높은 앨범을 만들 수 있다는 장점도 있으나, 학생이 원하는 형태의 졸업앨범을 만드는 것이 아니라 정해진 양식에 맞게 앨범을 제작하는 형식이라 학생들의 요구사항을 반영하기 어렵다는 단점도 있다. 그래서 일부 학교에서는 학급 담임이 학생들과 함께 만드는 '셀프 졸업앨범'을 제작하기도 한다.

'셀프 졸업앨범'은 학생들이 원하는 내용으로 앨범을 채울 수 있다는 장점이 있다. 전통적인 앨범에 들어가는 증명사진을 비롯해 콘셉트 사진, 단체 사진, 장래 희망 사진을 모두 담을 수 있을 뿐 아니라 학생들의 평소 생활모습도 담을 수 있다. 수업시간에 공부하는 모습과 발표하는 모습, 쉬는 시간에 친구들과 어울려 노는 모습 등 계획하고 의도하지 않았던 자연스러운 모습들을 담을 수 있다. '셀프 졸업앨범'의 경우에는 내 사진을 얼마든지 넣을 수 있다는 장점도 있다. 졸업앨범에 1반부터 마지막 반까지 전교생의 사진이 다 들어가는 것도 의미가 있으나 그 두꺼운 앨범에 내 사진이 3~4장밖에 없다는 것이 아쉬운 경우가 더 많다. 그리고 가격적인 면에서도 많은 이점이 있다. 가격이 학교마다 차이가 있을 수 있지만 기존의 앨범은 한 권당 가격이 적게는 4만 원에서부터 많게는 10만 원을 넘기도 한다. 하지만 '셀프 졸업앨범'의 경우에는 인터넷을 이용하면 권당 1~2만 원에서부터 4~5만 원까지 비교적 저렴하게 만들 수 있다.

전문 촬영업체를 섭외해 졸업앨범을 제작하는 것이 단점만 있는 것은 아니다. 일단 전문 촬영업체를 통해 앨범을 제작하면 교사의 수고가 훨씬 줄어든다. 사진 촬영부터 편집에 이르기까지 앨범 제작에 들어가는 시간과 노력이 적지 않기에 업체를 통한 졸업앨범 제작은 교사 입장에서 무척 편리하다. 화질의 경우에도 일반 스마트폰을 사용한 사진보다 월등히 우수하기에 질 좋은 사진도 얻을 수 있다. 스마트폰 카메라가 많이 발달해 수준 높은 사진을 찍을 수 있다고는 하지만 전문가의 DSLR^{Digital Single Lens Reflex} 카메라에 비할 바는 아니다. 그러니 어느 쪽이 낫다기보다 비용과 수고, 그 결과물까지 고려해 적절히 선택하면 된다.

졸업식

졸업 시즌이 되면 어느 학교에서나 '졸업식 노래'가 울려 퍼진다. 졸업의 의미를 잘 담고 있는 가사가 참 인상적인 곡이다. 6년의 긴 교육과정을 지나 이제 막 새로운 둥지를 향해 출발하는 졸업생들에게 남아 있는 후배들은 선배의 뒤를 따르겠다고 서약한다. 선배는 남아 있는 선생님과 후배들에게 작별을 고하고 앞으로의 다짐을 밝힌다. 우리 모두 나중에 다시 만나자는 가사는 끝이 새로운 시작과 맞닿아 있다는 것을 일깨워준다.

1년을 마무리한다는 의미에서 종업과 졸업은 비슷한 행사이지만 졸업식은 6년간의 교육과정을 무사히 마친 졸업생과 6학년 담임교사에게는 특별한 의미로 다가온다. 그렇다면 졸업식을 어떻게 준비해야 하는지 알아보자.

종업식과 마찬가지로 대부분 학교 주관으로 졸업식을 실시한다. 졸업식을 마치고 담임교사와의 시간을 갖기도 하는데, 여기서는 '졸업식'에 대해 조금은 실무적인 내용을 이야기하고자 한다.

장소 선정

강당이나 시청각실과 같이 넓은 공간이 있는 학교에서는 함께 모여 졸업식을 진행하지만 장소가 마땅치 않은 경우에는 각 학급에서 방송을 통해 졸업식을 진행하기도 한다. 졸업식은 보통 1~2월에 열려 날씨가 너무 추워 운동장에서 하는 경우가 드물다. 졸업은 온 가족의 행사라 친척도 함께 참석하는 경우가 많다. 장소는 협소한데 축하객이 많은 경우에는 졸업생은 강당에서 졸업식을 진행하고 축하객은 교실에서 방송으로 졸업식을 참관하기도 한다.

식전 행사

전통적인 졸업식이 의식 행사에 초점을 맞춰 엄숙한 분위기에서 진행되었다면 요즘은 함께 축하하고 즐기는 축제의 분위기 속에서 졸업식이 진행된다. 물론 작별의 아쉬움과 이별의 슬픔으로 눈시울을 붉히는 순간도 있으나 대부분은 지난 6년을 회상하며 함께 웃고 축하하는 축제의 장으로 연출된다. 그러기 위해서는 시작하는 분위기를 잘 설정해야 한다.

먼저 식전 행사를 통해 졸업식장의 분위기를 만들 수 있다. 식전행사는 학교 특색 사업으로 진행되는 동아리활동 등이 좋으며 특히 사물놀이, 난타, 합창같이 흥을 돋울 수 있는 프로그램이 있다면 더욱 좋다. 6학년 학생들의 1년 혹은 6년간의 활동을 영상으로 제작해 졸업생들의 성장과정을 함께 축하하는 것도 단골 프로그램 중 하나이다. 때에 따라서는 지역 인프라를 활용하는 경우도 있다. 어머니 합창단, 아빠 밴드와

졸업식 순서(식전행사, 졸업식)

순	부문	프로그램명	학년 반
식전 행사 (10:00~ 10:20)	사물놀이	제목: 신나는 우리 가락	5학년 이〇〇 외 6명
	댄스	제목: Another day of sun	6학년 권〇〇 외 25명
	합창	제목1: 졸업을 축하합니다. 제목2: 졸업	어머니 합창부 (나〇〇 어머님외 13명)

순서	시간	구분	내용	대상	담당	비고	자료
1	09:40 ~10:00	식장 입장	졸업식장 입장(졸업생)	6학년 학부모	6학년 담임		
2	~10:20	식전 행사	식전 문화행사		5,6학년 부장	학부모 및 5,6학년 축하공연	무대설치
3	~10:25	추억 여행	〇〇초와 함께한 날이 모두 좋았다!	전체	6학년 부장	각종 행사 및 체험 활동	동영상
4	~10:26	의식	개식사	전체	교무		방송반
5	~10:28	의식	국민의례	전체	교무		방송반
6	~10:30	의식	애국가 제창	전체	교무	1절	방송반
7		의식	학사보고	전체	교감	유인물 대체	유인물
8	~11:00	의식	졸업장 수여	전체	담임	담임 수여	ppt자료 (개인프로필) 및 졸업장
9	~11:10	의식	학교장상(12개 분야) 수여	전체	교장	학교장 수여	상장
10	~11:15	의식	학교장 말씀	전체	교장	3분 이내 말씀	단상준비
11	~11:18	축사	축하 메시지	전체	학교운영 위원장	1분 이내 축사	당상준비
12	~11:21	송사	보내는 마음과 기대		5학년 부장	영상편지(3분 이내)	배경음악
13	~11:24	답사	떠나는 마음과 감사		6학년 부장	영상편지(3분이내) -졸업생 전체 등장	배경음악
14	~11:26	졸업 노래	졸업식 노래	전체	6학년 부장	1절 제창	반주곡
15	~11:28	교가 제창	교가 제창	전체	6학년	1절 제창	교가음악
16	~11:30	의식	폐식사	전체	교무 부장		

같이 지역 사회에서 활동하는 단체를 섭외해 지역 사회와 함께하는 졸업식을 만들 수도 있다.

졸업식 사회자 선정

졸업식 사회자에 따라 졸업식의 분위기가 확 달라진다. 통상적으로는 학교를 대표하는 교사인 교무부장이 진행한다. 하지만 교사가 주도하고 학생은 정해진 절차를 따라간다는 시각이 있어, 사회를 6학년 학생회장이나 5학년 부회장이 사회를 보기도 한다. 졸업식을 준비하는 과정에서 학생의 의견을 반영하고 학생들 스스로 진행도 한다면 졸업생들에게는 더욱 뜻깊은 시간이 될 것이다. 국민의례 같은 의식행사는 교사가 진행하고 송사, 답사와 같이 형식이 정해져 있지 않은 순서는 학생이 진행하는 방법도 있다.

졸업장, 학교장상 수여

졸업장 수여는 졸업식에서 가장 중요한 순서이다. 학생 대표에게 학교장이 졸업장을 수여하고 나머지는 담임교사가 교실에서 수여하기도 하며, 시간이 다소 소요되더라도 학교장이 모든 졸업생에게 직접 수여하기도 한다. 졸업장을 수여할 때 학교장상이나 대외상을 함께 시상하기도 한다. 학교장상은 6년간 자기계발을 위해 노력한 학생들의 수고를 칭찬하는 의미에서 모든 졸업생에게 수여한다. 담임교사는 학급 인원 전체에게 각각 어떤 칭찬받을 만한 시상 분야를 추천하고, 학년협의회에서 최종적으로 시상분야를 선정하기에 '창의상' '배려상' 등 그 시상 분야가 다양하다. 또 졸업이 다가오면 각종 외부단체에서 상장 수여 계획을 보내온다. 학교에서는 해당 단체의 성격을 판단해 적절한 수상 후보자를 선발한다. 다만 초등교육에서 평가의 패러다임이 변하는 추세에 따라 대외상을 졸업식 전에 교장실에서 따로 수여하는 경우도 있으며, 대외상을 아예 수여하지 않기도 한다.* 이럴 경우 학생과 학부모에게 대외상 시상과 관련된 사항을 학년 초에 사전 안내하는 것이 좋다.

졸업선물

졸업생들의 졸업을 축하하는 의미에서 학교 차원의 선물을 준비하기도 한다. 학교 예산에 따라 선물의 내용은 다양한데 주로 도장이나 USB 등과 같이 가격대비 활용도가 높은 선물을 선호한다. 특히 도장의 경우에는 중학교 입학원서 작성 시에 꼭 필요하기에 많이 선택하는 선물이다. 이 밖에도 진학하는 중학교의 로고가 새겨져 있는 노트를 선물하거나 중학교 명찰을 선물하는 경우도 있다. 졸업선물은 졸업장, 학교 장상과 함께 증정하기도 하며 학교 강당에서 졸업식을 마치고 교실로 돌아와 나누어줄 수도 있다.

---

* 평가를 바라보는 관점이 기존 선발을 위한 평가에서 성장을 지원하는 평가로 패러다임이 전환된다.(『평가란 무엇인가』 강대일, 정창규, 에듀니티, 2016)

이벤트

시종 엄숙한 분위기에서 졸업식이 진행되는 경우를 제외하고는 간단한 이벤트를 진행하기도 한다. 예쁜 종이에 자신의 꿈을 적어 꿈단지에 넣고, 땅에 묻어 10년 (혹은 20년) 후에 열어보기로 약속하는 타임캡슐 이벤트, 졸업생들이 6년간의 학교생활을 짤막한 연극으로 표현하는 상황극 페스티벌, 그동안 잘 길러주신 부모님께 드리는 감사의 영상편지 등 졸업식을 더욱 의미 있게 해주는 이벤트는 졸업식에 참여한 많은 사람에게 오랫동안 추억으로 남는다.

졸업 후 생활지도

졸업식을 마치고 나면 간단하게 기념촬영을 하고 마지막 하교지도를 한다. 대부분의 학교에서 1월이나 2월에 졸업식을 하는데 졸업하고 난 졸업생들은 이제 더 이상 초등학교에 오지 않는다. 중학교에 가는 3월까지 약 한 달에서 한 달 보름 정도의 방학기간을 맞이하게 되는데 이 기간에 대한 생활지도는 참 고민스럽다. 졸업시킨 초등학교의 입장에서는 이제 모든 교육이 끝난 것처럼 느껴지고 아직 입학도 하지 않은 중학교에서는 더욱 지도하기 어려운 부분이다. 일부 중학교에서는 예비 소집일을 일찍 시작해 신입생들에 대한 생활지도를 시작하기도 하지만 중학교에 입학하기 전까지의 생활지도 책임은 초등학교에 있기에 초등교사는 사전 생활지도, 교외순찰 등을 통해 혹시 모를 불상사를 예방하는 노력이 필요하다.

에필로그

　스무 번을 넘게 봄을 맞이 하고도 교직은 여전히 익숙하지 않다. 해마다 바뀌는 교육정책과 교육과정 때문에 익숙할 틈도 없이 적응하기 바쁘다. 처음 교직에 들어왔을 때보다 변화는 크고 속도는 빠르다. 이런 분위기에서 교직에 들어서면 질문도, 고민도, 걱정도 많은 게 당연하다. 이 책이 혼자 궁금해하고 고민하고 있을 선생님을 위해 작은 도움이 되기를 바란다. 늘 새로운 환경에 도전하는 선생님을 응원합니다.

강대일

　담임교사에게는 반복적인 업무도 있지만 10년이 지나도록 한 번도 해보지 않아서 새롭고 낯선 학년과 그에 따른 업무도 있다. 신규교사일 때는 서슴없이 물어볼 수 있었던 것들이 5~6년의 교직경력이 생긴 후에는 오히려 마음 편히 묻기 어렵다는 많은 선생님의 속앓이에 공감해 이 책을 만들게 되었다. 교사의 한 해 살이 궁금증이 속 시원히 해소될 수 있도록, 소소한 부분까지 놓치지 않기 위해 선후배 동료 교사들이 모여 여러 날을 함께 고민했다. 이 책을 통해 만나는 대한민국 모든 초등학교 선생님의 마음이 편해지기를 바라는 동료 교사들의 따뜻한 진심이 전해지기를 희망한다.

김서하

교사가 되어 아이들과 함께한 지 10년이 훌쩍 넘었다. 새내기교사 시절이 생생한데 이제는 선배의 자리에 서게 된 것이다. 그 오랜 시간 동안 어떻게 성장할 수 있었나 돌이켜보면 학교에서 크고 작은 일을 마주할 때마다 알려주고 도와주었던 선배, 동료선생님들 덕분이었다. 이제는 어디선가 10년 전 나와 비슷한 시행착오를 겪고 있을 선생님에게 내가 받은 그 도움을 나누는 동료가 되고 싶다. 그래서 보답하는 마음으로 글을 썼다. 궁금한 것이 많은 신규선생님들과 교직의 이모저모를 명확하게 알고 싶은 선생님들에게 『교사 365』가 교직생활에 든든한 길잡이가 되면 좋겠다.

서지나

초등교사에게는 교수학습능력뿐 아니라 교육 관련 행정처리능력에 관한 전문성도 필요하다. 이 책에는 교대에서 배울 수 없는 초등교사의 일 년 살이에 대한 실제적인 교직 이야기가 담겨 있다. 신규교사부터 교직 현장에 대한 가이드라인이 필요한 모든 교사에게 쓸모 있는 교직 백과사전이 되길 바란다.

송수연

2009년 첫 발령을 받고 6학년 담임교사로 지내던 때를 떠올려보았다. 훌륭한 교사가 되겠다는 거창한 목표보다는 학교와 학생들에게 피해주고 싶지 않다는 생각으로 1~2년을 정말 정신없이 보낸 것 같다. 60시간 학급경영 연수도 듣고, 선배교사들에게 공문 쓰는 방법, 학교 업무처리하는 방법을 배웠으며, 복무는 일이 생길 때마다 사용하면서 자연스럽게 알게 되었지만, 신규교사를 위한 정리된 매뉴얼이 있었으면 하는 바람이 있었다. 이 책은 그 시절을 떠올리며 신규교사들에게 가장 필요하고 중요하다고 생각하는 것을 위주로 집필하였다. 이 책을 통해 신규교사들이 학교생활의 막연한 걱정과 두려움에서 벗어나 차근차근 자신감 있게 학교에 적응할 수 있기를 기대한다.

송창규

누구나 시작은 서툴기 마련이다. 처음 접해보는 일에 익숙해져 능숙한 경력자가 되기까지는 시간과 경험이라는 과정이 필요하다. 내가 처음 교직에 들어왔을 때도 적잖이 서툴렀으며 돌이켜보면 눈을 질끈 감게 되는 크고 작은 실수도 많았다. 당시 누군가에게 물어보고 상의할 수 있었다면 어려운 길을 돌아오지는 않았을 것 같다는 생각이 든다. 이 책은 초임 시절의 나와 같은 어려움을 겪고 있을 누군가에게 작은 도움이 되고자 하는 마음에서 시작되었으며, 경력교사에게도 도움이 될 만한 내용들을 담기 위해 노력하였다. 부디 교직에 몸담고 있는 많은 교사에게 두루 읽히는 값진 책이 되었으면 하는 바람이다.

이성환

교사 365

스산한 바람이 불기 시작하는 가을 무렵부터 학교는 어수선해지기 시작합니다. 내년에는 어떤 학년을 해야 하나? 어떤 업무를 맡게 될까? 15년이 넘게 교직을 지탱해오고 있지만 고민과는 별개로 언제나, 늘 낯선 3월과 마주하게 되었던 거 같습니다. 신규교사 때는 매번 선배들에게 묻기가 조심스러웠었고, 선배교사가 되니 주변의 물음에 좋은 이야기를 해주고 싶어 고민이 됩니다. 이 책은 과거의 저와 같은 신규교사, 그리고 지금의 저와 같은 선배교사 모두에게 꼭 필요한 지침서와 같은 책이 될 것이라고 기대해봅니다.

이영재

교사 365

내 마음이 편안해지는
초등교사 업무노트

초판 1쇄 발행   2020년 1월 15일

초판 2쇄 발행   2022년 10월 1일

지은이   강대일, 김서하, 서지나, 송수연,

송창규, 이성환, 이영재

발행인   김병주

편집   백설, 조정빈

디자인   블랙페퍼디자인

마케팅   박란희

펴낸 곳   ㈜에듀니티(www.eduniety.net)

도서문의   070-4342-6110

일원화 구입처   031-407-6368

등록   2009년 1월 6일 제300-2011-51호

주소   서울특별시 금천구 가산디지털1로 168 우림라이온스밸리 A동 1208호

ISBN 979-11-6425-039-4 (13370)

값은 뒤표지에 있습니다.